죽음은 없다

반드시 넘어야 할 언덕

朴永喆 著

명문당

머 리 말

죽음은 없다.
우리의 영혼을 믿기만 한다면……

죽음은 없다.
우리의 여의주를 깨닫기만 한다면……

죽음은 없다.
우리의 명당을 찾기만 한다면……

죽음은 없다.
우리도 부활할 수가 있기에……

죽음은 없다.
우리의 본래 모습에는……

세상은 '하늘의 땅'이요,
'하늘의 땅'은 다시 나의 마음이니.

내 마음에는 예수님·하나님도 계시고, 보살님·부처님도 계
시다.

마음 찾은 사람은 대장부이어라.
마귀, 악령도, 신령님도, 부처님도, 하나님마저 모두 품을 수

있다.

　마음 찾은 사람은 절대 죽지 않고 당당하리.
　원래 우주는 나의 우주, 나에 의한 우주, 나를 위한 우주인
걸.

　인생 최고의 목적지 여기 있기에,
　부탁합니다. 자신의 마음, 자신의 깊은 의식(意識)을 만나기
를……

　여기에 참다운 한 길이 있기에,
　기원(祈願)합니다. 부활하여 성인되시기를……

　기원합니다.
　그 능력과 이 행복·기쁨, 영원하고 영원하시기를.

　기원합니다.
　모두 성인 되시기를.

　그리고 귀의(歸依)합니다.
　귀의합니다. '박형' 박상신 도사(導師)님께 귀의합니다.

1995년 8월 11일
저자 박영철

죽음은 없다/차 례

죽음은 없다/차 례

'보는 자에게는 책임이 따른다. 그리고 그 속에 함께 사는 기쁨도 누린다.'——법정

일체유심조一切唯心造

‘박형’ 박상신(朴尚信) 부처님!
감사합니다.
감사합니다.
정말 감사합니다.

책 머리 에

지금부터 2년 전인 1993년이다. 어떤 사람이 우리 약국에 들렀다가 지나가는 말처럼 언뜻,

"부석사 조사당, 그렇게 안되겠던데."

라고 하더니, 힐끔 나를 보면서 나갔다.

다른 사람이 들으면 무슨 소리인지 알 수 없는, 평범한 그 한마디에 나는 충격을 받았다. 나는 그 동안에 '박형'[1]의 말씀을 풀어서 책을 쓴 것이 많았는데, 모르는 사람의 그 말 한마디는 내가 썼던 책 속에서 부석사에 관한 이야기가 틀렸다는 통렬한 지적이었다.

오래 전에 '박형'께서 나에게 말씀하시기를,

"내가 부석사에 가보니, 아무도 못 들어오게 막아놓은 곳이 있었어. 그런데 내가 거기를 그냥 넘어 들어갔었지. 그랬더니 지키고 있던 젊은이, 젊은 중이 잡인은 이런 데 들어오면 안된다고, 나가라고 나를 막 밀어내는 거야. 그런데 역시 나이 많은 사람이 사람 보는 눈이 달라. 나이 많은 조사(祖師)가 나를 턱 알아보고 나에게 공손하게 절을 하고……, 그래서 그렇게 하고 왔지."

하시더니, 다시 덧붙여서 말씀하셨다.

---

1) '박형'은 박가(朴家)의 성(姓)을 가지고 화현(化現)하여 오신 불타 도사(導師)님이라는 뜻. 1938년 경기도 양평 출생. 풍기 중·고등학교를 졸업하셨고 곧 입산수도하셨다. 3년만에 성불(成佛)하셨고, 산을 내려오셔서 풍기 금계동에 계시면서 '사람 농사'를 지으셨다. 불·보살님처럼 신통자재하셨으며, 석가모니 부처님과 꼭 같은 가르침을 펴셨다.

12

"거기는 아무도 못 들어오게 막아놓았더라. 창문에 대못까
지 쳐서 막아놓은 데를 그냥 넘어 들어갔었어."

나는 '박형'의 이 말씀을 졸저《천국인》에 아래와 같이 풀
이하여 썼는데, 왜 그랬는지 현장답사도 하지 않고 추측으로
글을 썼다.

나는,

"내가 부석사에 가보니, 아무도 못 들어오게 막아놓은 곳이
있었어……"

하셨던 '박형'의 말씀 중에서 '아무도 못 들어오게 막아놓은'
이유(理由)부터 틀렸다.

《천국인》을 쓸 적에 생각하기를, 그전에 부석사에 갔을 때에
천일(千日) 구국기도 도량(道場)을 차려놓고 있었던 기억이 떠
올라서 '박형'께서 거기에 가셨을 때에도 기도 도량을 차렸기
때문에 거기를 '아무도 못 들어오게 막아놓았다'고 잘못 짚었
던 것이다.

시공(時空)을 초월한 도인(道人)이셨던 '박형'의 그 말씀
속에는 우매한 중생일 뿐인 내가, 감히 상상할 수도 없는 중요
한 비밀이 숨어 있었다.

우선 졸저《천국인》의 잘못된 부분을 보겠다.

《천국인》154p

(3) 부석사 현신(現身)

'박형'께서 나에게 귀띔한 것을 엮어서 여기에 옮긴다. 1970
년대 중반이었다. 부석사에서는 천일 구국기도 도량(千日救國
祈禱道場)을 열었다. 그날은 바로 천일(千日)에 해당하는 날이

었다. 아무도 범접할 수 없는 도량 주변은 정적만 감돌고, 실내에는 부석사 주지 스님을 비롯한 도력(道力) 높은 큰스님들이 마지막 정성을 기울여 구국 일념으로 기도를 드리고 있었다.

사방의 문은 굳게 잠겨 있었고 창문도 봉해져 있어서 밖에서는 안으로 들어갈 수 없게 되어 있었다. 물론 며칠 전부터 외부 사람은 누구도 출입금지였고, 경내(境內)를 오고가는 스님마저 발소리를 죽여야 했다.

조사당 안에는 큰스님을 위시하여 모두 다 결가부좌하고 숨소리마저 들리지 않는 듯했다. 그때다. 불현듯 시골 농사꾼 차림을 한 사람이 그 엄숙한 곳에 나타나서 어슬렁거렸다. 여기저기 책꽂이를 기웃거리기도 하며 중얼대기도 했다.

"여기엔 무슨 책이 있나?"

'박형'이 어느새 거기에 나타나서 불경을 쌓아 둔 서고 안을 배회했다. 젊은 스님이 무슨 소리인가 싶어 눈을 크게 떠보니, 웬 촌사람이 엄숙한 조사당에 들어와 있었다.

"아니, 여기는 어떻게 들어온 거요. 어서 나가요. 어서요!"

젊은 스님이 '박형'을 향해 작은 소리로 외치며, '박형'의 등을 밀어낸다.

"여기서 부르기에 왔소이다."

"부르긴 누가 불러요. 아무도 부른 사람 없어요."

"주인을 봐야 된다면서 나를 불렀소."

젊은 스님이 횡설수설하는 '박형'을 자꾸만 밖으로 내보내려고 했다. 그러나 힘센 '박형'은 끄덕도 하지 않는다. 젊은 스님이 자꾸 '박형'을 밀어낸다.

"내가 주인이라니까."

‘박형’이 큰 소리를 치자, 갑자기 주위가 소란스러워졌다. 아까부터 두 사람의 실랑이를 지켜보던 눈 밝은 큰스님이 결가부좌를 풀고 촌사람 행색인 ‘박형’ 앞으로 와서 질문을 던진다.

“어디서 오셨습니까?”

“거기서…….”

‘박형’은 마음으로 대답을 보낸다.

“무슨 일로 오셨습니까?”

“주인을 찾기에…….”

역시 ‘박형’은 마음으로 대답을 보낸다. 큰스님은 마음으로 전해오는 대답을 파악하고 젊은 스님에게 말한다.

“이분은 바로 비로자나 부처님일세.”

그리고 정중하게 오체투지(五體投地)[2]하여 부처님에게 큰절을 올린다. ‘박형’도 따라 절하며 그의 큰절을 받는다. 그리고 물었다.

“무엇을 하는 기도(祈禱)입니까?”

“천일 구국 기도입니다.”

“길을 찾으셨습니까?”

“부처님의 가르침을 온 세상에 펴는 길밖에 없다고 보았습니다.”

‘박형’이 정색하고 말한다.

“그렇습니다. 천지를 혼란에서 구하는 길은 서로 따뜻한 마음을 나누는 것이 제일입니다.”

그리고 ‘박형’이 혼자서 읊조린다.

---

2) 두 무릎, 두 팔꿈치, 이마를 땅에 붙이고 예배하는 것. 인도의 최고 경례.

"한 석등에 놓인 등불이 밝아 천지를 밝히니,
이 세상이 무지갯빛으로 아름답다.
그대 지금 비로자나 부처의 한 빛을 보리니
죽는 날까지 잊지 말고 그대의 한 빛을 땅 끝까지 전하라."

촌사람 행색인 '박형'의 말씀이 끝나는 순간에 '박형'의 모습은 사라지고, 오래된 비로자나 불상이 아름답고 밝은 빛을 발하니, 온 방안이 마치 대낮과 같았다.

'박형'은 대중의 귀에 들리는 하늘의 소리로 대중에게 설법한다.

"중생을 구하는 일은 지극히 어려우나, 그대들의 목숨을 거기에서 구하라."

대중들은 촌사람이 갑자기 나타났다가 어디로 갔는지는 알지 못하지만, 오래된 비로자나 불상이 밝은 순금의 빛을 발했다는 사실과 하늘에서 들린 듯한 설법을 오래 기억하리라.

(이하 생략)

물론 내가 전에 부석사에 갔을 때에 천일 기도 도량을 베풀고 있었기 때문에 그때에도 그렇게 했을 것이라고 추측하게 되었겠지만, 진실로 '박형'께서는 신선(神仙)처럼 마음대로 현신(現身)하셨었기 때문에 그때에도 그렇게 현신하셨다고 썼다.

또 '박형'께서는 몸에서 빛을 발하는 방광(放光) 현상을 나에게 보여주셨다. 그래서 부석사에서도 빛을 발했다고 쓰게 되었다.

또 어느 날은 하늘에서 들리는 음성으로 '천기를 누설하지 말라. 천기를 누설하지 말라. 천기를 누설하지 말라.' 그렇게 세 번씩이나 소리를 들려주셨었다. 그래서 그때에도 그렇게 했다고 추측할 수밖에 없었다.

잘 믿을 수 없을지도 모르지만 '박형'에게는 우리가 상상할 수도 없는 아주 엄청난 능력이 있다.

예를 들면, 예수님처럼 죽었다가 부활(復活)하여 나타나신 일, 금세 사라져 버리는 일, 순간 이동하시는 일은 물론 사람의 마음을 꿰뚫어 아는 일, 미래지사(未來之事)를 세세히 아시는 일, 물건을 보내주는 일, 다른 사람의 모습으로 변하는 일 등등…… 이야기 속의 신선(神仙)이나 천신(天神)이나 천사(天使) 또는 불·보살들이 할 수 있는 신통들을 '박형'께서는 모두 보여주셨다.

그러나 사실 나의 잘못은 놀라운 '박형'의 능력을 제대로 알지 못해서 잘못 풀이했던 것에 있었던 것만은 아니다.

나는 '마음의 세계'를 모르고 있었던 것이다. 다른 말로 하면 '정신의 세계'를 몰랐었기 때문에 처음부터 어긋날 수밖에 없었던 것이다.

어떻든 그때에 나는 그 사람의 지적을 받고서 참으로 깜짝 놀랐다. 그리고 곤욕스러웠다. 바르게 써도 다 밝힐 수 없을 진실을, '박형'의 말씀을 풀이하면서 실제 답사도 하지 않고 멋대로 썼고, 이제 모르는 독자로부터 '부석사 조사당 그렇게 안 되겠던데.'라는 지적을 받았던 것이다.

그리고 그해 1993년 여름에 모든 것을 바로 깨닫게 되었다. 어느 날, 빈(?)집인 '박형'네 지붕의 물받이를 고치려고, 혼자서 사닥다리를 놓고 오르락내리락했다.

그런데 혼자 일을 벌이면 힘이 딸릴 것 같았다. 그래서 대구(大邱)에서 학교에 다니고 있는 여식을 심부름을 시키려고 불러올렸다. 그랬더니 예고도 없이 친구들과 함께 들이닥쳤다.

친구들은 모두 세 명이었는데, 여자 친구가 두 명이었고 남자 친구가 한 명이었다. 전부 외출복 차림이었다. 생각해 보니, 여식에게 일을 시키면 같이 온 친구들은 거취가 난처해질 것이므로 그렇게 할 수가 없었다.

그때 나에게 불현듯 생각나는 것이 있었다. 그래서 물었다.

"자네들, 부석사 가본 적 있는가?"

"가본 적 없어요."

주위를 두리번거리던 청년이 대답했다.

"그렇다면, 일은 나중에 나 혼자서 하기로 하고, 오늘 부석사에 한번 가보세. 전부 가본 적이 없지? 어떤가?"

제안을 해놓고 눈치를 보니, 싫지 않은 것 같았다.

"부석사 모르는가? 우리 나라 최고(最古)의 목조건물이 있다는……."

"기둥이 아래 위로 가늘고 중간이 더 굵지요."

"아는구먼. 그럼 그리로 가세. 가다가 시원한 곳에 있는 소수서원도 구경할 수 있으니."

"그 옛날 풍기 군수 주세붕이 창건하셨다는 소수서원요?"

"그래, 가세."

그리하여 우리 일행은 부석사를 향했다. 가는 길에 물가에 시원한 소나무 그늘이 좋은 소수서원에도 잠깐 들렀다.

목적지인 부석사에 도착하여 보니, 정문 앞에 큰 안내판이 있었다. 조사당은 곧바로 올라가다가 무량수전을 지나 오른쪽 위로 가면 있다. 여식 친구들은 마냥 소풍 온 것같이 즐거워했다. 몇번씩 번갈아 포즈를 취했고, 사진을 찍었다.

나는 부지런히 걸어 올라가서, 무량수전에 들렀다가 잠시 후에 조사당이 있는 위쪽으로 올라갔다. 조사당에 도착해 보니 옛일이 생각났다. 중학교 3학년 때였던가? 부석사에 수학여행 왔을 적에 보았던 조사당과, 처마 밑에 의상대사님의 지팡이를 땅에 꽂아 둔 것이 움터 자라나서 지금까지 살고 있다는 신비한 나무.

반가웠고 한편은 걱정이 되었다. 그 조사당은 기도 도량으로 쓰기에는 너무 비좁았다. 두서너 평이나 될까? 한 개의 출입문이 중앙에 있었고, 양쪽에 한 개씩 두 개의 창문이 있었는데, 그 창문들은 '박형'의 말씀처럼 모두 대못을 쳐서 밀폐시켜 놓았다. 벽은 두꺼웠고, '박형'의 말씀처럼 정면의 문만 잠그면 조사당으로 들어가는 길은 없었다.

·나는 열려 있는 문을 통하여 안을 유심히 살폈다. 문의 정면에는 어떤 분이 단정하게 정좌하고 계셨는데, 그 좌상 뒤에는 여기에 조사(祖師) 의상대사님의 진영(眞影)을 모셨다는 설명문이 있었다. 그러고 보니, 여기에 앉아 계신 분이 부석사를 창건하신 의상대사님이셨다.

순간적으로 '박형'께서 말씀하신 '사람 보는 눈이 다른 나이 많은 스님, 조사(祖師)님은 바로 의상대사님이 아닐까.' 하는 생각이 언뜻 들었다.

세세히 살펴보니, 의상대사님의 상(像)은 나무를 깎아서 만든 상(像) 같았다. 그리고 확실하게 나무로 깎아 만들었다고 믿게 되었는데, 이유인즉 그분의 얼굴에는 소나무가 오래 되어

패인 홈 같은 나뭇결이 두 줄로 오른쪽 이마 주위에서부터 볼을 타고 아래턱까지 나있었기 때문이다.

정말 의상대사님의 좌상은 석고상이나 석상 내지는 쇠로 만든 것처럼 섬세하고 세련되지는 않았지만, 나무의 심덕을 지닌 스님의 진면목을 잘 나타낸 잘생긴, 훌륭한 모습이셨다.

또 그 목각상 뒷벽에는 의상대사님이라고 생각되는, 키가 작달막하신 분이 가사를 입으시고 지팡이를 짚고 서 계신 탱화 한 폭이 있었다.

모든 것을 종합해 볼 때, 의상대사님은 두상(頭上)이 크고 전체적으로 약간 모가 진 듯하면서 둥글둥글하신 편이며, 얼굴 표정은 환하고 어지시며 정신이 번쩍 들게 생동하는 듯했고, 키가 작달막하시며 밝은 어른이셨다.

모든 것을 다 관찰하고 나서, 나는 고민에 빠졌다. '박형'께서 말씀하신,

"내가 부석사에 가보니, 아무도 못 들어오게 막아놓은 곳이 있었어. 그런데 내가 거기를 그냥 넘어 들어갔었지."

까지는 충분히 이해된다. 막아둔 조사당 벽을 통해서 들어가셨다는 뜻이다. 그것은 말이 된다. 그 옛날 예수님도 부활하신 후에 제자들이 모여 떨고 있던 다락방, 문마저 잠가둔 그곳에 돌연 현신(現身)하셨었다.

그와 같이 '박형'께서도 거기에 현신하셨다는 이야기가 성립되는데, 그 다음 말씀 즉,

"그랬더니 지키고 있던 젊은이, 젊은 중이 잡인은 이런 데 들어오면 안된다며, 나가라고 나를 막 밀어내는 거야."

라고 하신 말씀 중에 '지키고 있던 젊은이, 젊은 중'은 무엇

때문에 여기를 지키고 있었으며, 그는 지금 어디에 있는 것일까? 내가 썼던 것처럼 기도 도량이나 차렸으면 몰라도 저기 무량수전과도 많이 떨어져 있는 한적한 이곳에서 그는 무엇을?

그리고

"그런데 역시 나이 많은 사람이 사람 보는 눈이 달라. 나이 많은 조사(祖師)가 나를 턱 알아보고 나에게 공손하게 절을 하고……."

라는 말씀은 또 어떻게 된 것인가? '나이 많은 사람……조사라면? 조사 스님께서 저 아래 절집에 계신다? 아니면, 여기에 목각으로 계신 의상대사님이?' 또 '박형'께 공손하게 절을? 공손하게 절을 했다면 이유는 왜일까?

"그래서 그렇게 하고 왔지."

이것은 또 어떻게 하셨다는 말씀이신가? 나는 무엇이 어떻게 되었다는지 종잡을 수 없었다. 풀 수 없는 문제에 봉착했다. 난감했다. 도대체 무엇 때문에 지키고 있었을까?

부석사 경내에 다른 조사님이 계셨다가, 젊은 스님이 '박형'을 밀어내려 했을 그때에 이리로 부리나케 올라오셨다는 추리도 마땅치 않아 보였다. 산 아래 절집과 여기는 소리를 쳐도 들리지 않을 만큼 먼데, 어떻게 '나가라고 밀어내는' 상황을 알며, 그게 뭐가 대단한 일이라고 그분께서 잽싸게 오신다는 말인가? 도대체 알 수 없는 수수께끼 같은 '박형'의 말씀이었다.

고민중에 우연히 발이 조사당 앞에 있는 큰 느티나무 옆으로 갔다. 거기에 조사당 안내판이 서 있었다.

안내문에는 그전에 조사당 벽에는 국보인 사천왕상과 제석

천상이 있었는데, 지금은 다른 곳에 모셔두었다는 그런 내용의 글이 쓰여 있었다. 사천왕이라면 절을 들어서자마자 만나게 되는 무서운 얼굴을 하고 절을 지키고 계시는 네 명의 천신(天神)이며, 제석(帝釋)은 도리천의 임금으로 사천왕을 통솔하는 분이시다.

그렇다면 '지키고 있던 젊은이, 젊은 중'은 바로 그 사천왕과 제석천이 아닐까? '박형'께서 여기에 현신하여 들어오셨을 때에, 지키고 있던 사천왕과 제석천이 '박형'을 알아보지 못하고, '잡인은 이런 데 들어오면 안된다, 나가라고 막 밀어낸' 것은 아닐까?

그러고 보니, '박형'께서 여기에 현신하셨을 때에 지키고 있던 사천왕들과 제석천이 '박형'을 알아보지 못하고 잡인은 이런 데 들어오면 안된다 나가라고 막 밀어낼 적에, 목각으로 계셨던 의상대사님이 '박형'을 부처님의 현신이라는 것을 알아보고 공손하게 절을 하고, 그래서 그렇게 하고 왔다는 것이다. 그렇게 생각하면 모든 것이 '박형'의 말씀과 일치한다.

그러나 이런 어린아이 속이는 말장난 같은 나의 이야기를 어느 누가 믿어주며, 이게 또한 합당한 일일 수가 있는가? 정녕 알 수 없는 일이었다. 나 역시 이렇게 믿어지지 않고 불가해하며 기상 천외한 일을 그렇게 된 것이라고 주장할 수는 없다고 생각했다.

나는 정말로 당황하면서도 알고 싶었다. 그 말씀의 진실을! 그리고 괴로웠다. 알고 싶었다. 어떻게 된 것인가? 그리고 그렇게 해석할 수밖에 없는 상황을 나만이라도 어떻게 알 수는 없는 것인가? 깊이깊이 생각했다. 전심전력을 다하여 생각했다.

그리고 결론을 내렸다.

남이 믿거나 말거나, 나로서는 이렇게 이해할 수밖에 없다. '박형'께서 조사당에 현신하셨을 적에 사천왕상과 제석천상이 나와서 '박형'을 나가라고 한다. 그때에 이를 보고 계시던 목각상 의상대사님께서 '박형'을 알아보고, 그들을 제지하고 공손하게 절을 한다. '박형'께서는 의상대사님께 무언가 가르침을 준다.

그리고 나는 그렇게 믿을 수밖에 없다는 생각으로, 아무도 믿지 않을 결론을 가지고 조사당 아래로 내려가는데, 여식과 친구 일행이 조사당으로 올라오고 있었다. 나는 다시 그들과 함께 그리로 왔다. 그리고 한쪽 구석에 앉아 한 가지 생각에 몰두했다. 그런 다음 결국에는 통일된 하나의 기도하는 마음이 되어서 하늘을 우러러 갈구했다.

"누구든지 좋으니, 나에게 이것을 바르게 알려주십시오. 하나님, 부처님, 관세음보살님, 의상대사님, '박형' 박상신(朴尙信) 부처님, 누구든지 좋으니, 이 문제를 바로 풀어 나로 하여금 바로 알게 하여 주십시오. 이것은 어떻게 된 것입니까? 내가 생각했던 그대로입니까? 아닙니까? 아니라면 어떤 것이 바른 답입니까? 알려주십시오. 알려주십시오."

절대절명!

"이것을 나에게 꼭, 꼭 좀 알려주십시오."

나는 세 번만 부르면 달려오셔서, 중생의 어려움을 구해주시겠다는 서원을 크게 세우셨다는 관세음보살님을 불렀다.

기도하는 마음으로 불렀다.

"관세음보살님, 관세음보살님, 관세음보살님, 저에게 꼭 알게 해주십시오.”

나에게는 이것을 꼭 바로 알아서 책에 잘못 썼던 것을 바로 잡아야 될 사명 같은 것이 있었다. 그날 나는 지극 정성으로 한 가지 소원을 빌었다. 나의 마음은 한 가지의 소원뿐. 기도하면서 앉아 있었다.

그리고 나의 마음은 점점 더 현신하셨던 부처님 ‘박형’과 사천왕과 제석천왕과 의상대사님의 존재를 믿는 쪽으로 굳어갔다.

그러나 기다려도 나에게 아무도 그 대답을 확실하게 알려주는 사람은 없었다. 우리 일행——나와 여식과 그 친구들——은 아래로 내려왔다. 그리고 무량수전 앞에서 함께 사진을 찍었다.

그날은 한여름이었다. 구름도 별로 없는 좋은 날씨였고, 산사(山寺)라서 그리 덥지는 않았지만, 햇볕은 따가웠고 몸에는 땀도 났다.

막 부석사 정문을 나서서, 주차장 가는 길로 내려오는 길이었다. 그 길 옆에 시골 아주머니가 관광객을 상대로 옥수수도 쪄서 팔고, 자두도 팔고, 부침개도 부쳐 팔고 있었는데, 한 편에는 나무로 만든 평상이 놓여 있었다.

쉬어 갈 겸, 젊은이들이 배가 고플 것 같기도 해 그리로 갔다. 김이 무럭무럭 나는 솥이 보였다.

“여기 옥수수 다섯 개만 주세요.”

나까지 다섯 사람이 먹을 생각이었다. 주인이 연 솥 안을 들여다보니, 그 안에는 몇 개 안되는 옥수수가 남아 있었다.

“한 개 얼마요?”

“한 개에 천 원요.”

"다섯 개만 주세요. 자, 옥수수나 한 개씩 먹고 가자고."

나는 작은 것이 다소 비싸다는 생각이 있었지만, 이왕 사먹기로 결정했는데, 까다롭게 굴고 싶지 않아서 5천 원을 주고, 주인이 골라 담아준 옥수수 비닐봉지를 받았다.

그리고 언뜻 다른 데로 눈을 돌렸는데, 부석사 쪽에서 어떤 키가 작달막한 스님이 내려오는 것이 눈에 띄었다. 비구인지 비구니인지 분간할 수 없었지만, 자세히 보니 어디서 많이 뵌 분같이 낯설지 않은 분이었다.

그분이 몇 발짝 오는 것 같더니, 나를 향해서 발길을 돌렸다. 곧장 내 앞으로 다가오시면서 혼자 이렇게 말했다.

"어, 여기 마음 착하게 생긴 사람이 하나 있네."

순간 나는 참으로 기뻤다. 나를 마음 착하게 생겼다고? 언뜻 보기에도 마음이 착하게 생겼다니, 마냥 기뻤다.

스님의 말에 감격하여 옥수수 장수 아주머니에게 부탁했다.

"여기 이 스님께도 옥수수 하나 드리세요."

그렇게 말을 하고 보니 민망했다. 스님께 공양을 올리려면 좀 그럴듯한 것을 드렸으면 좋겠는데, 옥수수 솥 안에는 이제 잔챙이만 있을 것이었다. 이를 어쩌나 하는 안타까운 마음이었다. 좀 좋은 게 있으면 좋겠다는 강한 욕구가 생겼다.

그런데 아주머니가 솥을 열고 뒤적이다가 잔챙이 옥수수 속에서 하나를 골라내는데 놀라웠다. 집게로 집어올리는 그 옥수수가 점점 커지는 것이었다. 만화에서 본 적이 있는 신통한 일이 내 코앞에서 벌어졌다.

그때 누가 내 귀에 대고,

"옥수수 하나 먹어라."

하고 명령조로 말했다.

상냥스런 스님께서 처음 보는 나에게 '먹어라.' 하고 명령했기 때문에 놀라기도 했겠지만, 실은 '옥수수'라는 말 때문에 나의 마음속에는 범상치 않은 파문이 일었다.

내가 '박형'께 주역을 배울 때에, '박형'께서 옥수수 이야기를 하시는 날에는 반드시 주역에 대한 어떤 가르침이 있었었다. 두어 번 그런 일이 있었기 때문에 옥수수와 주역과는 연관성이 있다고 알고 있었다. 그런데, 그 스님께서 '옥수수 하나 먹어라.'고 하셨기 때문에, '아하, 양신(陽神)[3]께서 이 자리에서 주역에 관한 가르침을 나에게 주시려는구나.'하는 충격을 받은 것이다.

그래서 스님을 새삼 쳐다보는데, 그분이 먼지 다정하게 물었다.

"어디서 오셨어요?"

불가에서는 꼭 어디서 왔는가를 묻는다더라 하면서 대답했다.

"단양에서 왔어요."

그런데 그 단양이라는 말은 주역에서는 양(陽)을 붉은색으로, 음(陰)을 검은색으로 나타내기 때문에 '붉을 단(丹) 볕 양(陽), 곧 단양'에서 왔다고 하면 밝은 곳에서 왔다는 의미가 함께 내포되기 때문에 자랑스러웠다. 그런데 그 스님이,

"나도 그전의 고향이 단양인데."

---

3) 양신(陽神)의 내용은 큰보살님이나 큰신선(神仙)님이다. 화현하셔서 보통 사람의 몸으로 먹고 마신다. 사람의 눈에는 그렇게 보이지만 신(神)이며 신통이 자유자재하다.

라고 했다. 그전의 고향이 단양이라고? 그전의 고향이 단양이라는 말 속에는 양신(陽神)이 되기 전에 사바세계에서 밝은 곳에 사셨다는 말씀이 아닐까?

그래서 물었다.

"지금은 어디 계세요?"

그리고 긴장하며 그분의 대답을 기다렸다. 그 스님께서

"상주에 있어요. 막막사."

라고 했다.

또 뜨끔했다. 상주에 계신다고? 막막사(莫莫寺)라고? 물론 상주(尙州)는 경북에 있는 도시 이름일 수도 있지만, 불교인이 '상주'라고 하셨다면, 항상 상(常) 머무를 주(住) 상주(常住), 곧 항상 변함없이 머무르는 곳이란 뜻이 될 것이며, 양신(陽神)께서 상주(常住)라고 하셨으면, 상주는 우리가 알 수 없는 양(陽)의 세상, 거기가 될 수 있을 것이다. 그 스님은 아무래도 보통 분이 아니었다.

그런데 스님께서는 어느새 나의 오른쪽에 서서 오른쪽 귀에 대고 말했다. 그 말은 '말아라 말아라.'라고 하셨는지, '말랑말랑'이라고 하셨는지는 확실하게 듣지 못했는데, '마'자와 'ㄹ'자가 분명 들어가 있었다.

그런데 내 가슴에 오는 반응은 막막사의 '말아라, 말아라.'였다. '말아라, 말아라.' 막막사에는 관세음보살님께서 현신(現身)하셨던 막막사라는 절에 얽힌 전설 같은 이야기가 전해져 오고 있다.

송나라 어느 재상의 어머니가 돌아가셨는데, 재상의 꿈에 현몽하여 말하기를,

"나는 전생에 지은 죄가 많아서 지옥고를 받고 있다. 그런데 알고 보니, 죽은 이를 위하여 공덕경(功德經)⁴⁾을 지성껏 독송(讀誦)하면 죽은 이의 죄가 소멸되고 이고득락(離苦得樂)하여 지옥고를 면하고 천상에 태어날 수가 있다고 하니, 부탁하건데 꼭 나를 위해서 공덕경을 좀 독송토록 해주게."

라고 했다.

화들짝 놀라 깨어난 재상이 어머니를 생각하여 눈물을 비오듯 흘리면서, 곧 대중을 모으고 그의 어머니를 위해서 공덕경을 밤낮 7일간 읽히며 함께 읽었는데, 정성이 지극했던지 6일째 되는 밤에 다시 어머니가 현몽하시어 말씀하셨다.

"고맙네, 아늘아. 자네가 그 동안 지극정성으로 공덕경을 읽어준 덕택에 나는 이제 지옥고를 면하고 천상으로 가게 되었다네. 정말로 고맙네. 그런데 한 가지 알려줄 것이 있는데, 어제는 대중 가운데에 관세음보살님이 오셔서 함께 공덕경을 반쯤 읽은 적이 있으니, 그분을 한번 만나보게나."

재상이 대중에게 뛰어가서 묻기를

"이 가운데에서 어제 공덕경을 반만 읽으신 분이 어느 분이십니까?"

라고 했다.

앞에 앉아 있던 스님들은 미안하다는 듯이

"글쎄, 우리는 아니오. 우리는 끝까지 다 읽었어요."

했다.

그때에 말석에 앉아 있던 객승(客僧) 한 분이 머뭇거리면서 말했다.

---

4)공과 덕이 되는 경. 금강경을 말하기도 한다.

“죄송합니다. 제가 공덕경을 읽다가 보니, 다른 분이 다 읽으셨고 다른 볼일도 있고 하여, 반쯤 읽다가 그만두었습니다.”

재상이 그 객승이 관세음보살님이신 줄을 알고, 그 앞에 달려가서 넓죽 큰절을 올리려니까, 객승이 손을 가로저으면서,

“말아라, 말아라.”

하시면서 홀연 자취를 감추셨다.

대중이 크게 기뻐하여, 거기는 성인(聖人)께서 직접 출현하셨던 곳이라 기념하여 절을 크게 다시 짓고 절이름을 말 막(莫)자 두 개를 넣어 ‘말아라, 말아라.’ 즉 막막사(莫莫寺)라 하였다.

내가 그 옛 이야기를 알고 있는 터에 그분께서 ‘막막사’라고 하셨고, 내 귀에 대고 ‘말아라, 말아라.’고 하셨던 것이다.

하여 그분의 얼굴을 찬찬히 살폈다. 그런데 이게 웬일인가. 그분의 얼굴은 나무로 깎아서 만든 얼굴 같았다. 분명 나무로 깎아서 둥글둥글하면서도 모가 있는 나무 얼굴이었다.

어허! 나무로 깎아서 만든 것 같은 그분의 얼굴에는 오른쪽 이마 주위에서부터 볼을 타고 아래턱까지 두 개의 주름이 패여 있었다. 좀전에 보았던 의상대사님의 목각상과 같은 곳에 똑같이 두 개의 패인 줄이 나있었다. 그분의 얼굴은 분명 목각상과 닮았다.

그때에 저쪽 길가에서 자두를 팔던 아주머니가 외쳤다.

“거기만 팔아주지 말고 이쪽도 좀 팔아줘요.”

스님이 그리로 갔다. 그리고 자두는 어떻게 처분을 해야 한다는 것을 일러주었다.

우리 일행은 평상 위로 올라갔다. 그리고 묵과 부침개를 주문했다. 빙 둘러앉아 그것을 먹으면서 내가 말했다.

"참으로 한마디의 말이 이렇게 중요할 수가 없구나. 저런 분은 신통력이 있으셔서 신통력으로 무엇이든지 가르쳐주실 수가 있지만, 나와 같은 사람은 그렇게 할 수가 없기 때문에 아무리 중요한 사항이라도 단 한마디의 말로밖에 전해 줄 수가 없구나. 그러니 이 단 한마디의 말은 참으로 중요한 것이다."

그리고 잠시 후에, 길 저쪽에 있던 자두 장수가 벌떡 일어섰다.

"스님께서 가신데요. 옥수수를 주셔서 고맙다고 하세요."

나도 따라서 일어섰다. 스님께 인사를 드렸다. 그때에 스님께서 내가 공양 올린 옥수수를 담은 검은 비닐 봉지를 쳐드시면서 혼자 말했다.

"이걸 나보고 들고 가라고?"

의상대사님? '박형'? 관세음보살님(?)께서는 우리와 작별하고 정류장 쪽으로 걸어 내려가셨다.

그후에 나는 생각했다. 성인(聖人)께서는 전지전능하시지만 우리에게 보여주셨던 것 이상 어떻게 신(神)의 진면목을 더욱 확실히 보여주실 수가 있겠는가. 나는 이미 이 세상에 와 계신 분들의 존재를 더 이상의 증거(證據)를 기다리지 말고 믿어야 된다고 생각했다.

우리는 그날 분명 '옥수수'를 하나 먹었다. 주역에서 말하는 건(乾), 그 양신(陽神)의 존재를 확실하게 맛보았다.

우리는 영혼, 즉 마음 '정신세계'를 이해하여야 된다. 우리가 알지 못하는 광대무변한 정신의 세계가 펼쳐져 있는 것이다. 이러한 세계를 모르고 우리는 눈앞의 육체에 매여서 괴로운 삶을 살고 있는 것이다.

생각해보면 모든 성인들께서는 한결같이 이 '정신세계'를 깨닫고 눈 뜨라고 여러 수단을 다 동원하여 보여주셨고 귀띔해 주셨으며, 지금도 나타나셔서 인도(引導)하여 주고 계시는 것이다.

참으로 우리는 보고도 깨닫지 못하고, 듣고도 알지 못하니 정신적으로 장님이며 귀머거리가 아닌가? 그리고 설사 대진리를 알았다고 해도 다른 사람에게 말 한마디로밖에 알려 줄 수 없는 멍텅구리는 아닌가.

나의 이 글은 벙어리의 전화와 같다. 벙어리가 더듬거리며 전화를 거니, 다른 이가 듣지 못한다. 사실 또 벙어리는 직접 찾아가서 손짓 발짓을 해야 겨우 의사를 통하게 되는 법인데, 아직 나는 손짓 발짓을 배우지 못했다.

그런데도 벙어리인 나에게 한 가지 기막힌 소원이 있기 때문에 이 글을 감히 쓰는 것이다.

석가모니 부처님께서는 대각(大覺)을 얻으신 후에 교진여 등 다섯 사람에게 최초로 고집멸도(苦集滅道)의 사성제(四聖諦)를 말씀하셨다. 그리고 며칠 후에 다섯 비구 중의 한 사람인 콘단냐가 먼저 티없는 청정한 법안(法眼)을 떴다.

그때에 석가모니 부처님께서 감격하여 외치셨다.

"콘단냐는 깨달았다. 콘단냐는 깨달았다!"

참으로 감격하여 말씀하셨다.

나에게도 불타 석가모니 부처님의 이와 같은 감동을 맛보고 싶은 소원이 있다. 나는 이렇게 감당하기 어려운 소원을 가지고 있기 때문에, 벙어리와 같은 나의 한마디에 모든 것을 깨닫는 귀가 뚫린 사람을 만나고 싶다.

아! 나는 '바담 풍' 해도 '바람 풍' 하는 지혜있는 분들이 그립다.

1. 여의주如意珠란 무엇인가?

맑은 마음이 곧 여의주이다. 모든 것은 오직 마음이 만든 것 [一切唯心造]이기 때문이다.

‘선사상(禪思想)의 진수(眞髓)’ 송서암 대선사 법어(法語) 중에 다음과 같은 것이 있다.

원각경에 이런 말이 있지. ‘무변허공(無邊虛空) 각소현발(覺所顯發)이라.’ ‘가이없는 허공…… 각(覺)이 일어난다.’ 토가 안 달렸지, 경문(經文)에는.

그런데 어느 강사가 수백 명 학인(學人)을 가르치는데, 무변허공에 각소현발이라, 허공은 끝이 없지요. 가이없는 데 거기서 각(覺)이 난다. 각이라는 것은 우리 중생 우리의 부처야. 우리의 마음. 꼬집으면 아픈 줄 알고 불러내면 대답할 줄 아는 그것이 각이야. 이렇게 가르치거든……

그때 눈 밝은 납자(衲者)가 지나가다가 마루에 걸터앉아서 무엇을 강의하는가를 듣자니까 그 소리를 하는 거라. 아니, 큰일났다, 이거야. 수백 명을 가르치는 강사가 부처님의 사상을 전혀 모르고 가르치고 있으니 큰일났거든.

그래서 말했지.

"여보, 그런 말이 어디 있나? 당신이 불교를 전혀 모르면서 누구 눈을 막으려고 그러느냐. 당신 눈이 어두운 것은 모르거니와 남의 눈을 어둡게 할 수 있느냐?"

"무슨 소리냐?"

"무변허공에서 각이 일어났다고 하면 그것은 외도(外道)[5]의 사상이야. 거기다가 토를 '이'로 달아. '에'로 달지 말고…… 무변허공이 나의 각에서 나왔다고 해야지, 180도로 달라."

'에'자 토하고 '이'자 토하고는 근본적으로 다르지. 그렇지 않겠어요? 가이없는 허공에서 '에'를 달면 그 허공에서 각이 나왔다는 말이 되고, 무변허공이 각소현발이라 하면, 가이없는 허공이 내 각(覺)에서 나왔다는 말이야. 180도로 각도가 다른 겁니다.

불교는 내가 주체가 되어 가지고 우주 만유를 토해내는 것이지, 무변허공에서 내가 일어나는 것은 아니다 이 말이야. 바로 자기가 주인공이다. 창조주이며 조물주라는 말이야.

그러니까 강사가 '뭐 누더기 입은 거지 중이 어디라고 함부로 건방지게 그러느냐.'고 타박을 하는 거라. 그러니 거기 있던 모두가 유명한 강사의 말을 듣지. 수백 명 대중이 '저리 가라고. 뭐가 와서 이러느냐.'고 구박을 하는 거라.

그래 보통 때 같으면 모든 것을 희생하고 목까지라도 내놓을 수 없지만, 부처님 정법에 어긋나는 것을 보고 '내가 목을 바치더라도' 그냥 물러설 수 없는 거라.

"그렇다면 재판을 하자. 재판을 어떻게 하나? 고등법원이나

---

5)불법이 아닌 교법(敎法).

지방법원에 가는 게 아니야. 부처님의 법을 보호하는 신장(神將)님이 모셔져 있어. 신장님은 불법을 옹호하는 대중이다 이거야. 신장님한테 재판을 하자."

"그럼 어떻게 재판할 거냐?"

"여기 산중에 큰 재를 지내고 종을 치고 많은 사람을 운집해 놓고 우리가 축원을 해서, 내 말이 옳으면 내가 살 것이고, 네 말이 틀리면 네 목을 자르는 대판 재판이다 이 말이다. 신장님이 계신다면 이런 경우에 정사(正邪)를 가르지 않는다면 신장의 가치가 없어. 반드시 재판을 해줄 것이다."

그러는 데야 항의할 수가 있나? 세 살 먹은 어린이라도 옳은 말을 들고 나오는 데야 자기가 권위 의식으로 누를 수도 없거든.

"그럼 그리하자."

그래서 큰 종을 울리고 북을 치고, 이거 올림픽 이상으로, 흥미있는 구경거리가 하나 생겼지.

그 결과 산중에 소문이 나고 지나가던 관광객까지 몰려들어서 승려 재판 한번 구경하자. 입장권없이 무료로 하는 것이니까.

그래서 고축(告祝)을 하는 거라.

"앙고 하엄성중……."

이렇게 청해 가지고,

"말세에 불법이 이렇게 혼란한데, 신장이 불법을 옹호하려는 원력(願力)을 잊어버리지 않았다면 이 대목에 나타나서 분명히 정(正)과 사(邪)를 가려주시오."

고축을 하고,

"음식을 많이 대접해서 신장님이 배부르도록 자시게 바쳐
놓았으니, 헛되이……."

축원이 딱 끝났는데, '획一' 하더니만 그 강사의 목이 달아
났어. 이렇게 우리의 눈에 보이지 않는 우주의 진리가 흐르고
있는 것입니다. ……(이하 생략)

역시 허공(虛空)마저 나의 각(覺:깨달음)에서 나온다는 결
론이지요. 석가모니 부처님께서도 말씀하셨지요.

"망령되어 움직임이 있고, 움직임으로 인하여 소리가 있으
니……."

그 말씀은 '움직임없는 본래 마음자리에서 망령되이 움직여
서, 소리 즉 색성향미촉법의 물질계가 생긴다는 뜻'이지요.

《진리의 문》11p

　　因妄有動하고　因動有聲하니　名爲世界顚倒오　是能有와　所
有로　分段이　妄生하야　因此界立하고　非因所因고로　無能住所
住하야　漂流不住할세　因此世成하니　和合相涉하야　變化衆生
이　成十二類라.

　　우주 생성 원리는 망령으로 인해서 진동이 생기고, 진동
으로 인해서 자연 전력이 결합하고, 자연 전력의 결합으로
인해서 물질계가 생겨나서 모든 물질이 윤회한다.

이렇게 불교는 일체유심조(一切唯心造), 즉 모든 것은 마음
에서 나왔다고 가르친다. 사실이 또 그렇다. 그러니 이 한없는
마음[청정심;本性品]을 찾아 바르게 쓰자는 것이 불교의 근본

이며 여의주를 쓰는 법이다.

신장神將이 사람의 목을 쳤다니, 이것을 과학적으로 해명할 수 있는가?

차원이 다른 세계이기 때문에 3차원 정도의 지금의 과학 수준으로는 해명할 수가 없는 것이다. 사람의 의식을 초월해 있는 비공간(非空間)의 세계를, 물질적인 것만을 인정하는 현재의 과학으로 설명할 수 없기 때문이다.

진정 과학적이라는 것이 별것 아닌 것을 먼저 깨달아야 한다.

《당신에게도 신(神)이 올 수 있다》 신목원 지음. 254~257p

현재의 과학으로는 달걀을 깨뜨리지 않고는 먹을 수가 없지만 4차원의 공간만 가도 달걀을 깨뜨리지 않고 알맹이만 먹을 수 있다. 4차원의 세계만 가도 시공(時空)을 초월할 수가 있는데, 6차원에 가면 비물질에서 물질을 만들 수 있다. 5차원 세계에서는 공간의 벽을 넘어 지옥(地獄) 천당(天堂)을 갈 수 있고, 7차원 세계부터는 생각의 존재에서 물질로 넘어오는 단계이므로 물질과 비물질의 동시 존재를 생각할 수 있다. 8차원에서는 하늘을 만들 수 있다. 9차원의 세계에서는 생각만으로 존재하고, 10차원 세계에 가면 이 무수한 세계에 동시에 존재하더라도 실제는 혼란한 법이 없다.

이론적으로 말해보면 《성경》 〈창세기〉에 하나님이 '빛이 있으라.' 한 것은 과학적으로 8차원 세계라 말할 수 있다. 8차원과 9차원이 혼합하여 7차원에 들어오면 6차원에서 세계가 성립

된다.

5차원에서는 인식(認識)이나 의식(意識)의 벽을 넘을 수 있고, 4차원에서는 시공의 벽을 넘더라도 의식의 벽을 넘을 수 없고, 3차원에서는 비공간을 보지 못하고 한쪽 부분인 공간밖에 보지 못하는 것이다. 결국 한쪽 부분만 설명한 과학은 보잘것없는 것이다……

형상은 멸하더라도 진실된 뜻은 멸하는 법없이 시간과 공간을 초월해 존재하는 것이다. 시공을 초월했다면 너무 거창할지 모르지만 간단히 우리의 의식 세계를 초월해 있다고 생각하면 되겠다.

신라시대 진표율사(眞表律師)[6]가 금산사에서 육도 만행 기도를 하여 법당에서 두솔천이 열리면서 지장보살이 몸의 상처를 치료해 주고, 미륵불에게 점찰경과 미륵불의 대[竹] 조각으로 된 염주를 받았다는 기록은 되새겨 볼 만하다.

신장神將

욕정은 음전기에 속하는데, 음전기는 무겁고 힘이 약해서 지구의 전리층을 벗어나지 못하므로 극락이나 천당을 갈 수 없고, 그 정도에 따라 인간 또는 축생이나 지옥으로 가게 된다.

이상(理想)은 양전기에 속하는데, 양전기는 가볍고 힘이 있어서 반중력(反重力)이므로 지구 인력권 밖에 있는 극락이나 천당에 갈 수 있다.

---

6) 진표는 신라 경덕왕 때의 율사(律師)로 금산사(金山寺)를 창건하신 분이다. 14일 동안 기도하는 중에 지장보살의 현신 수계(授戒)함을 받았다. 다시 전과 같이 기도하는 중에 미륵보살에게 점찰법(占察法) 2권과 간자(簡子) 189개를 받았다.

1. 극락에 갈 수 있는 사람은 100% 순일무잡(純一無雜)한 이상을 가져 지혜가 많고, 복을 많이 지으면 극락으로 간다.

2. 천당에는 100% 순일무잡한 이상을 가진 사람 중에 지혜와 복이 극락 가는 사람보다 못한 사람들이 간다.

3. 90%의 이상과 10%의 욕심을 가진 사람은 날아다니는 비선(飛仙)이 되고(神仙道에서는 鬼仙이라 함),

4. 80%의 이상과 20%의 욕심을 가진 사람은 힘센 귀왕이 된다.(大力鬼王)

5. 70%의 이상과 30%의 욕심을 가진 사람은 날아다니는 야차[飛行夜叉] 귀신이 된다.

6. 60%의 이상과 40%의 욕심을 가진 사람은 땅에 다니는 나찰 귀신이 된다.

앞의 네 가지 중 불법에 귀의하여 계행을 잘 지키고 선정을 닦았거나, 신주를 많이 외운 사람은 능력과 위엄이 있어서 팔부호법 신장(神將)이 된다.

《진리의 문》 175p에서.

50%의 이상과 50%의 욕심이 거의 같은 비율의 사람은 사람으로 태어난다. 그리고 사람 밑으로는 축생(畜生)인 날짐승과 길짐승, 그리고 물고기, 아귀(餓鬼), 지옥의 보통지옥과 무간지옥(無間地獄)[7], 그리고 100% 욕심만 있는 사람은 아비지옥으로 간다.

극락 천당으로 가는 사람을 제외하고, 비선이나 대력귀왕이

---

7)괴로움을 받는 것이 끊임없으므로 이와 같이 이른다. 남섬부주 아래 2만 유순(由旬:고대 인도의 거리 단위) 되는 곳에 있는 몹시 괴롭다는 지옥이다.

나 비행야차(飛行夜叉)[8]나 나찰 귀신 중에서 불법에 귀의하여 계행을 잘 지키고 선정을 닦았거나, 신주를 많이 외운 사람이 팔부호법 신장(神將)이 된다.

'박형'께서 부석사에 현신하셨을 적에, '박형'을 알아보지 못하고 '이런 데에 잡인은 들어오면 안된다고 하면서 밀어내려고 하던 지키는 젊은이'는 사천왕(四天王)이며 즉 신장(神將)의 왕(王)들이다. 그리고 '젊은 중'은 제석천(사천왕을 통솔하는 도리천의 임금)이었다.

불법을 옹호하며 절을 지키는 신장은 호법신장이다. 그렇기 때문에 불법에 어긋나는 외도(外道)의 법 즉, 허공에서 각(覺)이 난다고 했던 강사의 목을 친 것이다.

수행이 익으면 천신들을 볼 수 있다고 히말라야 성자 미라래빠님은 말씀하셨다.

"천신(天神)들 중 많은 존재(영혼)들은 아나함(阿那含:不來)[9]의 경지 및 그에 상응하는 경지에 도달해 있단다. 이들을 보기 위해서는 무명의 업장이 거의 걷히어 완전한 영시(靈視)가 되어야 한다. 만약에 천신들의 우두머리(사천왕이나 제석천 등)를 보게 되면 그에 딸린 천인(天人)들도 볼

---

8) 날아다니는 야차를 이른다. 위덕(威德)·포악(暴惡)·용건(勇健)·귀인(貴人)·첩질귀(捷疾鬼)·사제귀(祠祭鬼)라 번역한다. 야차에는 천야차·지야차·허공야차의 3종이 있다. 천야차와 허공야차는 날아다니지만 지야차는 날지 못한다.
9) 성문(聲聞) 4과(四果) 중의 제3과. 줄여서 나함, 불환(不還), 불래(不來)라 번역한다. 욕계에서 죽어 색계·무색계에 나고는 번뇌가 없어져서 다시 돌아오지 아니한다는 뜻이다.

수가 있게 된다.

　누구든지 이와 같은 신들을 보고자 한다면 자신의 모든 나쁜 업장을 완전히 소멸시켜야만 한다. 중생은 모든 업장이 깨끗이 정화(淨化)되었을 때 자기 자신 안에서 모든 신(神)들보다 더욱 위대하고 지고(至高)하고 지성(至聖)한 존재자(存在者)를 발견하게 된다. 이때 그는 중생이 아니라 지성(至聖)한 존재자가 된다.”

일체유심조一切唯心造

물론 자업자득(自業自得) 또한 일체유심조이지만, 여기서는 현생의 나는 전생의 업에 의해서 즉, 자업자득으로 이렇게 산다고 하는 정도의 차원이 아니다.

　일체유심조는, 그 옛날 원효대사께서 당나라에 유학하러 가시다가 해골바가지의 골 썩은 물을 먹었는데, 그것이 골 썩은 물인 줄 모르고 먹었을 때에는 시원하고 깨끗한 단물이라고 알았던 것이 착각이나 환각이 아니라는 뜻이다.

　나의 깊은 의식에서 그렇다고 믿으면 그렇게 된다는 것이다. 더 나아가 원래 이 세상 모든 일은 물론 허공(虛空)마저도 내 마음에서 만든 것이란 뜻이다.

　‘박형’께서 하루는 말씀하시기를,

　“천문학 책을 보면 황당무계해. 요즘 나온 책도 마찬가지야.”

라고 하셨다. 나는 그 말씀의 의미를 일체유심조에서 찾는다. 일체유심조를 모르는 어린아이의 주장 같은 우주창조의 가설(假說)을 읽어보시고 ‘황당무계하다’고 하신 것은 아닐까.

　또 어떤 분은 말했다.

"각자 자기의 세상에서 산다."

어떻든 사람의 인생은, 자기의 깊은 의식이 만든 무대에서 스스로 웃고 울고 원통해 하고 기뻐하며, 자작(自作)하여 펼치는 한 편의 꿈이다.

사람은 자기가 그 깊은 의식에 기록했던 대로 스스로 만든 환경에 '이것은 진실하다'고 속아서 살고 있는 것이다.

불가에서는 이 모든 것을 일러서, 삼계(三界)가 유식(唯識)이요, 만법(萬法)이 유심(唯心)이라 한다. 즉 욕계·색계·무색계 그것이 전부 인간의 마음에서 일어난 유식(唯識)이요, 일만법이 전부 마음(본성품)에 있다고 한다.

그 일체유심조리는 깃이 그것이쇼. 한 예를 든다면, 가령 우리가 한 가지 병이 나면 물론 약을 먹을 수도 있겠지만, 마음을 가다듬어 가지고 모진 병을 한 생각으로 낫게 하는 이치가 있습니다.

일체유심조. 그것을 우리가 증명한다면, 지옥 중생은 일일일야(一日一夜) 만사만생(萬死萬生)이라 그럽니다. 하루 저녁 하룻밤에 만 번 죽고 만 번 난다 이 말입니다. 그러니 의사가 만 번 죽고 만 번 나는데 무슨 약이 필요하겠느냐 이거야. 업력(業力)[10]으로 일일일야 만사만생이지. 우리가 병 나는 것도 전생의 업력으로 전부 병이 일어나는 겁니다. 그 업력만 고쳐버리면 나아버립니다.

---

10)업(業, Karma)의 힘. 업에는 몸으로 짓는 업, 입으로 짓는 업, 뜻으로 짓는 업이 있다. 이것을 3업(三業)이라 한다. 또 업에는 선업(善業)과 악업(惡業)이 있는데, 선한 업을 지으면 선과(善果)가 오고, 악한 업을 지으면 악과(惡果)가 온다.

이 원리를 알아듣기 쉽게 실화를 하나 이야기해 드리겠어요. 동산 스님이라고, 나하고 동갑인데, 여기 스님들은 잘 알 것입니다. 안동산이라고 저 해남 대흥사 주지도 지낸 스님인데, 그 스님이 건봉사 주지를 한 15년 전인가 25년 전인가 때는 분명히 모르겠으나, 거기 주지를 할 때인데 총무 보는 사람이 '골골'하고 아픈기라.

한번은 죽겠다고 느닷없이 헤매거든. 그래서 답답하니까 비행기를 탔는가 급히 서울에 와서 대학병원 일류병원에 진찰을 떡 하니까 위암이라 그거야. 그게 늦어져서 도저히 현대 의학으로는 손을 댈 수 없다는 거라. 25년 전 이야기니까.

그 소리를 들으니 청천벽력이라 믿어지지 않거든. 다른 병원에 또 가보자. 또 다른 유명한 병원에 가보니 역시 그 소리거든. 세 곳에 가도 똑같은 소리였지. 그래서 확실히 그게 병인가 해서, 둘이 돌아와 여관집에 와 서로 얼싸안고 대성통곡을 한다 이거야.

내가 중노릇을 해서 모자락스럽고 고약한 짓을 한 적이 없는데, 내가 왜 이런 모진 병이 들어서 죽게 되느냐!

그래서 막 '엉엉' 우니까 친구가 부조 울음으로 같이 얼싸안고 엉엉 우는 기라.

여관 주인이 눈이 둥그래지며 쫓아나왔는데, 늙도 젊도 않은 중 둘이 얼싸안고 울어대니 그것 참 가관이거든. 미국 사람이 봤으면 사진기 들이댔겠지만, 그때 마침 미국 사람은 없었고, 실컷 울었다 이 말이지. 싱겁지 그러니까. 그래서 울음을 그치고 하는 말이,

"내가 이제 어차피 며칠 안 가서 죽으니, 주지 스님, 나에게

먹을 것을 실컷 좀 사 달라.”
고 했거든.

“아, 그래. 어렵잖다. 내가 지금 듣자하니 그대가 얼마나 먹을런지 모르지만, 내가…….”

요새 돈으로 아마 한 돈 10만 원 있었던 모양이지.

“그래 내가 실컷 사 줄 돈은 있으니, 가자.”

요릿집으로 갔단 말이야. 가 가지고……. 그렇게 매일 절에서 나무 뿌리만 먹다가 뭐 별미도 먹고 싶고 그랬던 모양이지. 여러 해를 참아오고 수양은 잘 안되고, 고기 먹는 것도 참고……. 마 그랬던 모양이지. 그러니 그런 생각이 터져 가지고 ‘내가 어차피 죽을 바에야, 도를 못하고 죽을 바에야 고기나 한번 실컷 먹자.’ 그랬던 모양이지.

그래 가서 뭐든지 청했단 말이야. 청해 놓고서 정작 먹으려고 한 젓가락 ‘떡’ 입에 집어넣으니까 송기 껍데기 씹는 것처럼 맛이 없다 이거야. 생각해보면 그럴 것 아니야? 이것도 뭐 마음이 편해야 시래기죽도 맛이 있지, 그 모양 되어 가지고 뭐가 맛이 있겠느냐 이 말이여.

그전 관념으로 그런 게지. 정작 청해놓고 하나도 못 먹으니, 혼자 또 먹을 수도 없고 말이여. 부조로 안 먹고 집어던지고, 같이 설악산 가는 그때 버스를 타고 인제를 가다가 중간에 인제 근처에 관음암이라는 조그마한 암자가 있고, 거기 노(老)비구니가 사는데, 그 스님과 성이 종씨야. 가며 오며 서로 들리고 그랬단 말이야. 보살로 있다가 자기 스스로 머리를 깎고 아주 천상천하 유아독존 세상문자 쓰듯이 자기 마음대로 머리 깎아 중이라 그러는 거야.

그래 거기에 가다가 좀 쉬어 간다고 올라간 기라. 올라가서 죽게 되어 오니까 참 딱하거든.

그래서 그 스님보고,

"스님은 주지니까 한가하게 있을 수 없고, 절로 가시오. 나는 여기서 어차피 죽을 테니까 관세음보살님한테 매달리다가 죽어도 지옥에는 안 떨어져야 될 게 아니야."
라고 했지.

"좋은 생각을 했다. 기도 잘하라. 일주일 후에 회향(廻向)[11] 한다니 기도 회향날 내가 올테니 열심히 기도를 하라."
라며 가버렸지.

이 이는 주지 책임을 보다가 보니, 1주일이 홱 넘어가고 열흘이 딱 되어버린 기라. 깜짝 싶어서, '아이쿠, 죽어가는 친구의 기도 회향날 간다 해놓고 정신이 없구나.' 부랴부랴 쫓아갔다 이거야. 그 언덕에 올라가서 일분이라도 왔다는 기별을 먼저 하려고 '어——' 하고 소리를 지르나까, 문을 열고 내다보더니 부리나케 막 뛰어내려오는 기라.

'하아, 이 사람아, 내가 올라가는데⋯⋯.' 넘어질까봐 겁나거든. 올라가는데 뭣하러 내려오느냐고 고함을 질러도 들은 체 만 체 쫓아내려오거든. 와서 어깨를 탁 치며 '이제는 살았다.'고 좋아서 죽는 기라. 어린아이처럼.

그래 참 희한하지. 꿈 같지. 며칠 전에 죽겠다고 통곡하던 사람이 이렇게 어린아이처럼 천진난만하게 좋아하니⋯⋯.

---

11) 회전취향(廻轉趣向)의 뜻. 정진하여 자기가 닦은 선근공덕을 다른 중생이나 또는 자기의 불과(佛果)에 돌려 향함. '대승의장(大乘義章)'에 3종 회향을 말한다. 중생에게 돌리는 것—중생회향, 보리(菩提)의 과덕(果德)을 얻으려고 취구하는 것—보리회향, 무위적정한 열반을 추구하는 것—실제(實際)회향.

“어떻게 되었든 올라가자.”

올라가서 이야기를 하는데, 그래 며칠 먹지도 못하고 아픈 사람이 관세음보살 기도한다고 목탁을 들고 기도를 밤새도록 하더라 그거야. 노 비구니가 보니까, 진지하게 하므로 말을 거들 수도 없고…… 그렇게 하더라 이거야. 종일 서서 목탁을 두드리며 하더라 이거야.

그가 목탁 삼매에 들었지. 우리가 보니 하루 이틀이지 자기는 일념(一念)이야. 한 생각으로 했으니까. 생각이 움직여야 피로하지, 생각에 아프다 하니, 생각이 두 동강 났기 때문에 피로하지 아무리 아프더라도 한 생각으로 집중하면 아픈 게 없잖아? 아픈가 안 아픈가 생각하니까…….

그래서 불교에서는 농루적적지라. 고름이 뚝뚝 떨어지는 땅이라 이거야. 한 생각 일념이면 시간과 공간을 초월해. 남이 보면 사흘을 한 것이지, 자기는 한 생각으로 잠시 한 것인데.

그렇게 염불을 하는데, 옆에서 보니 딱해서 ‘스님, 참…… 물이라도 마시고 하시오.’라고 물을 떠가지고 가서 마시라 해도 들은 체 만 체 하거든. 그렇게 하니까 남 진지한 기도를 깨뜨릴 수 없고 그냥 가만 내버려둔 기라. 사흘째 하다가 자기가 쿵 넘어졌다 이거야. 마루 조그만 법당인데, 피로해서 쿵 넘어졌는데……, 넘어진 것만 아는데, 그 다음에 관세음보살님이 내려오시더라 이거야. 오시더니만

“이 사람, 어디가 그리 아픈고?”

그래서

“하이고, 내가 이 배가 아파서 죽겠습니다.”

“어디 보자.”

그래 만지는데 시원하더라 이기야. 그때 어깨를 만져 가며 죽 내려오는데, 그렇게 시원할 수가 없는 기라. 그래서 무릎팍까지 만져 내려오는데, 시원하거든. 그러다 퍼뜩 서서 올라가

"아이쿠, 여기 마저 만져 주시오."

그러는 찰나에 깜짝 놀라 깼거든. 그러고 나서는 이상하게 아픈 데가 없고 몸이 가볍고 참 희한하고 그렇거든. 그래 내가 왜 안 아픈고? 오히려 아프던 게 안 아프니 이상스럽거든. 아플 긴데 아무리 해도 안 아프고…… 그래 갈증이 나서 물 한 그릇 청해 먹고.

사흘 기도하다가 그랬고 열흘만에 그 사람이 왔으니 1주일이 지나서 그만 완인(完人)이 된 기라. 살았다 그거지요.

그래 그 스님이 믿어지지도 않고 이 사람이 어떻게 하도 이상스러우니까, 또 병원에 데리고 간 거야.

병원에 가자 떡 진찰을 하더니 의사가 하는 말이,

"도대체 무슨 약을 자셨소? 응? 무슨 약을 자셨소?"

자꾸 묻더라 이거야. 그럴 것 아니냐 이 말이야. 이게 무슨 몇 달이나 몇 해나 되었다면 혹 기적적으로 낫는다 하지만, 불과 열흘, 10일 전이야. 10일 전에 자기 의학으로는 손을 대지 못한 사람이 어떻게 감쪽같이 나았나 이거야!

무슨 약을 먹었느냐고 자꾸 묻더라 이거지. 무슨 약을 먹었다고 하겠소?

그런데 내가 무슨 이야기를 하는가 하면, 이것이 '생명의 실상(實相)'이야. 신기한 것이다, 이거야. 우리는 이 생명을 기계로 보기 때문에 조금만 아파도 병원에 쫓아가니, 불행한 사람이다 이거지. 우리는 마음으로 모든 것을 정리할 수 있는 힘이

있는 겁니다.

그이가 일념으로 관세음보살을 원하니, 그 관세음보살이 답장해 내려온 것이 아니라, 자기 속에 관세음보살이 싹을 틔우고 나온 것이지, 바깥에서 온 관세음보살이 아닙니다.

우리 이 몸 안에는 시방(十方) 세계가, 우리 마음속에 함축되어 있어요. 내 속에 있는 마음을, 내가 관세음보살을 만들어 가지고 내 관세음보살이 나와서 내 병을 고치는 거야. 그것이 바깥에서 꼭 온 것이 아니야. 만법이 전부 이 마음속에서 일어나는 것입니다.

그래서 사람은 조물주요, 그렇게 위대한 존재이다. 그리고 너와 나를 불문하고 누구나 이런 여의주를 똑같이 가지고 있다. 천당도, 극락도, 부귀영화도, 지옥노, 모두 마음속에 있다. 마음을 세외하면 아무것도 없다.

2. 선사상禪思想의 진수眞髓는?

불교는 깨닫는 교이지, 신앙의 교나 무슨 구원을 받는 교가
아닙니다. '자기가 우주의 창조주요, 자기가 모든 것을 이룩하
는 근본 핵심이라는 것을 자각하라.' 이렇게 간단한 것입니다.

선(禪)의 진수(眞髓)가 바로 이것이지요.

직지인심(直指人心) 견성성불(見性成佛), 즉 그 마음을 바로
보게 하여 부처님 되게 하는 것입니다. 그 근본 마음을 찾는
것이 선의 진수이며, 인간의 근본은 너와 내가 없고 시간과 공
간을 초월한 마음 하나인 것이지요.

꿈을 깨면 여여부동(如如不動)한, 그야말로 불생불멸(不生不
滅)해서 시간과 공간에 상관없이 항존(恒存)하는, 그런 인생을
친견해 보라는 게 부처님의 근본 교리입니다.

부처님은 45년 동안에 많은 설법을 하셨지만, 부처님께서는
한마디도 말한 바 없노라고 하셨습니다. 이게 무슨 말씀인가
하면, 근본 그 자리는 언어와 상념으로 통하는 자리가 아니기
때문이란 말입니다.

상념이라는 것은 정체(正體)가 없이 흘러버리는 것이지요.
허망한 그림자이지요. 그래서 금강경에는 '여몽환포영(如夢幻
泡影)'이라고, 꿈 같고 허깨비 같고 물거품 같고 그림자 같고,

‘여로역여전(如露亦如電)’ 이슬 같고 번개 같다고 했지요. 진실이 없다 이 말이지요. 그 진실이 없는 속에 진실한 물건, 여기에 우리가 착안해야 합니다.

과거에 참선하는 그런 실화를 얘기할 테니, 들어보시오. 그 전에 황벽(黃蘗) 스님이라는 분이 계셨는데, 그 문하에 임제(臨濟)[12] 스님이라는 유명한 스님이 황벽 스님 회상에 참선을 배우러 간 것이지.

참선을 하러 간다는 것은, 나고 죽는, 모든 고통의 그물을 벗어나서 참으로 불생불멸하고 자유자재한 해탈의 인생을 성취하러 간 것이 아니겠어요.

그래서 그 동안에 스님이 시키는 대로 종노릇한 게지. 밥하라면 밥 짓고, 나무하라 그러면 나무해 오고, 밭 파라면 밭 파고, 무한한 일을 매일 시키는 거라. 밤에도 늦도록 일 시키고……, 그저 일만 시키는 것이지.

그렇게 3년 동안을 꾸준히 종노릇을 한 것이야. 그 사람은 ‘품삯을 많이 줄 테니까 하라.’ 그러면, 하루도 안하고 달아날 사람입니다. ‘네가 나에게 일을 그렇게 잘하면 나중에 빗돌[碑石]을 하나 세워준다.’ 그래도 안할 사람이지요.

생각해보시오. 오직 그 사람은 해탈할 그 꿈 하나뿐이거든. 그러니까 ‘언젠가는 나를 해탈시켜 주리라.’ 그래서 3년 동안 밤이나 낮이나 입의 혀같이 스님의 명령을 따라 했다 이거야.

---

12) 본래는 의현(義玄, ?~867)으로 중국 스님. 속성은 형(邢). 임제종의 개조(開祖)로 조주 남화 사람. 어릴 때부터 총명하여 불교를 좋아하고, 출가한 후 여러 곳에 다니면서 경론을 많이 탐구했다. 계율에 정통했으며 황벽 희운(黃蘗希運)의 법을 이었다. 시호는 혜조선사(慧照禪師).

50

그런데 3년째 되는 해, 어느 스님이 지나가다가 가만 보니까, 참으로 도기(道器)라! 그렇게 진실할 수가 없거든. 세상의 물욕은 다 끊어지고…… 그 일동일정(一動一靜)이 그대로 도(道)의 향취가 나는 위대한 수도자였지.

그래서 그에게 물었지.

"이 사람아, 자네 여기 얼마나 있었나?"

"3년 동안 있었습니다."

"그래. 3년 동안 있었으면서 무엇을 배웠나?"

"3년 동안 있었지만, 한마디도 배운 바가 없습니다."

"야, 이 사람아, 그럴 수 있나? 오늘 한번 가서 물어봐라."

"가서, 어떻게 물을까요?"

"여하시(如何是) 조사서래의(祖師西來意)니꼬?"

'어떠한 것이 조사(祖師)가 서쪽에서 온 뜻입니까?' 이렇게 물으라 한 거야.

조사(祖師)는 달마 스님. 저 인도의 양반이지. 인도가 여기서 서쪽이니까, 서쪽에서 도인이 동쪽으로 온 뜻이 뭐냐? 이거야.

결국 중생을 깨닫게 하고 성불(成佛)시켜서 해탈을 얻게 하려는 뜻이셨으니까. 그것을 번역하면 '어떻게 하면 마음을 깨칩니까?'하는 말과 똑같은 의미이다.

"그렇게 물어봐라."

참 그렇겠다. 가서 절을 하고,

"여하시 조사서래의니꼬?"

하고 물으니까, 그 말이 떨어지기도 전에 (황벽 스님이) 주장자로 30방을 내리쳤다. 한마디도 일러주지 않고.

(임제 스님은) 혹불이 나도록 두들겨 맞기만 했다 이거야. 정신없이 뭐 좋은 소리를 일러줄 줄 알았는데, 벼락치듯 두들겨 패니까, 정신없이 쫓겨나온 게지. 실컷 두들겨 맞고 눈물이 글썽글썽하며 뛰어나왔단 말이야.

"뭐라 하더냐?"

"이렇게 두들겨 패기만 합디다."

"그래?"

그 사람도 아무 소리 안하고 종일 앉아 있었지. 이 사람은 너무 분한데다가 맞아서 뭐 정신이 없는 기라. 세상에 이런 벼락을 맞아보기는 평생 처음이거든. 그래 우두커니 밤잠도 안 외 꼬박 새우고 그 이튿날 아침에 가니 어제 그 스님이 말하는 기라.

"야, 이 사람아, 거 한 번 더 물어봐야 될 것 아니냐?"

그도 생각하니 도를 얻으려고 하는데, 그렇겠다 이 말이야.

또 가서 어제마냥 물었거든. 또 여전히 몽둥이를 가지고 내려치는 거라. 30방을.

그러니 뭐 기가 막히게 맞았지. 매에 부대껴서 쫓겨 나왔어.

"그래, 오늘 뭐라 하던고?"

"아, 오늘도 역시 두들겨 맞았습니다."

그렇게 하기를 3일 동안 밤잠 못 자고 두들겨 맞은 거야. 그러니까 그 일념이 흔들려 버린 거야.

'3년 동안 내가 도를 얻기 위해서 심신을 바치고 이렇게 했는데, 한마디도 일러주지 않고 두들겨 패기만 하니, 세상에 이럴 수가 있나.'

분에 바쳐서 떠나기로 한 거라.

"스님, 저 인연이 없어서 떠날랍니다."

두 말 안하고,

"그래, 떠나려면 네 멋대로 가지 말고, 저 대우 스님 회상에 가거라."

그 대우 스님이 그때의 선지식이니, 그리로 지시를 한 거야. '그래도 옛날 도인이라고 하는데, 나를 잘못 인도하겠나.' 싶어서 거기를 찾아갔지.

가니까, 대우 스님이 물었지.

"행자는 어디서 오는고?"

"황벽 스님 회상에서 옵니다."

"그래, 얼마나 있었으며 무엇을 배웠는고?"

상식적으로 물을 것 아니겠어. 사실 이야기를 했지.

"3년을 내가 뼈빠지게 시봉하고 심부름했건만, 도는 한마디도 안 일러주고, 이렇게……."

혹불을 만지면서

"이렇게 두들겨 맞았으니, 내가 무슨 허물이 있어서 이렇게 맞았습니까?"

그랬더니, 그이가 소리를 지르며,

"저 사람, 자네 스님이 그렇게 친절하게 일러주었건만, 무슨 허물이 있고 없고 그 따위 소리를 하느냐?"

라고 소리를 벽력같이 한번 지르는 바람에 꿈 깨듯이 홀연 개오(開悟)했다 이 말이야.

깨치고 보니, 앵무새마냥 뭐라고 일러주지 않은 것이 백골난망이야. 일러주지 않은 그 은혜가…….

만약에 뭐라고 일러주었더라면 자기가 그렇게 심중에 맺혀서 오늘날 꿈을 깨고 '툭' 터지는 경계(境界)가 없었을 거란 말이지. 그 뼈아프게 일러준 것이 백골이 사무치게 은혜가 중한 것을 느꼈다 그거야.

그런 역사가 있어요. 이 도(道)라는 것이 참 쉽게 터지기도 하지만, 업장(業障)이 두터운 사람은 이렇게 여러 달이 걸리고, 3년 4년 가고, 그러고도 그런 고비를 넘어서 얻어집니다.'

화두話頭·공안公案

'탐(貪)심에 진(瞋)심에 치(痴)심에 희로애락 모든 마음으로 흩어지면, 흩어진 태양과 같습니다. 한 가지 마음으로 집중시키는 것이 화두입니다.

집중을 시키면 마음이 열립니다. 화경(火鏡)을 대고 집중하면 불이 일어나는 것마냥, 우리의 생각을 집중시키면 꿈을 깹니다. 그렇듯이 우리 참선하는 방법이 바로 집중력입니다.

'이 뭐꼬?' 한다든지, '정전백수자(庭前柏樹子)'라든지, '무(無)'라든지. 모든 1700공안(公案)이 그 집중력으로 뚫어내는 방법입니다.'

사실 1700개의 화두 공안만이 아니라, 인생길에서 우리가 부딪치는 모든 근심 걱정이 모두 큰 깨달음으로 가는 화두·공안이 될 수 있다.

예를 들면 나의 이런 경우이다.

'박형'께서 어느 날 나에게,

"자네는 문제가 있으면, 아무도 모르게 놋재에 올라가 소금을 묻으면 다 해결된다."

라고 하셨다.

놋재는 충북 단성면에 있는 작은 산인데, 남성 성기를 닮았다 하여 예로부터 집안에 누가 바람을 피우면 그 산꼭대기에 남몰래 올라가 소금을 묻으면, 바람을 피지 못하게 된다고 하는 전설이 전해지고 있다. 실제로 내가 그 산에 처음 올라갔을 때에 보니, 정상에는 큰 소금 단지가 두 개나 묻혀 있었고, 단지마다 흰 소금이 가득가득 담겨 있었다. 두 번째 올라갔을 때에는, 누가 거기에 소금을 얼마나 많이 묻었는지 근처 땅마저 소금처럼 희게 되어 있었다.

그러한 놋재에 '박형'께서는 '아무도 모르게 놋재에 올라가 소금을 묻으면 다 해결된다.'고 하셨던 것이다.

부끄럽게도 나는 살아오면서 의처증으로 고생했다. 나의 의처증은 끈질긴 것으로 내가 '이것은 의처증이다. 이런 막된 생각을 하지 말아야 한다.'하고 아무리 애를 써도 항상 내 머릿속에서는 현숙했던 나의 집사람이 언제나 어디서나 다른 남자와 바람을 피울 수도 있다고 생각하곤 했었다. 그래서 나의 지난 날은 참으로 괴로움의 연속이었다.

물론 나는 '박형'께서,

"자네는 방아 찧어놓은 게 많아서 사고야. 평생을 먹고도 오히려 남는다."

라고 지적해 주기 전까지 내가 그렇게 의처증으로 고생하는 이유를 제대로 알 수 없었다.

그리고 그후 어떻게 하면 '평생을 고생하며 갚고 오히려 남는 벌(罰)'을 가지고 후생에 다시 태어나서 그런 괴로운 생활을 해야 되나 하며 근심했다.

그러던 어느 날 새벽, 웬일인지 놋재에 가고 싶은 충동이 생겼다. 꼭 이유를 찾자면 나에게 '문제'가 있었기 때문이다.

극락 천당, 그리고 열반이란 무엇인가?

그것을 꼭 알고 싶다는 소원 때문이었다. 그리고 또 나에게 남아 있을 의처증, 그것의 원인을 규명하고, 색욕을 금생에 이겨버리겠다는 결심도 있었다. '박형'의 귀띔을 상기하면서 아무도 모르게 소금을 사가지고 그 놋재로 올라가기 시작했다.

'아무도 모르게' 가야 하기 때문에 날이 밝기 전에 다시 하산해야 할 판이었다. 그러나 전에 가 보았기 때문에 쉽게 오를 것이라던 생각은 잘못이었다. 정성을 오르기에는 어려웠고 힘이 들었다.

나는 전부터 혼자 등산할 때나 길을 갈 때에 마음속으로 '무(無)자' 화두를 들곤 했었다. 그날도 역시 걸으면서 생각했고, 지난날의 잘못들을 먼저 참회하기 시작했다. 모든 지난날의 부끄러운 일들이 후회와 참회하는 마음으로 떠올랐다.

이 좋은 세상에서 나는 왜 큰 마음 한번 멋지게 써보지 못하고 옹졸하게 살았나? 이제 이렇게 작은 산을 올라가기에도 힘겨운 나이가 되어서 지난날을 후회하다니. 이러한 자책도 있었다. 그리고 두 번 다시 그런 괴로운 삶을 살지 않게 되기를 빌었다. 참으로 부끄러운 일이었다. 얼마나 긴 좋은 세월을 잃어버린 것인가? 나는 결혼 생활을 하면서 진정 상대방을 사랑해 보았는가? 요즘 눈 밝은 젊은이들을 보면 참으로 현명하게 사랑하며 손잡고 부모에게 효도하며 살고 있지 않은가!

지난날 나는 왜 그렇게 형편없이 살게 되었나? 왜 나는 아는 바가 적었나? 학교에서 배운 것, 그 쓸데없는 것들만 중히 여겼을 뿐, 모든 면에서 보통 사람들 같지 못했던 자신을 반성했다.

큰 욕심만 불러일으켜서 엉뚱한 꿈을 꾸면서 내가 나 자신을 괴롭혔던 것이다. 100억 달러를 벌어보겠다고? 어림없는 욕심이었다. 자신의 위치를 몰라도 너무 몰랐던 것이다. 반성하고 또 참회하지 않을 수가 없었다.

나는 그렇게 참회하면서 어떻든 그 모든 것을 '무'로 돌리기 시작했다. 왜냐하면 '무'를 통해서만 열반에 도달할 수가 있겠기에. 어떤 생각이든지 모든 생각을 '무'로 했다.

욕심냈던 일들, 화냈던 일들, 어리석었던 일들…… 모두모두 '무'로 돌렸다. 한 가지의 생각이 떠오르면 다시 한 가지의 '무'를 생각했고, 또 한 가지의 잘못이 생각나면 역시 '무'로 돌리는 작업을 계속했다.

정상이 점점 가까워질수록 숨은 더욱 턱에 닿았다. 힘이 빠지고 다리는 점점 무거워졌다. 그대신 내 마음속의 잡념과 걱정은 줄어들기 시작했다. 어떠한 생각도 '무'로 돌리고 말았기 때문이다.

한 발자국 옮길 때마다 일어나는 모든 상념들을 '무'로 돌리는 것이었다. '무'에는, 거기에는 아무것도 없기에 생각도 줄었다.

숨은 나를 죽일 것처럼 턱을 치받고 가슴은 고통 속에 방망이질 쳤다. 그때에 나는 결심했다. 죽을테면 죽어라. 목숨을 버린다. 목숨마저 내놓으니 숨은 더욱 찼지만, 결국 나에게 더 버릴 것이 없었다.

그리고 정상이 가까워지고 하늘이 훤하게 보일 때쯤에는 기도하는 마음으로 변해가고 있었다. 그 기도는 누구든지 바른 도를 가르쳐 달라는 기도였다.

열반으로 가는 길에 '무'의 실상을 알려달라는 기도였다. 그리고 나는 그 기도마저 버렸다. 그 소망마저 버렸다. 오로지 '무'를 원했고, 이제 그 소원, 그 상념(想念)마저 버렸다.

모든 것을 버렸다. 끝내는 그 버린다는 생각마저 없앴다. 어느덧 나는 정상 근처에 와 있었다. 그리고 정상에 올라섰다.

아침 해가 산 위에 둥실 떠올라 있었다. 그때에 나는 아무것도 없는 실체를 느꼈다. 내가 내가 아님을 알았다. 나는 하늘 끝에 뚝 떨어질 바람임을 알았다. 괜히 혼자서 이기려고 애태웠던 의처증의 실체가 없음도 보았다.

만인(萬人)이 한마음이었다. 생(生)과 사(死)가 하나이며, 영원과 찰나가 한 자리에 있다는 말씀을 이해하게 되었다. '박형'께서 거기에, 언제나 저 해처럼 계셨다는 것을 깨달았다. 변함없는 큰 사랑으로 이 땅을 해처럼 빙글빙글 돌고 계셨다는 것을 깨달았다. 인생길에서 고생하고 괴로워했던 것은 내가 아니었다.

결 론

'우리의 마음은 한계가 없는 자리이므로 이 무한한 마음을 우리가 크게 쓰면 무한히 크게 써집니다. 가령 비근한 예를 들어서, 나하고 대대로 내려오는 원수라 할지라도 한 생각 넓게 쓰면 원수도 포용하고 웃고 용서할 수 있고, 옹졸하게 쓴다면 조금만 귀에 거슬리는 소리를 해도 서로 칼부림이 일어나고 친한 친구간에 원수를 맺고, 내외간에도 이혼을 하고, 갖은 옹졸한 마음을 쓰면 그렇게 세계가 부서져 버립니다.

그러면 그것은 자기가 스스로 옹졸하게 써서 그런 것이지, 본래 마음자리는 옹졸한 게 없지요.

그런즉 우리는 이 넓은 마음을 구애(拘碍)없이 쓰자. 이게 부처님의 가르침입니다. 구애없이 쓸 때에 무슨 고통이 따르겠느냐. 백년 인생을 항상 좁은 마음을 쓰기 때문에 여러 가지 불안이 오는 거지요.

이런 한계가 없는 마음을 쓰는 것이 불교입니다. 한계가 없는 마음에서는 이 세상 전부 다 포용할 수 있지요. 그래야 참으로 인류의 행복을 가져오고, 진지하게 인생을 살아갈 수 있는 것입니다.

부처님의 교법은 바로 자각하고, 자기 인생을 스스로 개척해서 어느 지배자없이 자기가 창조주요, 자기가 조물주이며, 누구도 자기에게 피해를 입히지 않게 하는 이런 위대한 인생을 발견해서 살라 하는 방법이 한마디로 말해서 선(禪)이지요.

선이라면 우리 말로 터 닦을 선 자(字)인데, 본래는 '선라'라 하지만, 우리 말로 선정(禪定)입니다. '터 닦는다.' 이겁니다. 우리 마음이 파도 일듯이 항상 갈팡질팡 기멸(起滅)[13]을 하는데 그래서 이 마음을 기멸없이 터를 닦으라. 평평하게 안정된 마음, 희로애락 파도치는 마음이 아니라, 그 근본 마음을 찾자는 것이지요.

우리의 맑은 허공과 같은 마음 위에서 일체 파도가 치는데 사실 그 근본 마음자리는 때가 낄 수 없는 자리이지요.'

---

13)생각이 일어나고 없어지는 것.

옛사람이 노래하시기를,
'古佛未生前(고불미생전)에 凝然一圓相(응연일원상)이라.
釋迦猶未會(석가유미회)거니 迦葉豈能傳(가섭기능전)가.
　　옛부처 나기 전에 뚜렷한 한 상이 둥그렀도다. 석가도 오
히려 알지 못했거니 가섭이 어찌 전할손가.'
하였으니, 이것이 불교의 종지(宗旨)[14]라 하겠다.

　그대 가슴속은 나의 가슴속.
　그대 어디 있어도
　있는 곳 나는 아네.

　그대는 진실하여,
　어제의 그대는 오늘의 그대.

　그대 지금 가고 없어도
　그리울 땐 언제나
　순간이 영원인
　그곳에 가네.

**참고
〈선사상의 진수〉 송서암 대선사 법어(法語)
《달마가 서쪽에서 온 까닭은?》 (홍법원 발행. 1990)

---

14)한 종교나 종파의 중심되는 가르침. 가장 옳은 것으로 믿고 받드는 주의.

3.정신의 세계

‘육체는 영혼의 옷’일까? 또 ‘착한 이는 죽어 천당 극락에 가고, 악한 이는 죽어 지옥에 간다.’고 하는 가르침은 과연 맞는 말인가?

이 문제는 바로 우리의 삶과 죽음에 직결된 지극히 중대한 사항이다. 누구나 꼭 알고 싶은 것이다. 그렇지만 어느 누구도 명쾌하게 증명하지 못했다. 그래서 그런지 몰라도 성인(聖人)의 가르침을 따르는 종교인들마저도 확실하게 믿고 성인(聖人)의 가르침대로 살고 있는 사람은 의외로 적은 것 같다.

왜 그럴까?

이유는 아주 간단하다. 자기의 영혼이 자기 몸속에 있는데도 그 사람이 그 존재를 깨달을 수가 없고, 사람이 죽으면 그의 몸 밖으로 나가는데, 다른 사람에게는 보이지도 않고, 만져지지도 않고, 냄새도 없고, 맛도 없어서 사람이 그 존재를 도저히 알 수가 없을 뿐만 아니라, 본인은 이미 영혼이기 때문에 다른 사람에게 자신의 존재를 알려 줄 수가 없다. 그래서 결국 산 사람으로는 영혼의 존재를 알 수 없는 것이다.

그렇다면 영혼이라는 것은 없는 것인가?

분명히 그렇지 않다. 이미 보았겠지만 우리가 모르는 정신의 세계가 있고, 영혼이 우리 몸속에 존재하고 있다.

'박형'께서도 영혼을 말씀하셨다.

"옛날 어디에 아주 힘이 세고 기가 센 여자가 있었어. 아무리 날쌘 장수가 따라가도 잡을 수가 없었지. 동에 번쩍 서에 번쩍 하는 거야. 오랜 후에 잡고 보니, 몸만 남겨 두고 영혼은 날아가 버렸어."

'박형'께서 이 말씀을 하실 적에 육체를 떠난 영혼이 하늘로 날아가듯 손을 흔드셨다.

나중에 책에서 보았는데, '박형'의 말씀은 이런 내용이다.

한(漢)나라 6대 성제(成帝) 당시에, 한 사냥꾼이 섬서성 종님산(終南山)에서 옷도 입지 않고 전신에 검은 털이 난 사람을 발견했다. 그의 동작이 민첩하여 도저히 다른 사람은 따라갈 수가 없었다. 누가 몰래 있는 곳을 알아내어 여러 사냥꾼과 힘을 합쳐 그를 생포하였다.

알고 보니 아직 젊은 여자였고 그 자세한 내용을 들어보니, 이 모녀(毛女)는 진시황제 손자의 관녀(官女)였는데, 진나라의 멸망과 함께 산으로 도피해 살아왔다고 했다. 그렇다면 2백 년이 넘게 살아 있다는 것이 되었다.

모녀(毛女)는 산중에서 거의 아사(餓死) 직전일 때에 고장부(古丈夫)라고 하는 선인(仙人)으로부터 솔잎과 송자(松子) 먹는 법을 가르침 받았다는 것이다. 처음에는 쓰고 떫었으나 점점 익숙해져, 그것으로 허기와 갈증도 느끼지 않고 추위도 더위도 잊었다고 말하였다.

그래서 사냥꾼은 그녀를 집으로 데리고 가서 곡물을 먹였던 바 2년 후에 신체의 검은 털이 사라지고 결국에는 노쇠하여 죽어버렸다.

《솔잎건강법》 오성출판사. 1994. 143p.

사람들은 그녀가 죽은 것을 그냥 '노쇠하여 죽어 버렸다.'고 했지만 모든 것을 아시는 '박형'께서는 '몸만 남겨 두고 영혼은 날아가 버렸어.'라고 2백 년 살던 영혼의 존재를 말씀하셨던 것이다.

영혼이탈靈魂離脫

머리의 정수리를 뚫고 나온 자신을 보는 법에 의하여 즉, 영혼이탈(靈魂離脫)하면 자신의 영혼을 자신이 볼 수 있다.

'박형'께서 증언하셨다.

"나를 잘 알고 보니, 붕 뜨는 구름 같은 희미한 존재야."

그때에 나는 영혼을 믿지 못하고 있었다. 그래서 무슨 뜻인가를 생각하며 어리둥절하고 있었더니, 다시

"산에서 공부하다가 나를 알고 보니 붕 뜨는 안개, 구름 같은 것이었어."

라고 확인하셨다.

'박형'께서는 영혼이탈하여 자신의 유체(幽體)[15]를 본 것인데, 다른 사람은 그렇게 몸 밖에 나온 유체를 볼 수가 없다.

'박형'께서는 자유자재로 영혼이탈을 하셨는데, 내가 '박형'께서 그렇게 하시는 것을 보니 잠자는 사람과 꼭 같았다. 그저 누워 있다는 것뿐, 잠자는 사람과 다른 것은 없었다. 그러니 사

---

15) 사람의 눈에는 보이지 않는 영혼의 몸.

람들이 스스로 영혼이탈하여 자신의 모습을 보기 전에는 영혼의 존재를 모를 수밖에 없다.

‘박형’께서 영혼이탈한 이야기를 하겠다.

1980년 경, 나와 산(山)공부했던 김형과 ‘박형’, 그렇게 세 사람이 점치는 할아버지를 찾아갔던 때의 일이다.

주인 할아버지와 모두 합쳐서 네 사람이 좁은 방안에 들어가 앉게 되었는데, 산(山)에 가서 공부했던 김형이 ‘박형’에게,

“‘박형’, 오늘은 바둑이나 한 판 두어봐요.”

라고 말했다. ‘박형’께서 아무 대답이 없자, 그가 다시 말했다.

“‘박형’, 부탁합니다. 두 번 다시 부탁하지 않을 테니까 딱 한 판만 두어봐요.”

하고 졸랐다.

“나는 그런 거 싫은데…….”

라고 ‘박형’이 대꾸하자,

“꼭 부탁해요.”

김형이 다시 간청했다. 내가 보니 ‘박형’은 마침 뒤에 있던 이불에 몸을 눕히더니, 잠자려는 사람처럼 조용히 눈을 감는 것이었다.

그런데 이상하게도 김형이 바둑판 앞으로 나가 앉는 것이었다. 그렇게 ‘박형’에게 바둑을 한 판 두어보자고 간청하더니 자기 자신이 바둑판 앞으로 다가앉는 것이 이상했다. 그런데 또 한 가지 이상한 것은 나이가 많은 주인 할아버지가 흑돌을 집고 김형이 백돌을 집는 것이었다.

‘박형’은 김형이 앉은 자리 뒤편에 눕고 나는 바둑판 옆에 앉아서 관전을 하는데, 두 사람이 어찌나 바둑을 빨리 두는지

바둑 수를 읽는 것 같지도 않았다. 그런데 바둑이 반 판쯤 두어졌다고 생각될 때에 바둑판이 갑자기 밝아지는 것 같았다.

정신을 차리고 자세히 보니, 백(白)이 바둑판의 중앙점 즉, 천원(天元)에 두면 흑(黑)의 대마(大馬)가 끊기고, 거기가 끊기면 분명 흑(黑)의 대마(大馬)가 몰살하게 되어 바둑은 거기에서 끝나게 되어 있었다. 왜 그런지 그때에 이상스럽게도 훨씬 눈이 밝아졌기 때문에 나는 재삼 그것을 확인했다.

그런데 백을 쥔 김형은 그 상황을 아는지 모르는지 그 자리에 두지 않고 몇 번씩 다른 데에 바둑알을 갖다놓았다. 몇 수 뒤에 흑(黑)이 천원에 잇고 그럭저럭 바둑을 끝냈는데, 백(白)을 쥐었던 김형이 져주는 게 분명했다. 바둑을 끝내고 흑(黑)을 쥐었던 주인 할아버지와 헤어져서 그 집 대문 밖으로 나섰다.

그때에 '박형'께서 나에게 다가와 귓속말로,

"내가 저 친구 속으로 들어가 둘이서 그렇게 하면, 조치훈(趙治勳)이 와도 안될 걸. 그까짓……."

라고 했다.

나는 어안이벙벙했다. 이것이 무슨 말인가? 누구와 누가 바둑을 두었다는 것인지? 속으로 들어간다는 말은 무엇인지? 또 조치훈보다 누가 더 바둑을 잘 둔다는 말인지 도무지 모를 말들 뿐이었다.

'박형'께서는 두 사람이 바둑두는 동안 내내 그 뒷전에서 누워 잠만 잤던 것이다. 바둑을 두는 동안 단 한 번도 바둑판을 쳐다본 일조차 없었다.

그러나 또 한 가지의 의문은 '저 친구 속으로 들어가서'라고 말했는데, 어떻게 들어간다는 말인지? 그때에는 그 말뜻을 몰랐다.

잠자는 것 같은 영혼이탈 현상. 그리고 이탈한 영혼[精神]은 아무에게도 보이지 않는다는 사실과 가장 신기한 것 즉, 이탈한 영혼이 다른 사람에게 들어갈 수 있다는 것, 이 모든 것을 그날 '박형'께서 나에게 보여주셨고 말씀해주셨다.

초능력

그러나 자신이 영혼이탈하여 자신의 모습을 직접 보기 전에는 영혼의 존재를 믿기 어렵다. 그런네 요즘은 영혼의 존재에 대하여 너무나 많이 알려져 있다. 이러한 초과학적인 것들 중에는 영혼·정신의 존재를 인정하기 전에는 설명할 수가 없는 것들도 많다.

심령연구나 초심리학에서 사용하는 텔레파시(Telepathy)가 그것인데, 19세기 말, 영국 심령연구협회에서 어느 사람의 죽음과 같은 시간에, 그 죽음을 알지 못하는 사람에게 일어난 환각의 경험을 조사하여, 이 일치가 우연에 의한다고는 생각할 수 없다고 결론을 내렸다.

그것은 그 사람이 죽어서 영혼이탈 되었을 적에 생전에 만나고 싶었던 사람을 찾아간 것이다. 나에게도 그런 경험이 있다.

내가 제일약품에 근무하던 때의 일이다. 1969년 6월이었다. 나는 당시에 광주출장소에 있었는데, 그날 아침 일어나서 웬일인지 대문 밖에 나가고 싶었다. 늦잠꾸러기인 내가 무슨 일인지 그날은 일찍 일어났기 때문에 시간이 충분해서 회사에 갈 걱정없이 대문 밖으로 산책 나갔다.

그런데 15m쯤 앞에 어머님이 서 계셨다. 등을 돌리고 서 계셨기 때문에 뒤만 보게 되었지만 아무리 보아도 어머님이셨다. 대문을 두드리시면 될 터인데 왜 밖에 서 계시는가? 어머님이 아닌가? 의심이 생겼다. 당시에 어머님은 아버님과 함께 고향인 경북 풍기에 살고 계셨다.

나는 어머니를 부르려다가, 그 앞으로 달려갔다. 그리고 얼굴을 보았다. 아니었다. 전혀 어머님은 아니었다. 참 이상한 일이었다.

그런데 그날 오전 집사람이 받은 전보에는 '어머님 병 위독. 속히 오라.'는 내용이 적혀 있었다. 나는 점심시간 전에 집사람의 연락을 회사에서 받았다. 어머님은 감기도 걸리지 않을 정도로 건강하셨는데 갑자기 돌아가셨다고 하면 내가 놀랄까 봐서 아버님께서 일부러 '병 위독. 속히 오라.'고 충격이 가벼운 전보문으로 바꿨던 것이다.

알고 보니 어머님은 파상풍으로 며칠 전에 병원에 입원하셨는데, 내가 어머님을 본 그날 아침 그 시각쯤에 돌아가셨던 것이다. 그리고 그 어머님은 내가 보고 싶다고 임종시에 말씀하셨다.

육체의 오관(五官) 감각을 초월한 여러 가지 영혼 현상을 살펴보면, E.S.P(Extra Sensory Perception) 광고[16], 영혼의 물질

---

16) 초감각적 지각을 이용한 광고. 보통의 지각은 물리적 자극이 감각기관에 흥분을 일으키고, 그 흥분이 중추에 전달되어 감각을 일으키는 것이지만, E.S.P의 경우는 거의 물리적 자극이 없는 조건하에서 정보가 얻어진다. 이것을 이용하여 눈으로 감각하지 못할 극히 짧은 순간에 영상을 반복적으로 내서 광고 효과를 얻는 것을 가리킨다.

화, 심령수술, 자손을 돕는 영혼, 고음(鼓音) 두드리는 소리, 물품 가져오기, 제령(除靈), 자동 서기, 영혼이탈, 바뀐 육체, 그리고 영혼 사진 등등이 있다.

이들 중에서 영혼이탈은 참으로 중요한 영혼존재의 증거가 된다. 우리들 중에 누가 그렇게 할 수만 있다면, 우리는 더 이상 '인간이란 무엇인가'를 의심하지 않게 될 것이다.

'박형'께서 공부를 끝내시고 산을 내려오시게 된 동기는 군에 징집되셨기 때문이다. 그런데 '박형'께서는 누가 보더라도 건장한 몸이라고 인정할 만큼 건강하였는데, 군에 징집되셨다가 3일만에 귀가 조치되었다. 나는 그것을 궁금하게 생각하고 있었는데, 이렇게 내용을 알려 주셨다.

'박형'께서

"그때 군의관이 처음 보는 사람은 분명 처음 보는 사람인데, 몇 마디 이야기를 하다가 보니 공부를 많이 한 사람 같았어. 내가 며칠 좀 어딜 갔다오겠다고 말한 다음, 사람이 죽으면 마지막으로 뚫고 나가는 곳, 깜깜한 데를 뚫고 나갔다가 며칠 후에 다시 그리로 뚫고 들어왔더니, 나를 척 알아보더라. 그 사람은 공부도 많이 했고 아는 것도 많았어."

라고 우리 내외에게 그때의 상황을 이야기하셨다.

'사람이 죽으면 마지막으로 뚫고 나가는 곳, 깜깜한 데를 뚫고 나갔다가' 며칠 후에 다시 뚫고 들어왔다면 바로 그때 영혼이탈하였다는 이야기가 아닐까. 스스로 죽었다가 살아났다는 뜻이 아닐까. 영혼이 이탈하여 돌아오지 않으면 죽음이기에.

'박형'께서 이어서 말씀하셨다.

"징집 영장 받고 집을 나서니, 집사람이 울고 그랬어. 내가 그렇게 하면 한 3일 후에 되돌아 올 줄 알고, '한 3일 걸릴 것이니, 안심하고 있어라.'고 말하고 떠났지."

그리고 그후 어느 날 다시 확인하셨다.

"나는 정신과 육체의 분리(分離), 정신분리야. 그것도 정·신분리라면 정신분리지."

'박형'께서 분명히 스스로의 힘으로 그렇게 하실 수가 있었다.

영혼이탈을 하면, 몸에서 영혼이 빠져나간 상태이기 때문에 자연히 죽은 사람과 별반 다를 것이 없다. 죽은 듯이 누워 움직이지도 못하고, 맥도 거의 없으며, 숨도 쉬는지 쉬지 않는지 모를 정도이다.

영혼은 육체를 나와서 떠돌지만, 영혼은 사람의 눈에 보이지를 않는다. 또 영혼이 빠져나간 육체는 얼른 보면 죽어 있는 사람과 같은 상태로 명(命)을 유지해 갈 뿐이다. 그러니 성질 급한 사람이 산에 갔다가 묻어도 다른 사람은 아무도 모른다.

'박형' 외에 영혼이탈한 사람 중에서 세계적으로 잘 알려진 사람도 많다. 미국의 유명한 '에드가 케이시'라는 영능력자와 스웨덴의 '에마누엘 스웨덴보리'라는 사람, 또 프랑스의 대예언가 '노스트라다무스' 같은 이, 그리고 토정비결을 지었던 토정 이지함 선생 등등 많다.

에드가 케이시는 자신의 '인격'이 자기최면 과정에서 육체로부터 이탈하여 몸 위로 약 한 자 반쯤 떠 있었다고 설명하였다.

에마누엘 스웨덴보리는 1688년에 스톡홀름에서 태어나 1772년에 세상을 떠났다. 그는 젊어서부터 명성을 떨쳐, 자연과학의 여러 분야에서 훌륭한 공헌을 했고, 해부학·생리학·심리학에 관한 그의 저서는 대단한 주목을 끌었는데, 그후 중년을 지나고서는 종교상의 전기(轉機)를 경험하여, 영계(靈界)와의 의도적인 교신(交信) 체험을 말하기 시작했다.

스웨덴보리의 후년의 저서에는 사후 생명의 양상을 선명하게 전하고 있다. 여기서도 또 스웨덴보리가 기술하고 있는 몇 가지 영적 체험과 죽음의 막바지에서 소생한 사람들의 증언에서 놀랄 만한 공통점을 발견할 수가 있다.

그는 이렇게 썼다.

"나는 육체감각이 마비된 상태에 빠지고, 그 결과 죽은 거와 똑같은 상태가 되었다. 그러나 사고(思考)를 관장하는 내적 생명은 완전히 건재해 있었다. 그래서 나는 죽음에서 소생한 인간이 체험하는 여러 가지 사건을 지각하고, 기억했다. 그 중에서도 특별히 깨달은 것은…… 정신이 끌려나가고 끌어당겨지고 하는 것이며, 그 결과 나의 영혼이 물리적 육체에서 분리했다."

그렇게 그는 영혼이탈을 했고, 사후(死後)세계를 다니며 영혼들도 사귀었던 것이다.

한편 《제세기(諸世紀)》를 쓴 대예언가인 노스트라다무스라는 사람은 문을 안으로 잠그고 잠을 자기 시작하면 죽은 사람과 같이 꼼짝하지 않고 열흘이고 보름이고 누워 있었다. 그리고 멀쩡하게 문을 열고 걸어나오곤 했다고 한다.

토정 이지함 선생은 길을 가다가도 길가에서 잠을 잤는데, 며칠씩 움직이지도 않아서 죽은 줄 알았더니 며칠 후에 멀쩡히 깨어나서 다시 길을 가기도 했었다고 전한다. 더욱이 토정은 길을 걷다가 지팡이를 짚고 서서 잠을 잤는데, 바람이 불면 흔들흔들 몸이 움직였다고도 했다. 그분이 그때에 영혼이탈을 했었기 때문이었다고 생각된다.

그분들이 그렇게 하여 우리가 알 수 없는 고차원 세계를 넘나들었다고 단정해 보면, 우리 영혼의 위대성을 새삼 인정하지 않을 수가 없다.

또 《내가 본 천국》의 저자인 퍼시 콜레 박사(Dr. Percy Collett)는 1982년 3월 어느 날, 그의 영혼이 육신을 빠져나가서 5일 반 동안 천국을 상세히 보고 왔다.

그의 영혼이 육체를 빠져나가는 순간의 이야기는 우리가 알고 있는 영혼이탈과 꼭 같다는 것을 알 수 있다.

금식을 하며 모두 소리를 합하여 기도할 때였습니다.——우리 모두는 바닥에 쓰러졌습니다——순간 나의 영이 육체를 빠져 나왔습니다. 성경에서 그처럼 많이 읽어 온 사람의 영(靈), 인간은 누구나 다 가지고 있는 영(靈), 육체보다 오히려 더 진정한 존재인 영(靈), 그것은 정말 존재하였으며 그처럼 많이 들어온 영혼이탈Out of Body Experience을 직접 체험하게 된 것입니다.

나의 영은 바닥에 드러누워 있는 별 볼일 없는 나의 육체를 내려다보게 되었으며, 그 육체는 정말 아무런 가치도 없는 식물인간과 다를 바가 없었습니다.——육체를 빠져 나온 나의 영은 구름처럼 빛나는 형체였으나 나와 똑같은 모습이었고, 의식이나 감각은 육체 속에 갇혀 있을 때보다 더욱 또렷했습니다. 나의 영은 무게를 느낄 수 없었고, 지구의 중력에도 영향을 받지 않았으며 사랑과 기쁨에 넘쳐 있었습니다.
《내가 본 천국》 38～39p.

인간人間

영생(永生)하여 죽지 않는 분들이 있다. 그 대답을 하기 전에 먼저 인간이란 무엇인가를 알아야 한다.

인간의 본질은 영혼이며, 영혼은 우주의식의 한 부분이고, 육체는 대우주의 축소판인 소우주이다. 이것을 분석해보면, 인간이란 영혼과 에너지와 물질로 결합한 생명체인데, 영혼은 물질로 변화했던 사실이 없는 원자이며, 에너지는 원자 에너지와 열 에너지의 이원성(二元性)으로 되어 있다. 육체는 유기물로써 16가지 지구 원소들이 결합하여 인간의 육체를 구성하고 있다.

영혼을 분석하면, 영혼은 3혼 7백이다. 3혼은 혼의 핵이며, 7백은 영의 체(體)인데 즉 유체(幽體)이다.

혼의 핵인 3혼은,

(1)성품(性品)에 해당하는 영혼은 중성자로서 전기적(電氣的)으로 중립을 띠고 있는 무념무상(無念無想)한 각성(覺性)이다.

(2)아뢰야식(제8식)에 해당하는 양혼(陽魂)은 양성자로서 플러스 전기를 띠고 있으며, 지혜와 기억의 근원이다. 정력(定力)[17]을 닦으면 중성자로 변하여 각성(覺性)이 되기도 하며, 대뇌를 통하여 작용하면 이성(理性)과 사고력(思考力)이 된다.

---

17)선정(禪定)의 힘이란 뜻이다. 산란심을 쉬고 마음을 한 곳에 쏟는 힘.

이 양혼(陽魂)이 교감신경을 통제하고 심액(心液)을 분포(分布)하므로 양심에 가책을 받게 되면 심장에 고동이 생기는 것이다.

(3)말라식(잠재의식)에 해당하는 음혼은 전자로서 마이너스 전기를 띠고 있으며, 본능과 욕망의 근원인데, 대뇌를 통하여 작용하면 감정적 욕망이 되며, 미주신경(迷走神經) 중추를 흥분케 하므로 감정과 욕망을 자극시키는 것이다. 이 세 가지 전력으로 된 영혼의 질량의 비율은 사람마다 각기 달라서 천차만별이다.

이상은 《진리의 문》 19~20p의 내용인 바 다시 풀이하면, 성인(聖人)들의 성령(聖靈)은 지상(地上)의 음양을 이미 벗어난 각성(覺性)이시다. 성령이며 신통 자재한 능력을 가지신 어른들이다.

한편 범부(凡夫)들의 영혼은, 양(陽)인 아뢰야식(제8식)과 음(陰)인 말라식(잠재의식)으로 구성되어 있다. 그렇기 때문에 조금씩 차이가 있기는 하지만 그저 노력해야 할 정신(사람)들이다.

우리의 정신은 우주 의식의 한 부분이다. 육체는 대우주의 축소판인 소우주이다.

깨달음을 갈망하는 자에게는 이 몸이 자유로 나아가는 훌륭한 나룻배가 됩니다. 그러나 단지 죄악의 구렁텅이에 빠져 놀아나는 자들에게는 이 몸은 더욱 낮고 비참한 상태로 나아가는 길잡이에 불과합니다. 현재의 우리 삶은 더 높은 곳으로 나

아가거나 더 낮은 곳으로 나아가는 이정표(里程標)에 지나지
않습니다.

우리의 현재 시간이란 가장 귀중한 시간입니다. 현재의 삶을
어떻게 살아가느냐에 따라 미래가 결정되기 때문입니다.

《미라래빠》 중에서.

진실로 성령(聖靈)이 거하면 우리 육체는 성전(聖殿)이 되
고, 그 속에 마귀(魔鬼)가 살면 우리의 육체는 그 감옥이다. 진
실로 육체는 영혼의 옷일 뿐이다.

죽으면 성인(聖人)은 어른이시며 우주의식 자체이기 때문에
성령이며, 보살님·신선님이 되시며, 천국·극락 가며, 지상에
다시 오셔서 '사람 농사' 하신다.

우리의 실체는 몸속에 있을 때는 영혼이고, 몸 밖에 나왔을
때는 귀신이다. 그러니 살았거나 죽었거나 자신에게 가장 중요
한 것은 공부하여 '사람되는 것' 뿐이다.

부처님과 범부(凡夫)는 둘이 아니다. 깨달으면 부처요, 미
(迷)하면 범부이다. 이와 같이 사람의 정신은 크게 마음먹고
노력하면 스님도 되고, 신선님도, 보살님도 되며, 불타[覺者]가
될 수 있다.

또 그 능력과 노력과 깨어 있는 정신 상태에 따라서 죽었을
적에 천상에 가기도 하고, 극락에 가기도 하며, 천신(天神)이
되기도 하고, 천사(天使)가 되기도 하고, 천왕(天王)이 되기도
하며, 귀신이 되고, 마왕(魔王)이 되기도 하며, 보살님이 되기
도 하고, 성인(聖人)이 되기도 하는 것이다.

그러니 사람이 서로 다르다고 하면 그렇게 다른 것이며, 같

다고 해도 그렇게 같은 것이다. 그렇게 변하는 데에 필요한 시간을 보면, 하루만에도 변하여 성인(聖人)이 될 수 있고 하루만에도 변하여 귀신이 될 수도 있다.

성인聖人의 신통神通

어떤 객이 용성께 묻기를,

"부처님께서는 불가사의한 신통변화가 있다고 하시는데 무슨 도를 닦아서 그와 같은 불가사의한 능력을 얻었는지 저의 얕은 생각으로는 도저히 믿어지지 않습니다. 스님께서 자세히 설명하여 주십시오."

용성이 대답하기를,

"대체로 보아서 불가사의한 신통변화를 부리는 힘은 누구나 가지고 있다. 그러나 천상 인간과 유정(有情) 동물이 그 정도를 따라서 작용하는 능력이 각각 다를 뿐이다. 이것은 모두 마음의 작용이니, 조금도 다른 것은 없다.

까마귀와 까치가 허공을 날고, 노루와 사슴이 뛰는 것은 모두 천진묘용(天眞妙用)이며 무작신통(無作神通)이니 이 신통밖에 다시 무엇을 구하겠는가?

그러나 내가 범부·성인의 작용하는 신변(神變)을 말하겠다. 먼저 신변이란 불·보살이 중생을 구제하기 위하여 초인간적인 신력(神力)으로 여러 가지 모습이나 동작을 나타내는 것을 말한다.

무릇 범부에게는 지혜와 우치(愚癡)의 차이는 있지만, 우선 지혜있는 사람의 예를 들어 말하겠다.

오늘날 사람들이 마음으로 과학분야를 깊이 연구하여 기

계를 교묘히 만들고, 공기와 물과 불을 사용하여 화륜선(火輪船)을 물 위에 띄우고 운전하니 나는 새와 같이 빠르더라. 또한 기차는 육지에서, 비행기는 허공으로 번개처럼 날으니 이것은 모두 범부의 심령적 작용으로써 물질적 기계를 사용하는 신변이다.

탐·진·치 번뇌가 있는 중생도 모든 기계 사용하는 방법을 통달하여 이와 같이 광대한 사업을 하는데, 하물며 부처님께서는 무량 아승기겁(阿僧祇劫)[18]을 닦아서 도행이 원만한 성인이시니 말할 것도 없다.

그러나 부처님께서는 어띤 술법이니 마술을 쓰시는 것이 아니라, 우리 본래의 성품에 구족(具足)한 무작묘용이다.

하늘 사람들[天神]의 신통을 부처님의 신변작용과 비교하면, 부처님은 해와 달 같고 제천(諸天)은 반딧불과 같아서 서로 비교할 수 없는 것이다.

부처님의 여섯 가지 신통을 간단히 살펴보자. 부처님의 천안통은 분별상(分別相)과 작용상(作用相)이 있는 것이 아니다. 그러나 허공을 다하고 법계(法界)를 다하여 빠짐없이 사무쳐 보시니 그 시력은 멀고 가까움이 없다.

어찌하여 그러한가? 부처님의 몸은 본래 자성이 광명성체(光明性體)다. 그러므로 오고 감이 없는 몸이며, 몸 전체가 눈이라 법계에 가득하다. 또한 과거·현재·미래에 허공을 다하고 법계를 다하여 삼세(三世)[19]를 명확히 보신다."

---

18) 아승기는 산수로 표현할 수 없는 가장 많은 수(數)를 말한다. 아승기겁은 겁(劫)의 수가 아승기란 말이다. 범어로는 아승기라 할 것인데, 제방(諸方)에서는 '아승지'라 한다.
19) 과거·현재·미래. 또는 전세(前世)·현세(現世)·내세(來世).

……우리는 하나도 빠짐없이 갖추었지만, 무명의 어둠에 덮인 까닭으로 아무것도 모르는 범부가 되었다. 부처님께서는 이 성품을 깨달아서 수용하므로 불가사의한 육신통(六神通)[20]을 증득하신 것이다.

세상 사람들이 미진(微塵)을 보지 못하다가 아침 태양이 창문 틈으로 들어오면 작은 먼지도 밝게 보이는 것처럼, 우리의 마음이 극히 청정하면 시방(十方)세계를 한 생각에 다 보고 듣고 할 것이다.

《아함경》에 나오는 부처님의 말씀을 자세히 읽어보면, 부처님께서 쓰시는 신통은 언제나 이 세상 모든 것을 그대로 사용하는 신통이라는 것을 알 수 있다. 성인(聖人)께서 세상 사람을 가르치시기 위해서는 꼭 세상의 사물로 가르치신다. 이 점은 대단히 중요한 사항이다. 왜냐하면 이것이 사실이라면 누구든지 바르게 살면 천당·극락에 갈 수 있다는 증명이 되기 때문이다. 한 생각 고쳐먹고 바르게 살면 천당·극락에 가게 되어 있다는 것이다.

어느 성인(聖人)이 다시 세상에 출현하신다 하더라도 꼭 이 세상의 법을 가지고 사람을 시험하고 또 합격한 사람을 구제하신다는 것을 알 수 있기 때문이다. 천당·극락 가는 시험 문제는 이 세상 안에 있다.

붓다가 다시 입을 열었다.
"바라문이여, 오늘 왕궁에서 회합이 있는 듯하거니와 무엇이

---

20)6종의 신통력. 천안통·천이통·타심통·숙명통·신족통·누진통.

이야기되었는고?"

바라문은 명랑한 태도로 대답했다.

"고타마여, 오늘 회합에서는 신통의 문제가 화제에 올랐습니다. 옛날에는 사문은 적었어도 뛰어난 신통력을 발휘하는 사람들이 많이 있었는데, 지금은 사문의 수효가 엄청나게 많으면서도 신통력을 가진 사람이 적다는 이야기였습니다."

붓다는 그 신통력에 대해서 이야기를 시작했다. 신통력이라는 것은 기적의 뜻이어서, 여느 사람으로서는 생각조차 못할 엄청난 능력을 발휘함을 이름이거니와, 그것에는 세 가지가 있다고 붓다는 말문을 열었다.

그 첫째는 신통신변(神通神變), 둘째는 기설(記說)신변, 셋째는 교세(敎誠)신변. 그리고 붓다는 그 하나하나에 대하여 설명했다.

첫째 신통신변은 문자 그대로 기적에 해당하는 것이다. 이를테면 공중을 날아가는 것이라든지, 물 위를 걷는다든지, 허공에 앉는다든지 하는 기술을 말한다.

다음으로 기설신변이라는 것은 예언을 이름이다. 이를 테면 천안통으로 모든 것을 보고 미래를 환하게 아신다든지, 점을 쳐서 미래를 예언한다든지, 신의 계시에 따라 닥쳐올 일을 말한다든지 하는 것이다.

마지막 셋째는 교계신변인데, 경전의 표현을 그대로 빌리면, '너희는 이것을 탐구하라. 이렇게는 탐구하지 말아라. 이렇게 사색하라. 이렇게는 사색하지 말아라. 이것을 끊어라. 그리고 이것을 체득하라.'는 식으로 가르치는 것이다. 그것은 구태여 신통이니 신변이니 할 필요도 없겠고, 붓다가 평소에 그 제자나 신자를 상대로 살아온 생활이야말로 바로 그것에 해당한다고 하겠다.

붓다는 이제 그것을 신통신변이라고 일컬어, 기적, 예언과 어느 쪽이 나은지를 바라문으로 하여금 판단하게 하려고 한 것이다. 이에 대하여 그 바라문은,

"고타마여, 저는 마지막 신변을 가장 위대하다고 봅니다. 세 가지 신통력 중에서 가장 뛰어나고 가장 묘하고 희유한 것은 그것입니다."

라고 대답하였다. 이리하여 그는 그 자리에서 삼귀의를 부르고 붓다에게 귀의했다는 것이 이 경의 결말이다.

참으로 그러하다. 박형과 함께 있었을 적에 많은 사람이 깨달음을 얻었고, 또 도사(導師)님이 되었다. 그것은 박형께서 보이지 않는 능력으로 사람을 부리셨기 때문이다. 이 이야기 중에 바라문이 귀의한 것이 그냥 보기에는 부처님의 말씀에 감화되어 귀의한 것 같지만, 그런 능력이야말로 진짜 능력, 보이지 않게 작용하는 성인(聖人)의 힘인 것이다.

좀 비약해서 말하면 우리가 착하게 살 때 성인(聖人)께서 구제해 주시러 오신다. 무조건 가르침을 따라서 바르게 살아야 된다. 그 이상도 그 이하도 아니다. 모든 정신세계는 오직 하나로 연결되어 있기 때문이다.

4. 태몽胎夢 이야기

때는 1994년 7월 8일, 오후 3시 반쯤. 나는 그날 아침 차로 서울에 와서 일을 끝내고, 귀향하려고 기차표를 사기 위해 청량리 역 야외 매표소 앞에 서있었다.

차는 오후 4시였는데, 운좋게 새마을호였다. 충북 단양 촌사람이 오랜만에 외출하여 서울까지 왔다기, 좋은 차를 타게 되어서 싫지 않은 마음으로 차례를 기다렸다.

차비로 돈 만 원을 냈는데, 매표원이 차표와 함께 천 원짜리 한 장과 백 원짜리 동전 몇 개를 거슬러주었다. 표를 확인하고 돌아서려는데, 내 뒤에 섰던 키가 작고 예쁘장한 여학생이 매표원에게 천 원짜리 몇 장을 들여보내는 게 보였다.

그 여학생이 말했다.

"안동, 한 장 주세요."

매표원이 잠시 돈을 세어보더니 마이크에 입을 대고 말했다.

"2천 원을 더 줘야 되겠어."

가방을 든 여학생이 난처한 듯 여기저기 찾더니, 손에 돈 2천 원을 찾아 들고서 매표 창구에다 말했다.

"그 돈 돌려주세요."

왜 돈을 돌려달라는지 의아했는데, 매표원이 말했다.

"버스를 타고 가려고?"

"안되겠어요. 버스를 타고 가야겠어요."

여학생이 손에 2천 원을 들고서도 돈을 되돌려 달라고 했기 때문에 그랬는지, 버스를 타고 가야겠다는 말이 떨어지자마자, 순간적으로 돈이 모자라는 여학생의 집은 안동에서도 더 들어갈 것이라는 느낌이 들었다.

내가 끼어들었다.

"이 정도만 있으면 될까?"

방금 창구에서 받은 천 원짜리와 주머니 속의 동전을 전부 그 여학생에게 내밀어 보였다. 그리고 생각해보니 버스를 타고 안동까지 가서 다시 시골로 가려면 이미 시간이 너무 늦었다.

한편 돈을 보고서도 여학생이 결단을 못 내리고 머뭇거리기에 나는,

"버스는 너무 늦었어. 안돼요. 이 차로 가는 게 좋아. 기차로 가요, 기차로."

하면서 기차표를 사라고 강력하게 권했다. 잠시 후 그 여학생이 나에게,

"예, 그 정도면 되겠어요."

라고 말했을 때에, 참으로 잘되었다고 생각했다. 여학생이 돈을 받으면서 나지막하게 말했다.

"고맙습니다."

여학생이 매표 창구에 돈을 밀어넣는 것을 보면서 내가 말했다.

"그럼, 기차로 가야지. 잘 가요."

나는 얼굴이 하얗고 수줍음을 많이 탔던, 그 옛날 고등학교

여학생이었던 사촌 누나와 비슷한 점이 많다고 생각하면서 서
둘러 그자리를 떠났다.

시간이 조금 남았기 때문에, 근처 백화점에 들렀다가 시간이
되어서, 기차를 탔다. 객실은 고급스러웠고 조용했다. 주말이
아닌 금요일이라서 그런지 여기저기 빈 자리가 많았다. 짐을
선반 위에 얹고 자리에 앉았다.

그리고 대합실에서 방금 구입한 '리더스 다이제스트'를 펼쳤
다. 목차 가운데 제일 먼저 눈에 들어오는 '직감을 활용하라'
는 글을 잠시 읽다가 이상한 예감이 들어 고개를 드는데, 객실
복도를 통해서 이쪽으로 오는 그 여학생이 보였다. 그런데 여
학생은 나를 그냥 지나쳐서 내 뒷 좌석 쪽으로 갔다. 궁금해서
뒤를 돌아보니, 한 칸 건너 뒷좌석이 여학생의 자리었다.

그리고 잠시 시간이 흘렀다. 웬지 아는 체하고 싶은 생각이
자꾸 들었다. 처음 보는 사람처럼 모르는 체하고 앞뒤로 앉아
있는 것도 뭣하다는 생각도 들기에, 내가 뒤돌아보면서,

"어, 거기에 있네."
라고 아는 체를 했다. 여학생도 나를 알아보고 반갑게 인사했
다.

그리고 내가 다시 바로 앉아 잠시 책을 읽는데, 불현듯 누가
말하는 소리가 들리는 듯했다.

"오늘 저하고 같이 앉아 가요."

'같이 앉아 가자.'는 예상치 않았던 여자의 말에 놀라서 얼
른 쳐다보니, 조금 전의 그 여학생이 내 옆에 서서 나에게 말
을 건네고 있었다. 엉거주춤하고 있는 나에게 여학생이 다시
말했다.

 "저 뒤에 와서, 같이 가요."

 그때였다. 이상한 일이 생겼다. 내 귀에는 여학생의 말과는 별도로 '박형'의 목소리가 크게 들렸다. '박형'께서는,

 "이 뒤로 와서 앉아. 오늘 나하고 같이 가지."
라고 크게 말했다.

 꿈에도 생각지 못했던 일이었다. 그 소리는 분명 '박형'의 목소리였다. '박형'께서 전에 친구에게 하는 말씨로 '나하고 같이 가지.'라고 하셨다. '박형'의 말씨 그대로였다. '가지.'에 악센트가 들어가는 그분의 말씨가 분명했다.

 나는 순간 귀를 의심했다. 크고 분명하게 들린 '박형'의 그 말소리는 어디에서 온 것일까? 주위를 살폈다. 그 여학생이 앉았던, 뒤쪽 의자 주변에는 아무도 보이지 않았다. 다시 주위를 빙 둘러 한 바퀴 살펴보았지만, 그런 말을 했음직한 어른 남자는 보이지 않았다.

 나는 그 엄청난 일을 여학생과 같이 가라는 '박형'의 귀띔이로구나 정도로 가볍게 생각하고, 내 자리에서 일어섰다.

 그리고 그 여학생에게

 "그래, 같이 앉아 갈까? 같이 가면 좋지. 이야기도 하면서."
라고 즐거운 듯 말하면서, 뒷좌석으로 갔고 여학생의 옆에 앉았다.

 여학생은 책을 손에 들고 있었다. 지금도 어렴풋이 생각나는 그 책은 내가 읽어도 힘들 것 같은 수준 높은 교양서적이었다. 그 여학생에게서 뭐라고 말할 수 없는 훌륭한 점이 있는 것 같은 인상을 받았다.

 여학생의 옆에 앉아서 내가 먼저 물었다.

"어느 학교에 다니는가?"

"제7안식일교를 아세요?"

"알지요."

"거기서 운영하는 고등학교에 다녀요."

"안동에 집이 있어요?"

"예."

그러다가 잠시 후에 말했다.

"아니요. 안동에서 더 가요. 길안면(吉安面)이라고…… 좀 전에는 안동이라고 해야 아실 것 같아서, 안동이라 했어요."

"길안면이라면, 우리 대학 동창생도 한 사람 있지요. 길안은 안동에서 먼가?"

"가까워요."

그녀가 기차를 타게 되어 천만 다행이라고 다시 생각했다.

"그런데 오늘은 일요일이 아닌데."

"중간 시험이 끝났어요. 부모님께 잠시 다녀오려고요."

"서울에서는 누구네 집에?"

"기숙사에 있어요."

그때에 그 여학생이 나에게 이상하게도 이야기를 하라고 했다.

"이야기를 해주세요."

"이야기라면 좋지. 얼마든지 해주지요. 어디, 오늘 재미있는 이야기를 해줄까요?"

여학생이 침묵했다. 나는 속으로 생각하기를, 여학생이 아직 어리니 어려운 이야기를 할 수는 없고, '박형'께서 옛날에 중·고등학교에 다니실 때 이야기를 하면 되겠다고 생각하면

서,

"내 친구 중에 후일 부처님이 되신 분이 있어요. '박형'이라는 분이신데, 나와는 중학교 동창이시고…… 중학교 때부터 남다른 면이 있었지. 그 이야기가 재미있는데……."

그렇게 허두를 꺼냈다.

그로부터 무려 두 시간 반 동안 이야기를 했는데, 태몽에 관한 이야기만을 추리고 또 내용을 충실하게 전하기 위해서 가감하여 적겠다.

나는 우선 처음 보는 여학생에게 재미가 있을 것 같은 '박형'의 어릴 적 이야기를 해주었다.

'박형'의 어릴 적 이야기를 듣고 난 여학생이 말했다.

"실제로 그런 분이 계셨어요?"

"그렇다니까. 그런 분이 계셨고, 모든 이야기가 실제 상황이지."

보통은 이 정도 이야기만 해도 싫증을 느낀다. 그런데 그 여학생은 나이가 어린데도 의외로 침착하고 나의 말을 이해하는 것 같아 그 다음 이야기를 시작할 수가 있었다.

기차가 '박형'께서 태어나셨던 양평 역을 지나갈 때쯤에 '박형'의 중·고등학교 시절 이야기가 끝났고 하여, '박형'께서 나에게 연구해보라고 하셨던 세 가지 문제에 대해서 말하기로 했다.

그것을 다 풀자면, 시간이 모자라게 될 것 같았지만, 그것보다 이야기 끝부분에서는 이 세상 사람 아무도 모르는 참으로 기막힌 것을 증명해야 되기 때문에, 어린 여학생에게 그것까지 말할 수 있을지 없을지, 그것을 모르겠다는 의구심을 가지고 처음부터 이야기를 시작했다.

"'박형'께서 나한테 세 가지 숙제를 주셨어요. 첫째로 태몽 (胎夢) 연구를 하라 하셨고, 둘째로는 토정 이지함이 찾았다는 명당(明堂)을 찾아 보라 하셨지. 그리고 가장 어려운 것, 주역의 변역(變易)과 교역(交易)을 연구하라고 하셨는데, 이것에 대해 말씀하시기를, '변역은 일어나기 쉽지만, 교역은 일어나기 어렵다. 교역을 아는 사람은 한 사람도 없어. 자네가 주역을 공부하여 이것을 알게 되거든, 나에게 꼭 알려주게.'라고 하셨어요."

나는 그렇게 말하면서 괜히 신바람이 났는데,

"첫째로 태몽을 연구하라고 하셨는데, 혹시 태몽을 꾼 게 있는지?"

라고 말해 놓고 나서, 아차! 실수했다는 것을 알았다. 민망했다. 어린 학생에게 태몽을? 그래서 얼른 다시 말했다.

"혹시 어머님이나 식구 중에서 학생의 태몽을 꾸시지 않으셨는가?"

여학생은 당황한 것 같더니 잠시 생각하다가 낮은 소리로 대답했다.

"없어요."

"태몽은 보통 어머니가 꾸지만, 아버지나 친척 중에서 누가 대신 꾸는 수도 있어요."

아버지나 집안의 다른 친척이 대신 꾼 여학생의 태몽이 있으면 말하라고 그렇게 청했는데 여학생은 묵묵부답이었다.

"불가에서는 사람이 어머니 몸에 잉태될 때에 아주 재미있는 '수태(受胎)의 이치'가 있다는 것을 어떤 책에서 보았는데, 용성(龍城) 진종(震鐘)[21] 대종사(大宗師)님이 설법하시기를, 중음신——중음신은 죽은 음신(陰神)이면서 아직 사람으로 태어나기 전의 상태로 떠도는 몸을 말하는 것이야. 그 중음신이 공중을 떠돌다가 인연을 만나면 수만 리라도 눈 깜짝할 사이에 와서 어머니 몸에 입태될 때에, 남자 중음신이면 남녀 부모 중에서 여자인 어머니에게 끌리어 태중에 입태되고, 여자 중음신은 부모 가운데 아버지에게 끌려와서 입태하게 되는데, 모두 욕심이 발동되어서 태장(胎藏)에 몸을 받게 된다고 하셨어.”

나는 티없는 그 여학생에게 대종사님께서 설법하신 내용을 다 말할 수가 없었다. 책에 보니, 용성 진종 대종사님께서 수태의 이치를 이렇게 설하셨다.

아는 것이 이 몸을 버리고(죽어서), 다른 몸을 받을 때에(다시 태어날 때에) 부모가 될 사람의 인연을 얻으면, 수만 리라도 눈 깜짝할 사이에 당도한다. 만일 남자 충음신(인간이 되기 전의 혼백)이면 여자를 사랑하고 남자를 싫어한다. 부부가 교합함을 보고서, ‘만약 저 남자가 다른 곳으로 가면, 내가 저 여인과 관계를 갖겠다.’ 라는 생각을 한다. 이때에 음욕이 불꽃같이 일어나니, 그 욕심에 가리어, 남자가 있는 것을 보지 못하고, 여자가 있는 것을 보고 환희하여 그 여인과 자기가 교합함

---

21) 속명은 손상규(孫相奎). 1864~1940년. 전북 장수군 번암면 죽림리 출생. 법명은 진종이며 법호는 용성이다. 14세 때 꿈에 부처님을 친견하고 수기를 받았다. 1879년 16세 때 합천 해인사 극락암의 화월화상을 은사로, 혜조율사를 계사로 하여 득도하였다. 1919년 3·1운동 민족 대표 33인 중 불교 대표로 서명하신 백용성 스님이다.

을 보며, 부모가 될 남녀가 서로 교합하여 정수(精水)가 나온 것을 자기의 정혈로 알아 극히 좋은 생각을 내므로 중음신이 추탁하고 무거워져서 어미될 여인의 태 속에 들어가 오른쪽 옆구리에서 어미를 안고 꿇어앉는다. 만약 여자 중음신이라면……

하면서, 애욕(愛慾) 때문에 끌려와서 입태된다고 설하셨다. 그 내용을 다 설명하기가 민망해서 대강 이야기를 했다. 그리고 덧붙였다.

"마치 프로이트의 오이디푸스 콤플렉스를 해설한 것과 같아. 알지요? 오이디푸스 콤플렉스? 남사 어린이는 여자인 어머니를 사랑하는 무의식적인 감정을 가지고 있으며, 반대로 여자 어린이는 남자인 아버지를 사랑하는 무의식적인 감정을 가지고 있다는 것 말이야."

여학생은 고개를 조금 끄덕였다.

"그런데 '박형'께서 나에게 태몽을 연구해 보라고 하셨어. 어느 날 '박형'께서

'나는 여러 사람에게 태몽을 물어보았어. 이제는 태몽만 물어보면, 남자가 될지 여자가 될지, 거의 백 프로 알아맞힐 수가 있게 되었어. 구멍에서 나와서 움직이는 모양이나, 물거나, 머리를 쳐들고 노려본다든가, 똬리를 틀고 앉는 것, 결국에는 구부러지는 것 등등을 보고서……'

라고 말씀을 꺼내시더니,

'자네도 한번 태몽 연구를 해 보게. 내가 어떻게 해줄 테니까.'

라고 하셨어.

그 당시에 나는 그까짓 태몽으로 남녀 성별을 미리 아는 것이 뭐가 대단하다고 태몽 연구를 하라시나? 그리고 나중에 하신 '내가 어떻게 해줄 테니까.'라는 말씀도 이상했었어.

몇년 전에 《속 대웅전주인》이라는 책을 쓸 때였어. '박형'께서 태몽 이야기하는 장면을 책에 써넣고 싶었는데, 나 자신 태몽에 대해서 아는 게 없었어. 그래서 우리 약국에서 약을 사고 의자에 앉아 있던 아주머니 두 분께 처음으로 태몽을 물었지.

두 사람이 나란히 앉아 계셨는데, 왼쪽에 있던 아주머니에게 먼저 물었지.

'혹시 태몽을 꾸신 적이 있으세요?'

'태몽요? 있지요.'

'무슨 태몽이었습니까?'

'우리 첫째 때에는 뱀이 땅에서 나오더니 내 엄지발가락을 꽉 물지 뭐예요.'

'그래서요?'

'첫째는 아들이었어요.'

라고 했어. 순간 책에서 읽은 그 대종사님의 법문처럼 뱀이 아주머니를 문 것은 남자 중음신인 뱀이 아주머니에게 감응해서 문 것이라는 생각이 들었어. 그래야 남자 중음신이 어머니에게 끌려서 왔다는 것이 설명되거든.

'다른 태몽은 없고요?'

'둘째 때는 부엌에 누런 큰 구렁이가 똬리를 틀고 앉아

있어서 겁이 났어요.'

'그래서요?'

'딸이었어요.'

그분의 태몽에 큰 구렁이가 똬리를 틀고 앉아 있기만 했고, 남자 중음신처럼 물지 않았다는 것에서, 구렁이는 혹시 어머니와 서로 같은 성(性)인 여자 중음신이기 때문인가?라는 생각이 떠올랐지. 여자 중음신은 남자인 아버지에게 감응하기 때문에 어머니에게 반응이 없었던 거야. 그렇게 설명하면 대종사님의 설이 맞아떨어지거든.

결국 자석과 같아. S극과 N극은 서로 당기고, 같은 S극과 S극, 같은 N극과 N극은 밀어낸다는 것이지.

수태의 이치에 딱딱 들어맞는 것이 재미가 있었어. 나는 나시 나른 아주머니에게 물었지요.

'아주머니도 태몽을 꾸셨어요?'

그랬더니 반갑게도 그분 역시 태몽을 꾸셨다는 것이야. 그 아주머니는,

'그런데 물고 달아나는 것은 나빴어요. 첫째 때는 독사가 땅에서 나오더니 내 발을 물고 달아났어요. 그 아들이 일찍 죽었어요.'

라고 했어. 그 아주머니 태몽 중에는 독사가 나와서 물었다는 것이야. 그리고 아들을 나았으니, 태몽 중에 뱀이 무는 것은 서로 응해서 왔다는 것이 확실하지요?

그런데 나중에 깨닫고 보니, 그 아주머니의 말처럼 물고 달아나는 것은 나빴어요. 첫번째 아주머니를 뱀이 문 것은 감응하여 좋아서 문 것이었고, 두 번째 아주머니를 물고 달

아난 것은 전생의 어떤 악한 인연(因緣)이 있어서 상처를 주기 위하여 문 것이야. 그 아주머니는 그 아들이 죽은 것을 여간 슬퍼하는 게 아니었어. 어떻든 그 아주머니에게 또

'다른 태몽은 없어요?'

했더니,

'둘째 때는 친정집을 막 들어서는데, 밤 한 톨이 내 발 앞에 툭 떨어지지 뭐유.'

'그래서요?'

'집으로 가지고 왔지. 딸이었어.'

라고 하더군. 그 태몽은 대종사님의 설법대로 풀 수 없는 경우야. 그런데 순간 한 가지 번쩍 떠오르는 것이 있더구먼. '친정집'에 뜻이 있는 것이 아닐까 하는 직감이었지.

그때에 또 두 아주머니가 서로 말하기를, '밤이나 감, 이런 것은 딸이고, 꼭지가 튀어나온 배나 사과 같은 과일은 아들이야.'라고 했어. 마치 《꿈의 해석》에서 프로이트가 주장한 것과 흡사한 것을 아주머니들이 말했어. 그런데 그때에 또 그 말은 틀린다는 생각이 들더라고. 직감적으로 '그렇지 않다.'고 생각되더라니까.

직감은 그 밤 한 톨을 어머니의 친정집에서 가져왔기 때문에 여자가 태어났다. 여자인 어머니가 친정에서 가지고 왔으니, 여자인 딸이다라는 것이었어. 그런데 정말로 그 직감이 틀림없었다는 것이 곧 증명되었지.

〈유경(柳鏡)〉이라는 사보(社報)에 내 글이 실린 적이 있었는데, 독자가 태몽에 관한 글을 읽고서 전화를 했더라고. 어느 여약사님이 어머니가 태몽을 꿨는데, 아들인가 딸인가

를 해몽해 달라는 부탁을 했어. 전화로 물어왔지.

'어머님께서 태몽을 꾸셨는데요, 아주 좋은 밤이 몇 자루 있어서 저에게 가져다 주시려고 가지고 나섰는데, 도중에 어떤 아저씨를 만났대요. 그런데 그 아저씨가 하는 말이 '밤은 내가 이미 갖다 주고 오는 길이오.' 하시더라는 거예요. 밤도 굵고 좋았대요. 아들일까요? 딸일까요?'

내가 머뭇거리고 있자니까, 다시 말했어.

'요번에는 꼭 아들을 낳아야 될 텐데요. 잘 좀 해몽해 주세요.'

생각해보니, 조금 전에 생각했던 것과 같아서, 이미 아저씨가 밤을 갖다 주고 오는 길이리면, 이미니의 집이 아니고 아저씨의 집에서 가져온 것이다. 아들이다.

내가 물었지.

'어머니께서는 밤을 가지고 오시지 않으셨나요?'

'예, 그 아저씨가 이미 가져다 주고 온다고 했었기 때문에요.'

'이번에는 아들 같아요. 그 밤을 남자인 아저씨네 집에서 가지고 왔으니까요. 어머니께서 가지고 오셨으면, 여자네 집에서 가지고 왔으니까 딸이 될 뻔했어요.'

라고 말했지.

'정말이세요? 아들을 낳게 되면 꼭 알려드리겠어요. 감사합니다.'

라면서 전화를 끊었어요. 그러고 몇 달 뒤에 전화가 왔어요.

'아시겠어요? 몇 달 전에 태몽을 묻던 사람이에요. 아들을 낳았어요. 고마웠어요.'

하더구만. 그래서 태몽 중에도 엄연히 남자네 집과 여자네 집이 있다는 직감이 맞았다는 것을 알게 되었지. 역시 꼭지가 없는 밤이나 대추, 꼭지가 있는 사과나 배 같은 모양에서 남녀를 구별하는 것이 아니었어요.”

나는 숨을 돌리고 계속 말했다.

“다시 생각해보아도 그 직감뿐만 아니라 모든 것을 ‘박형’께서 약속대로 해주신 것이 틀림없는 것 같아요. 그 며칠 후에 어떤 젊은 내외가 키가 똑같은 어린아이 둘을 데리고 우리 약국에 와서 약을 샀어요. 그런데 우연히 태몽을 묻고 싶어지더라고. 그래서 물었지.

‘혹시 두 분 중에서 아이를 가질 때에 태몽을 꾸시지 않았습니까?’

남자가 이상하다는 듯,

‘왜요?’

하더군.

‘태몽 연구를 하고 있는데, 꿈 이야기를 부탁합니다.’

했더니, 젊은 내외는 의외라는 듯이 서로 쳐다보다가 남편이 그가 꾼 태몽을 말하더군. 대뜸

‘청사(靑蛇)지요.’

‘청사요?’

‘그래요. 푸를 청, 뱀 사, 청사(靑蛇)요.’

그는 두 손으로 잡은 뱀을 가슴에 안는 시늉을 하면서 말했어요.

‘정말로 귀엽고 사랑스러운 청사였어요. 형하고 둘이서 한 마리씩 잡았는데, 집에 가지고 올 때는 둘 다 내가 안

고 왔습니다.'

그리고 아이들을 나에게 보이는데, 둘은 쌍둥이 여자아이들이었어. 기가 막히지요? 대종사님의 설법과 같잖아요? 아버지인 남자가 태몽 속에서 '귀엽고 사랑스러워' 했던 그 청사들은 두 개의 여자 중음신이었지요.

이미 석가모니 부처님께서는 '옷깃만 스쳐도 삼세(三世)에 인연이 있다.'고 하셨지. 사람이 죽는다고 해도 영혼이 있는 이상, 어찌 세상에서 '귀여워하고 사랑하던 사람'과 그냥 헤어지고 말 것인가.

그 인연이라고 하는 것은 내가 만들고 내가 치르는 그것을 말해요. 윤회라는 것도 다 인연 때문이거든. 잘 알지만 예수 님도 인과응보를 가르쳐 주셨어요.

'너희기 땅에서 맺으면 하늘에서도 맺을 것이요, 너희가 땅에서 풀면 하늘에서도 풀리리라.'

그 젊은 내외에게

'다른 태몽은 없어요?'

다시 물었더니, 남편이 또 태몽을 꾸었대.

'며칠 전에 꾸었어요. 큰 구렁이가 구멍에서 나오더니 나를 노려보더군요. 내가 겁도 나고 해서 가만히 있는데, 나를 넘어가더라고요.'

그러면서 자신의 배를 넘어가는 시늉을 손으로 해 보이는 거야.

'물거나 그러지는 않고요?'

하고 물었더니, 옆에 서서 구경만 하던 부인이 얼른,

'그냥 지나갔대요.'

라잖아. 이번에는 남자가 무서워했고, 구렁이가 남자를 넘어 갔으니 여자에게 감응해 온 것이지. 그러니 그것은 남자의 중음신임이 분명해.”
여학생은 조용했다.
“그래서 ‘이번에는 틀림없이 아들을 낳게 될 것입니다.’ 했더 니 부인이 좋아하더구만.

그와 흡사한 또 다른 태몽 이야기가 있어요. 이번에는 친 정 어머니가 대신 꿔 준 태몽이야. 꿈에 두 마리의 뱀이 친 정 어머니 치맛속으로 들어왔다는 거야. 나중에 그 시집간 딸이 쌍둥이를 낳았는데, 아들 쌍둥이였어.

틀림없지요? 용성 진종 대종사님의 수태의 이치란 것이, 남자는 여자에게 감응하고, 여자는 남자에게 감응한다. 애욕 때문에 입태한다. 감정을 가지고 서로 다시 만난다. 좋은 인 (因)에는 좋은 과(果)를 가져온다.

나쁜 인(因)에는 나쁜 과(果)를 가져온다는 사례도 있어 요. 어떤 남자가 태몽 중에 뱀을 죽어라 하고 두들겨 팼다는 거야. 그 부인이 전하는 말이,
‘그렇게 꿈속에서도 밉더라는 거예요. 그래서 막 죽어라 하고 흠씬 팼다는 거예요.’
라고 말했어요. 나중에 그 사람의 부인이 해산했는데 남자 아이를 낳았다는 거야.

결과는 그 아이가 지능이 많이 모자라는 아이로 태어났어 요.벌써 열 살 가까이 되었는데 집에서 작대기로 소나 때리 고 살림살이를 깨고 장난질이나 할 뿐이야. 학교도 물론 못 가. 금방 들어도 모르니까. 아직 말도 제대로 못하더라고. 부

모가 그 아이 때문에 꼭 한 사람은 붙어 있어야 해. 오죽했으면, 아이를 집안에 묶어놓을 때도 있었을라고.

지금은 어느 시설에 들어가 있는데, 그 부인은 불쌍한 아이 생각만 하면, 잠이 안 온다는 거야. 눈물을 글썽이면서 말하더군. 수용소에 계속 두자 해도 그렇고 집에 데려오자 해도 그렇고. 이러지도 저러지도 못하고 죽을 맛이라는 거였어요. 내가 보니, 둘 다 착한 부모 같았는데 참으로 보기에 딱해.

어쩌다가 전생에 그런 일을 저질러 놓았는지? 윤회의 법칙 중에는 대험(對驗)하게 된다는 게 있어. 말하자면 내가 남에게 어떻게 했을 때는 후생에 나와서는 반대로 내가 그런 꼴을 당하게 된다는 것이지. 반대로 남에게 후하게 대했으면, 후생에 후한 대접을 받게 된다는 깃이아.

태몽은 단순한 꿈이 아니야. 태몽 중에 사람은 하늘과 만나는 것이고, 하늘은 사람들에게 태몽을 통해서 하늘의 소식을 알려주는 것이지. 사주팔자(四柱八字)라는 것도 그거야.

불가에서는 사람이 전생에 지은 대로 받아 가져온 모든 것을 업(業)이라 하기도 하고, 죄있는 몸을 중음신이라 하기도 하고, 숨긴 것을 제8식(第八識)이라 하기도 하지. 사람이 사주팔자를 못 벗어나는 데는 그런 이치가 있어. 값을 치르기 전에는 쉽게 그 굴레를 벗어날 수가 없지.

제8식(第八識)을 알면 이해가 쉬울 거야. 그것은 전생의 녹화 테이프라고. 행동과 깨달음을 수록한 녹화 테이프이지. 가령 누가 어떤 결심을 했다고 할 때에, 내 마음대로 그렇게 결정한 것 같지만, 사실은 그 깨달음 이상 결정 처리할 수는 없는 법이거든. 옆에서 알려주어도 끝내 잘못하거든.

생각하면 할수록 항상 욕심없이 착하게 사는 게 좋은 것 같아. 양심(良心)은 하늘과 같고, 하늘은 거울과 같아서 흰빛은 흰빛으로 돌려주고 붉은빛은 붉은빛으로 돌려주지. 사람은 스스로 자신을 좋게도 하고, 나쁘게도 하는 거야.

생각해보면, 태몽의 이치는 윤회의 이치며, 저절로 그러한 이치야. 욕심없이 서로 나누는 마음, 어리석지 않아서 큰 마음, 그리고 성내지 않고 이해하는 마음을 가진 사람은 결말이 좋은 법이거든.

그래서 '박형'께서 나에게 태몽의 이치를 연구해 보라고 하신 것이야. 어디서 와서, 어디로 가는가를 모르면서, 욕심의 틀속에 갇혀서 옥살이같이 괴롭게 사는 나를 위해서 말이야."

여기까지 이야기를 하고 나니, 이제까지 그렇게 살지 못한 자신이 생각나서 목이 탔다. 그때에 판매원이 지나가는 것이 보였다. 나도 목을 축이고, 여학생에게 마실 것을 사주고 싶었다. 사실 호주머니에는 돈 2천 원이 남아 있었는데, 내가 돈 2천 원을 남긴 것은 시내로 들어가는 차비에 쓰기 위해서였다.

그런데 그날은 다른 날과는 달리 아주 강하게 음료수를 사라. 그 돈을 다 써도 된다고 누가 말해 주는 것 같은 직감이 있었다.

그렇지만, 직감만 믿고 나중에 택시비가 없어서 걷게 되는 일이 있으면, 상당히 힘이 들 것 같아서 음료수 사는 것을 포기했다. 차비를 해야 된다는 생각으로 참았다.

그 여학생은 제7안식일교에서 운영하는 학교에 다니기 때문

에 성경에 대해서 잘 알 것 같아, 성경에 나오는 윤회 이야기
도 해주고 싶었는데, 다 아는 쉬운 이야기를 다르게 풀이하면
서, 혹시 서로 다투게 되면 잡념만 생길지도 모른다는 걱정이
들기에 말하지 않았다.

사실 성경책 속에는 불교에서 사용하는 윤회라는 말만 쓰지
않았을 뿐이지, 실제 불교에서 쓰는 윤회의 개념과 같은 그런
이야기가 많이 있다.

윤회하는 인간. 그것은 어쩔 수 없는 우리의 실상이기 때문
이다. 진리라는 것은 어떤 사람이 쓰고 쓰지 않고가 문제가 아
니라, 그 자체가 엄연한 사실인 것이다.

'박형'께서 나에게 '자네는 방아 찧어 놓은 게 너무 많아
사고(事故)야. 평생을 먹고도 오히려 남는다.'라고 하셨던 내용
에 대해서만은 말하시 않을 수가 없었나.

"'박형'께서는 나의 전생과 후생에 대해서도 알려주셨지. 나
는 결혼하자마자 의처증으로 괴로웠는데, 이미 알겠지만 의
처증이라는 정신병은 멀쩡한 자기 부인을 의심하는 병이야.
부끄럽게도 내가 그랬었거든.

'박형'께서 어느 날,
'자네는 애처가지?'
라고 물으셨어. 내가 대답하기를,
'아니요, 나는 의처증이 있어요.'
라고 바로 고백했더니, 한참 후에
'자네는 방아 찧어 놓은 게 너무 많아 사고(事故)야. 평생
을 먹고도 오히려 남는다.'
라 하셨어요. 사실 나에게는 방아 찧어 놓은 것이란 없었거

든. 방아란 오입질을 뜻하는 비유의 말씀이었어.

그 '박형'의 말씀을 생각해보니, 나에게는 잘못이 너무 많아, 의처증으로 고생하고 죽어 다시 태어나서 계속 나머지 형기를 마쳐야 된다는 기막힌 형량(刑量)의 이치가 있더라고요. '박형'께서 전에 나에게 말씀하셨던 '질량 에너지 불변의 법칙'은 참으로 평등한 우주의 원칙이거든.

의처증은 참으로 어쩔 수 없이 자기의 마음속에 절로 떠오르는 의심이야. 그런데 그 의심을 떨쳐버릴 수가 없더라고요."

'박형'은 내가 '여자 뒤만 따라다녔던 것'에 대해서 이렇게 가르쳐 주셨었다.

"내가 어제 옛날을 거슬러 생각해보니, 이조 때인데 역적모의를 하는 자들이 있었어. 도사가 나와서 그 일당을 전부 잡아갔는데 그때에 그 집의 아버지도 잡혀갔지. 그 아버지가 그 일로 해서 죽었거든. 그렇게 되니까 그 아들이 아버지의 원수를 갚겠다고 그 도사를 죽이려고 칼을 품고 골목 담에 붙어 서서 그 도사가 나타나기만 기다리는 거야.

그 어머니가 곰곰이 생각해보니 그 도사에게 잘못이 없으렷다. 나라의 일을 한다고 한 것이지 사소한 감정이 있어서 그렇게 한 것이 아니었으니까. 또 도사의 인품도 훌륭하고 마음에 끌리는 점도 있고 해서, 도사를 해치지 말라고 아들을 말렸어. 그 아들은 술만 먹고 못된 짓만 하고 여자 뒤만 따라다니더니…… 그러면서도 아버지의 원수를 갚는다고?"

'박형'의 지적과 같이 나는 '술만 먹고 못된 짓만 하고 여자 뒤만 따라다니던' 사람 같았다. 그러고 보니, 나의 의처증은 욕심에 푹 물이 배어서 전생에 함께 못된 짓 했던 여자들과 똑같이 나의 집사람도 그럴 것이라고 확실하게 믿고 있다는 데에 있었다.

개 눈에는 똥만 보인다고, 깨끗하고 순결한 사람을 알지 못하고, 헌신하는 착한 부인마저 음탕한 여인으로 보여서 늘 의심하는 병인 의처증은 고통 바로 그것이었고, 죄지은 나에게 내린 견디기 힘든 천벌(天罰)이었다.

나는 죄를 참회하는 심정으로 아직도 부끄러운 의처증 이야기를 했고 덧붙여 말했다.

"태몽 이야기를 듣고 보니, 훌륭한 자식을 얻고 효자를 두려면 내 자신이 그런 사람을 받아들일 수 있는 인물이 먼저 되어야 감응해 올 것 같지 않아요? 친구 잘 사귀는 사람이 친구 잘 사귀는 아이를 두지 않던가요? 머리 좋은 집안에는 머리 좋은 아이가 많지요? 그게 다 생물학적인 유전 때문에 그렇게 되는 것만은 아니지요.

생물학자들은 한 쌍의 부부, 두 사람의 염색체에서 어떻게 모양도 다르고 성격도 다른 여러 형제들이 태어나는가를 증명할 수는 없을 거예요. 적어도 한 사람은 똑같은 모양의 똑 같은 유전자 염색체만을 가지고 있다면 말이지요.

한 개의 염색체가 아무리 세포 분열을 하여도 결국은 같은 세포를 많이 만든 것에 불과하기 때문에, 한 부부의 두 가지 염색체를 합치면 언제나 똑같은 자식이 생겨나야 이론적으로 맞거든요.

실제로 모든 형제 자매가 서로 다르거든요. 그래서 사람은 난자와 정자의 염색체의 결합으로만 이루어진 것이 아니라는 것이지요. 어떤 의지가 거기에 작용한다는 것이야. 그 작용하는 것이 바로 우리가 이야기했던 영혼이 아닐까? 보통 사람에게 합당한 제8식(아뢰야식)이며, 사주팔자이며, 또 중음신이 아닐까?

보통 사람들은 자신은 잘못이 없는데도 나쁜 부모를 만났다고 불평하고 나쁜 환경 속에 잘못 태어났다고 생각하지만, 그것은 그렇지 않지요. 하늘은 공평해서 그렇게 안해요. 모든 것은 그 자신에게 원인이 있고, 현재는 과거의 결과인 것이지.

결국 난자+정자+제8식(사주팔자, 중음신)=보통 사람이라는 등식이 성립되는 것이지요.”

나는 손을 내저으면서 +와 =를 공중에 그려 보였다.

이야기는 여기서 끝났는데, 나는 가장 중요한 사항, 즉 성인(聖人)이나 고승이나 훌륭한 어른들의 태몽은 일반 사람들보다 다르다는 것을 말하고 싶었다.

부처님이나 예수님 같은 큰어른의 태몽은 하늘에서 내려오는 모양을 한다. 밝은 빛으로 오시든가 태양이나 달이나 별이나 그런 것으로 보인다. 땅에서 오는 범인(凡人)들과는 태몽부터 분명하게 다른 것이다.

5.사후 세계 死後世界

　죽음은 시작일 뿐이다. 마치 씨를 잉태한 열매가 익어서 땅에 떨어지는 것과 같다. 씨는 때가 되면 다시 싹을 틔우고 큰 나무로 자라난다.

　지금부터 우리는 죽음의 원인과, 죽는 모양과 죽어서 가게 될 길을 미리 가 본다. 언뜻 하찮은 것 같은 이 여행은 누구나 겪게 될 사후의 '나', 즉 실체를 위해서 꼭 필요한 것이 될 것이기 때문이다.

인간의 죽음

　죽음의 원인을 이루 다 설명할 수는 없지만, 육체의 원인과 이미 숙명적으로 결정된 원인, 두 가지로 나눌 수 있다.

　육체적 원인을 보면, 물질계의 변천의 법칙에 따라 오래된 생물은 낡으므로 육체가 노화하는 것이다. 육체가 노화하면 특히 백혈(白血)[22]을 조혈할 능력이 없어지며, 백혈이 우리 육체에서 고갈하면 생명의 원동력인 양전기가 생겨나지 못하여, 우리 육신은 활동할 힘을 잃으므로 심장을 비롯해서 모든 장부(臟腑)가 마비되는데, 육체의 환경이 이미 생존에 적합하지 못

---

22)여러 가지 생명현상을 관장하는 인체 호르몬(hormone)을 의미하는 것 같다.

하면 전력(電力)의 장(場)이 움츠러들기 시작하여 육체로부터 떠나고 말기 때문에 죽게 되는 것이다[電力場].

그리고 백혈이 고갈되면, 우리 몸에 유해한 병원체의 침입을 막지 못하기 때문에 죽게 된다.

또 상당수의 사람은 욕심 때문에 자기가 타고난 천수를 다 누리지 못하고 죽는다고 본다. 죽는 날짜는 이미 정해져 있으나, 절대적인 것은 아니므로 살생을 많이 하든지, 사회에 해독을 많이 끼치면 수명이 감해진다는 것은, 부처님 말씀이나 관상서(觀相書)에도 있지만, 경험해 본 사람도 있을 것이다.

그리고 많은 생명을 살려주거나, 또는 많은 중생에게 이익을 주는 일이나, 대승경전을 많이 읽거나 하면 수명이 연장된다고 한다.

죽는 순간

모든 사람들이 여러 가지 형태로 죽음에 이르지만, 영혼이 육체를 떠나는 방식은 똑같다.

죽는다는 것은 흡사 우리가 도구를 사용하다가, 그 도구가 못쓰게 되면 버리는 것처럼, 육체를 움직일 에너지가 모자라면 영혼은 육체를 버리고 육체 밖으로 나가는데, 영혼이 먼저 나가면 에너지가 따라서 나가고(에너지는 영혼 신의 생각을 따름) 끝으로 유질(幽質)이 나가서 영체(靈體)가 완성되는데, 에너지와 유질은 발바닥 용천혈에서부터 빠져나간다.

다음은 심령과학의 지식을 가진 비로스 박사가 죽었다가 살아난 체험담이다.

"그리하여 유체가 육체에서 떠나는 작용에 주의를 기울이고 있는데, 무엇인가 외부의 힘이 나를 흔드는 것같이 느껴졌다.

흔드는 것이 멎으니까 유체는 양쪽 발에서부터 떠나기 시작하여, 장딴지 근처까지 이탈하자, 발에는 이미 생명이 없구나 하고 혼자 중얼거렸다.

이어 배와 가슴을 통하여 모든 것이 머리에 모였다고 느껴지는 순간, 머리의 봉합선에서부터 탈출하기 시작했다……. 나는 나체인지라 여인들 앞을 지나가기 부끄러웠고 또 육체를 떠나기를 주저하는 느낌도 있었지만, 끈이 달린 풍선처럼 떠돌고 있었다. 그것은 이마와 배꼽 사이에, 육체와 나를 연결하고 있는 흰 줄이 있어서 그랬으나, 그 줄은 곧 끊어지면서 머리가 하얀 상태로 떠오르고, 마침내 육체를 떠나 방바닥에 가볍게 내려섰나.

(참고:영혼이 육체를 떠나는 일반적인 경우에는 머리의 정수리에 있는 백회혈(百會穴) 또는 숨구멍을 통하여 반드시 이루어져야 되는 것이어서 이 진행이 방해받아서는 안된다. 그러므로 죽는 순간에 소리내어 부르짖거나 울거나 하면 안된다. 극히 조심하여야 한다.)

그때의 나는 파란 불꽃처럼 투명했고, 아직 나체였다. 그래서 사람들의 시선을 피하려고 문 있는 데로 갔는데, 문까지 간 순간 그때는 벌써 옷을 입고 있었으므로 괜찮다고 생각하고…… 그래서 중단된 내 팔은 아무 고통도 없이 다시 결합되어 원형으로 되었다…… 그런데 내 등에서 가느다란 선이 나와서, 나의 시체와 연결되어 있는 것이 보였다.

자기의 등이 보인다는 것이, 이상하다고 생각하여 눈의

위치를 확인했는데, 눈은 살아있을 때와 같은 자리에 있었다…… 그러나 나는 오래지 않아 삭막하고 외로운 느낌을 견디기 어려웠다.

그리하여 나는 심령과학에서 본 영계(靈界)의 생각 전달 방법이란 것을 알았다. 꿈을 꿀 때에, 처음 보는 것도 절로 알아지는 이치와 같다."

…… 그리고 유명한 스웨덴보리가 영계를 내왕했던 체험담은 다음과 같다.

"영이 육체로부터 이탈하는 초기에는 자고 있는 것도 아니고 그렇다고 완전히 깨어 있는 것도 아닌 특별한 감각 속에 있는 자신을 자각하게 된다.

육체적인 감각은 완전히 기능을 상실해서 없어져 버린 것이나 마찬가지이며, 영혼으로서의 감각은 더욱 뚜렷해져서 시각·청각 또한 촉각에 이르기까지 인간으로 느낄 때보다 50~100배 더 날카로워진 것을 자신도 알게 된다. 그러나 육체적으로 보면 완전히 죽음이다.

육체의 장애물이 없어지고 육체를 이탈한 후에 육체와의 거리가 그다지 멀리 떨어져 있지 않은 단계에서는 나의 영은 나의 육체를 확실히 볼 수 있으며, 어느 정도 육체에 대한 지배력을 지속하고 있다.

나의 영이 20~30m 정도의 나지막한 공중에 떠 있을 때 아래를 내려다보니 내 육체가 침대에 누워 있는 것이 보였다.

나의 영이 멀리 떠나 거의 육체를 의식하지 않게 되면 영계의 이곳저곳을 자유롭게 출입하고 많은 영들과 자유스럽게 어울릴 수가 있게 된다.

내가 죽기 전, 영계에 들어가서 영들과 교제를 하고, 거기서 여러 가지 일들을 보고 듣고 온 것은 이러한 방법에 의해서였다.

영계에 대한 지식을 넓게 가지고 자기의 품성을 닦아 지덕을 향상시키는 것이 이곳에 오는 자에게는 제일 중요한 것이다.”

한편 《사후세계를 다녀온 사람》(레이몬드 무디 著, 송준식 譯)이라는 책에는 임사(臨死) 경험을 한 사람들의 많은 예를 종합하여 발표하고 있다. 이 책은 많은 사람들이 죽음의 입구에서 처음으로 겪는 내용을 단계적으로 나누어 알기 쉽게 설명하고 있다.

나는 빈사상태에 있었다. 물리적인 육체의 위기가 정점(頂点)에 달했을 때, 담당의사가 나의 죽음을 선고하고 있는 것이 들렸다.

귀에 거슬리는 소리가 들리기 시작했다. 굉장히 울려 퍼지는 소리다. 시끄럽게 왕왕 대는 것 같은 소리라고 하는 것이 좋을지 모른다.

동시에 길고 어두운 터널 속을 맹렬한 속도로 빠져나가는 것 같은 느낌이 들었다.

그리고서 갑자기, 자기 자신의 물리적 육체에서 빠져나간 것을 알았다. 그러나 이때는 아직, 종전과 같은 물리적 세계에 있어, 나는 어떤 거리를 유지한 장소에서, 마치 방관자처럼 자기 자신의 물리적 육체를 주시하고 있었다.

이런 이상한 상태에서, 자기가 조금 전에 빠져나온 물리적 육체에 소생술(蘇生術)이 베풀어지는 것을 관찰하고 있었다. 정신적으로는 대단히 혼란해 있었다.

얼마 후에는 침착해져서, 현재 자기가 놓여 있는 기묘한 상태에 익숙해졌다. 나는 지금도 '몸'이 갖추어져 있지만, 이 몸은 앞서 빠져나온 물리적 육체와는 본질적으로 질이 다른 것이어서, 극히 특이(特異)한 능력을 갖고 있다는 것을 알았다.

잠시 후 다른 일이 발생하였다. 누군가가 나를 도와주기 위해 만나러 와 주었다. 이미 사망한 친척이라든가 친구의 영(靈)이 바로 옆에 있는 것을 알 수가 있었다.

그리고 이제까지 한번도 경험한 적이 없는 것 같은 사랑과 온정으로 가득 찬 영——빛의 생명——이 나타났다. 이 빛의 생명은, 나에게 자기의 일생을 총괄(總括)시키기 위해 질문을 던지기 시작했다. 구체적인 말을 개재(介在)시키지 않고 질문한 것이다. 또한 내 생애에 있어서의 주요 사건을 연속적으로, 더욱이 일순간에 재생해 보여줌으로써, 살아온 과거의 생활을 총괄하는 데 조력을 해 주었다.

어느 시점에서, 나는 자기가 일종의 장벽(障壁)이라고도, 경계(境界)라고도 할 수 있는 것으로 조금씩 다가가고 있는 것을 깨달았다. 그것은 영락없이 현세(現世)와 내세(來世)와의 경계선이었다.

그러나 나는 현세로 돌아가야만 한다. 지금은 아직 죽을 때는 아니다라고 생각했다. 이 시점에서 갈등이 생겼다. 왜냐하면, 나는 이제 사후의 세계에서의 체험에 완전히 매혹되어 현세로 되돌아가고 싶지 않았기 때문이다. 격렬한 환희, 사랑, 안은(安隱)에 압도되고 말았다.

그런데도 뜻과는 달리, 무슨 까닭인지 나는 다시금 자기 자신의 물리적 육체와 결합되어 소생하였다.

그후, 그때의 체험을 다른 사람에게 얘기하려 했으나, 잘되지를 않았다. 우선 첫째로 상상을 초월하는 그 체험을 적절하게 표현할 수 있는 말이 전혀 발견되지 않았다. 게다가 애써 이야기를 해도 웃음거리가 되고 마는 것이었다. 그러므로 더이상 아무에게도 얘기하지 않았다.

그러나 그 체험을 한 덕분에 나의 인생은 큰 영향을 받았다. 특히 죽음이라는 것에 대해, 그중에서도 죽음과 인생과의 관계에 대한 나의 사고(思考)에 큰 영향을 받았다.——40p에서

저승길, 무엇이 되어 갈거나?

모든 사람들이 가장 궁금하게 여기는 것이 죽으면 어떻게 될까? 하는 문제이며, 무신론자들은 죽으면 모든 ·것이 끝나 버린다고 생각하기 때문에 죄를 짓고, 사후(死後)의 업보(業報)를 믿지 않으므로 '죽으면 알 게 뭐냐'고 생각하는데, 죽음이란 생의 종말이 아니라, 본래 삶의 시작이다.

그러므로 업보에 따라 죽음은 즐거울 수도 있고, 공포일 수도 있다.

죽음의 준비(생전에 수행을 닦은 사람)가 된 사람들에게는 죽음이 즐겁고 평화스러우며, 죄를 짓고 사후를 생각하지 않던 사람에게는 죽음은 확실히 무서운 공포임에 틀림없다.

죽음이란 낮과 밤에 비유될 정도이며, 육체의 옷을 벗는 것에 불과하다.

죽음의 양상은 천차만별인데, 자기의 명에 죽는 사람이라 하더라도, 극락이나 천당으로 가는 사람은 염부(명계)를 거치지 않고, 해당되는 극락이나 천당의 안내 영을 따라서 바로 가게 되고, 인간이나 축생(畜生)으로 재생할 사람은 염라 사자에게 끌려가는데, 몸이 쇠약한 노인이나, 또한 중병 후에 생명 에너지가 약한 사람들은 혼미한 정신 중에 순순히 염라 사자를 따라가게 된다.

그러나 보약을 많이 먹거나 하여 생명 에너지가 강한 사람이, 명이 끝나서 죽을 때는 두 사람의 염라 사자가 쇠방망이로 머리를 후려치면 골치가 아프고 정신이 혼미하며, 붉은 밧줄로 목을 매어 당기면 숨을 끄르륵거리다가 숨이 딸깍하고 끊어져서 죽는다. 늘그막에 보약을 많이 먹으면 죽을 때 오래 애쓴다는 것이 이런 이치이다.

그리고 양전기 에너지가 특별히 강하면, 염라 사자의 힘으로 잡아가지 못하는 예도 있는데, 외도를 하는 신선들이라고 생각된다.

그러나 사고사(事故死)나 비명에 죽는 사람은 신이 와서 잡아가지 않고 스스로 죽기도 하나, 그 대부분은 전생 원한에 의한 인과로서 복수 당하는 것이다.

그러나 우연도 있으므로 귀신의 침해없이 죽는 수도 있다. 그러한 것은 그날의 일수라고 생각된다.

그리고 지옥으로 떨어지는 사람은 정명이건 비명이건 간에, 염부를 거치지 않고, 죽는 즉시 지옥으로 바로 가게 되는데, 숨이 떨어지는 순간에, 그 업보의 죄와 벌로 온 천지가 불로 보이는 수도 있고, 만도(萬濤) 풍파로 보이는 수도 있으며, 큰 산이 덮어 누르는 수도 있고, 사방이 칼과 창으로 보이는 수도 있고, 별의별 악한 짐승과 독충이 천지에 가득 차서 죽는 순간부터 한없는 공포와 끝없는 고통에서 괴로워하게 되는데, 이러한 사람들은 모두 다 한결같이, 암흑세계 밑으로 가라앉는 것을 공통적으로 느끼는데, 무간 지옥에 들어가는 사람들에게서 그러한 현상이 일어난다.

이에 대한 실례로서 메릴랜드 심리조사 센터의 실험 발표를 보면, 죽음이 임박한 알코올 중독 환자에게 환각제를 주입한 후에 환자의 체험담을 들어보면 다음과 같다.

"나는 지금 이승에 살고 있는 것 같지가 않아요. 전에는 이런 경험을 느껴보지 못했어요. 그런데 나는 비참한 암흑 속으로 내려가는 것 같았습니다. 밑으로 밑으로 내려갔습니다. 밑바닥 끝에 가까워지면 가까워질수록 더 큰 공포기 내 몸을 휩쓸었어요. …… 내가 그토록 두려워하던 밑바닥에는 정작 아무것도 없었습니다."

그러면 죽음이 아주 유쾌했다는 사람들의 경험담을 들어보자.

독립투사의 한 사람이었던 한용운 스님은 만주에 있는 독립군 학교를 구경하고 돌아가는데, 당시의 독립군들은 한용운 스님을 일본 첩자로 오인하여, 스님의 뒤를 미행하여 으슥한 곳에서 권총을 쏘았다.

스님은 뒤통수에 세 발의 권총을 맞고 그 자리에 쓰러졌는데, 머리를 쪼개내듯 아프던 통증이 사라지며 지극히 편안한 느낌이 들었다. 그 느낌마저 감각하지 못한 찰나, 눈이 부시게 밝아지며, 눈같이 흰 백의를 입으신 관세음보살님이 나타나셔

서 꽃 한 송이를 한용운 스님에게 던지며,

"네 명이 경각에 달렸는데 어찌 이대로 가만히 있느냐?"

하셨다.

그 소리에 정신이 다시 들어 눈을 떠보니, 아프기는 했으나, 일어날 수가 있어서 중국 사람의 구원을 얻어 살아났다고 한다.

이상의 이야기는 죽음의 영역으로 발을 들여놓았다가 살아난 사람들의 체험담인데 영계까지는 가지 않고, 영혼이탈을 한 정도이다.

우리는 영혼이탈을 한 영혼이 육체를 떠났다가 되돌아오지 않으면, 곧 죽었다고 하는 것이다. 실체가 육체를 떠나서 가는 길을 저승길이라고 하며, 쉽게 말해서 사후세계라고 한다.

사후세계에 대하여는 《능엄경(楞嚴經)》[23]에 상세하게 기록되어 있다. 그러나 너무나 내용이 복잡하고 분량이 많아서 생략하고, 그 대신 '박형'의 가르침이 참으로 간결하고 알기 쉬우니

'박형'의 저승길에 대한 가르침을 따라가 보기로 한다.

영혼의 윤회나 저승길은 누구나 알고 싶지만 자신의 목숨이 얼마 남지 않았다고 생각하는 사람에게는 그것이 참으로 중요

---

23)불교의 선종(禪宗)에서 특히 중하게 여기는 경전의 하나. '대불정여래밀인수증료의제보살만행수능엄경(大佛頂如來密印修證了義諸菩薩萬行首楞嚴經)'을 줄인 것으로, 수능엄경이라고 약칭하기도 한다. 중앙아시아 구자국(龜玆國)의 쿠마라지바(鳩摩羅什:364~413년)가 중국에 와서 산스크리트 원전을 한문으로 번역한 것이다.

한 문제가 된다.

나의 집사람이 그렇게 심각한 의문에 대하여 '박형'에게 질문한 적이 있다. 한참 고민하며 망설이던 집사람이 '박형'에게 말했다.

"뭘 좀 물어볼 게 있습니다."

"뭔데요?"

"사람이 죽으면 어떻게 되는지 알려 주세요."

그때 나는 순간 긴장했다. 나 역시 영계의 비밀이 궁금했기 때문이다. 그 말을 들은 '박형'은 뜻밖에도,

"죽으면 그만이지, 왜 뒷일을 걱정하십니까?"

라고 말했다.

그러나 집사람에게는 그것이 그냥 그렇게 넘어갈 상황이 아니었다. 집사람이 다시 '박형'에게 간청했다.

"꼭 좀 알려 주세요. 꼭요."

'박형'은 잠자코 잠시 생각하시더니 집사람에게 말했다.

"아, 그렇게 하시려고?"

'박형'은 집사람이 왜 그것을 꼭 알려 달라고 하는지를 이미 아셨다. 그리고 조용하지만 아주 엄숙히 말했다.

"사람이 죽으면 금세 없어지는 사람, 하루나 이틀만에 나가는 사람, 한 달, 두 달, 백 일, 일 년, 삼 년만에 나가는 사람, 그리고 영원히 가는 사람도 있어요."

그때에 집사람이 충격적인 질문을 했다.

"자살을 하면 어떻게 되나요?"

"꼭 더 나쁘다고야 할 수 없지만, 깜깜한 데로 가게 되니 좋지 못하다고들 합니다."

‘박형’께서는 집사람 자신이 스스로 자살을 해서라도 식구들을 편히 살게 하겠다는 모진 결심을 하고 있다는 것을 이미 알고서, 자살은 나쁘다고도 좋다고도 하지 못하고 사실대로만 대답해 주었다.

당시에 집사람은 목이 메어 눈물을 흘리며 속으로 울고 있었는데도 그녀에게서 아무 낌새조차 눈치채지 못했던 미련한 나는, 죽으면 어떻게 될까만을 생각하면서 줄곧 두 사람의 대화에 귀를 기울였었다. 그야 어쨌든 이제 다시 생각하면 생각할수록, 그때 ‘박형’께서는 분명히 우리에게 사람이 죽은 후에 어떻게 되는가를 귀띔해 주셨다는 것을 깨닫게 된다.

그러면 ‘박형’께서 그때에 알려 주신 ‘죽으면 금세 없어지는’ 사람은 누구일까? 또 ‘하루나 이틀 만에 나가는 사람’은 누구이며, 어디로 나간다는 말인가?

그리고 또 ‘한 달, 두 달, 백 일, 일 년, 삼 년만에 나가는 사람’은 누구이며, 어디로 나가는 것일까? 그런가 하면 ‘영원히 가는 사람’은 누구이며 어디로 영원히 가는 것일까?

《산 넘어 천국》 80p에서.

대답은 이렇다.

‘박형’의 말씀 중에서 ‘죽으면 금세 없어지는 사람’은 도인(道人)이다. 보통 사람과 똑같이 밥도 먹고 똥도 누면서 살지만 절대로 죽는 법이 없다. 인간 세상에 진리를 밝히고 사람 농사를 하기 위해서 화현(化現)[24]으로 오셨던 어른 곧 성령(聖

---

24)불·보살이 중생을 교화하고 구제하기 위한 수단으로 여러 가지로 모양을 변하여, 이 세상에 나타나는 일.

靈)이시다.

겉보기에는 설사 급소에 칼이나 총을 맞고 죽지만 사람이 한번 눈을 딴 데로 돌리는 순간 시체가 없어지고 마니, 아무도 어디로 간 줄을 모른다. 그리고 다시 같은 모습으로 살아가니 참 귀신이 곡할 노릇이다. 그분들은 예수님께서 말씀하셨던 것과 같이 '살아서는 죽지 않고 죽어서도 다시 사는' 영생을 얻으신 분들인 것이다.

또 '하루나 이틀만에 나가는 사람'은 예수님처럼 성인(聖人)이 되어 부활(復活)하는 사람들이다.

'극락이나 천당으로 가는 사람은 염부(명계)를 거치지 않고, 해당되는 극락이나 천당의 안내 영을 따라서 바로 가게 되고……' 그분들은 자기의 소원대로 극락이나 천국으로 갈 수 있는 것은 물론, 이 땅에 다시 오고 싶으면 곧바로 '하루나 이틀만에' 다시 오시는 것이다.

다음 '한 달, 두 달, 백 일, 일 년, 삼 년만에 나가는 사람'들은 염부(명계)를 거쳐서 오기 때문에 사람에 따라서 시간이 걸린다.

영혼이 이탈하고 돌아오지 않게 된 후에 염라대왕의 사자(使者)를 따라 염라대왕전(殿)에 가서 심판을 받게 되고, 그 양심의 판결에 따라 천상계(天上界)·수라계·인간계·축생계·아귀계·지옥계의 여섯 길로 가게 되는 사람들이다.

끝으로 '영원히 가는 사람'은 밑없는 무간지옥으로 가는 사람을 말한다. 앞에 나왔던 예에서와 같이 알코올이나 환각제 등으로 심신을 중독시켰던 사람들은 죽어서도 제정신이 없기 때문에 또는 죄업이 많기 때문에 축생으로 가기 쉽고, 큰 죄를

114

짓고도 뉘우칠 줄 모르는 인간 이하의 정신 소유자들은 아귀로 고생을 하거나 더 아래에 있는 지옥으로 내려간다. 그 지옥 중에서도 제일 아래에 있는 고약한 곳이 무간, 아비지옥이라는 지옥이다.

이 모든 것은 상천지도(上天之道)인데, 그것은 이(理)로써 누가 시키지 않아도 절로 어김없이 꼭 그렇게 되도록 되어 있다. 그렇기 때문에 여기서도 자신의 운명은 자신이 그렇게 만든다는 것을 알 수 있다. 일체유심조인 것이다. 또 이것이 '하나님이 하시는 일'이다.

《사자死者의 서書》

한마디로 《사자의 서》는 '중음천도밀법(中陰薦度密法)'이다. 죽은 영혼을 천도(薦度)[25]시키기 위해서 티베트의 라마승이 죽은 사람의 시체 옆에 앉아서 죽은 이의 영혼에게 직접 읽어 주는 경전(經典)이다.

히말라야의 성자 미라래빠는 말했다.

"티베트의 《사자의 서》에는 우리들의 의식(意識)이 전이(轉移)하여 성인(聖人)되는, (瞑想하여 覺醒으로 가는 것같이) 마음의 여러 단계와 가르침이 펼쳐지고 있다."

그 서(書)의 내용을 보면, 죽는 순간이 참으로 중요하다는 것을 깨닫게 된다. 어떤 어른께서는,

"죽을 때에 한번 써먹기 위해서 공부한다."

라고까지 말씀하셨다.

---

25) 죽은 이의 명복을 빌기 위하여, 불·보살께 제를 올려 영혼들로 하여금 정토(淨土)나 천계(天界)에 태어나도록 기원하는 법식.

사람이 죽어서 영혼이탈한 후에, 그 영혼은 죽음 순간부터 49일간에 걸쳐서 여러 가지 상황에 부딪치게 된다고 한다.

그때에 그 상황에 바르게 대응하면, 성인(聖人) 곧 '생명 빛'이 되어 극락 천당에 가며, 그렇게 하지 못하고 인간으로 다시 나오게 되더라도 원하는 환경에 태어날 수 있다.

그러나 이때에 그 영혼은 이 세상에서 번민하고 행동하며 깨달은 힘[法力]으로 혼자 모든 상황에 대처할 수밖에 없다.

그래서 이 모든 것을 아는 티베트 불교 그루[師僧]들은 죽은 자의 시체 옆에서 이탈한 영혼에게 이《사자의 서》를 49일간에 걸쳐서 읽는 것이다.

그것은 대단히 의미있는 작업이다. 왜냐하면 그렇게 함으로써, 세상을 버려서 감각이 한결 맑아져 있고 스스로를 돌아볼 시간을 가지게 된 죽은 영혼(비르도, 떠도는 중유신)으로 히여금 자신의 본성품을 깨달아 성인[覺者]이 되게 하고[轉移], 둘째로 밝은 빛을 따라 극락 천당에 태어나게 하고, 그도 저도 안된 영혼은 셋째로 지금보다 좀더 나은 사람이 되게 일깨워 줄 수 있게 되겠기 때문이다.

이 천도밀법은 첫번째가 죽음 순간에 일어나는 죽음의 징후에 직면했을 때의 천도이고, 다음이 중음길에서의 진실법계로의 인도(引導), 세번째는 중음길에 있는 망자가 환생할 곳을 찾고 있을 때에 자궁 입구(入口)를 막아주는 천도, 이렇게 이루어졌다.

초입(初入) 중음의 첫단계는 중음길에서 원초(原初)의 투휘 광체(透輝光體:눈부시게 밝은 빛 clear light), 즉 정수적 지혜를 보게 된다.

생전에 명상을 계속하여 실상을 깨닫고 있던 사람이나, '나는 저 하늘의 허공처럼 끝없으면서 모든 사람들을 위하여 봉사하련다.'라는 결심으로 살아온 사람들은, 죽음을 당하여 예수님처럼 (정신이 흐리멍덩하여 잠들지 않고) 정신이 깨어 있어서 (성경 비유에, 등불을 켜고 깨어 있어 신랑을 기다리는 여자도 이런 의미이다. 여자는 陰神, 즉 보통 영혼이고, 남자는 陽神, 곧 聖人이다. 죽어서 만난 자기 자신의 생명의 빛이다) 죽음 순간에 보이는 '눈부신 밝은 빛', 즉 원초(原初)의 투휘광체가 나타났을 때에, 그 빛에 합치게 된다.

그러면 그 사람은 '곧바로 무상수직도(無上垂直道)를 지나 예수님처럼 달마가야(법신:하나님·비로자나불)'로의 천도(薦度)가 된다.

그러나 만약 망자가 이 원초 투휘광체를 인식하지 못했을 경우면, 날숨[呼氣]이 멈춰진 때로부터 거의 한식경(약 30분간)쯤 뒤에는 망자의 위쪽으로부터 제2의 투휘광체가 차츰 그 모습을 보이기 시작한다. 그때를 당하여 합당한 《사자의 서》를 읽어주게 된다. 그같은 사람에게 있어서도 이 천도는 절대로 필요하다.

두번째의 투휘광체가 나타났을 때에, 그 눈부신 밝은 빛과 합치면 높은 곳으로 간다. '박형'께서 말씀하셨던 '죽으면 하루나 이틀만에 나가는 사람'들은 이렇게 생명 빛되어 가는 것이다.

그 의식이 맑지 못하여, 이 두 번의 기회에 해탈을 얻지 못한 영혼은 진실법계 즉, 눈부신 생명의 빛을 꿈꾸듯 비몽사몽간에 희미하게 슬쩍 스칠 정도로 경험할 뿐이다.

그리고 그후에 그에게는 제3단계인 중간 중음의 환각이 차츰 나타난다. 이 중음의 제3단계에서의 환각은 생전에 쌓은 그의 업이 만들어 내는 것이다.

이때쯤에는 망자의 영혼은 자기 곁에는 제물(祭物)이 차려져 있고, 수의(壽衣)로 갈아입혀졌으며, 침상은 말끔하게 정돈되어 있는 모습을 아마 보게 될 수 있을 것이니라.

그리고 그의 가족·친지들이 울며 애통하는 모습을 보고 듣고 할 것이니라. 망자는 이들을 볼 것이며, 자기더러 왜 갔느냐고 목이 터져라 애통해하는 목소리를 들을 수 있을 것이니라. 망자 역시 '나는 아무렇지도 않으니 너무 그렇게 슬퍼하지 말라.'고 위로하면서 가족·친지를 불러댈 것이니라. 그러나 유족들이나 친지들은 혼령의 목소리를 들을 수가 없느니라. 그 탓으로 망자는 회를 내기 시작할지 모르느니라.

이때에 망자는 소리와 빛과 방사선의 세 가지 모두를 경험하게 될 것이니라.

이 광경은 망자로 하여금 외포심(畏怖心)을 일으키게 만들 것이며 놀라게 할 것이며 겁먹게 할 것이니 망자는 대단한 피로를 느끼게 될지도 모르느니라.

진실법계를 경험하고 있는 이 순간에 중음길 천도가 반드시 적용되지 않으면 안되느니라.

보통 사람은 죽음과 동시에 깜빡 잠이 들기 때문에 투휘광체를 잘 인식하지 못한다. 그는 3일 반이 지난 후에 잠을 깬다. 그리고 죽었다는 것을 깨닫는다.

깜빡 잠이 들었다가(죽었다가) 잠을 깬 3일 반부터 4일째 되는 날(첫째 날)을 시작으로 7일 동안에는 평화 제신(平和諸神)이 망자를 구하러 온다.

그 첫째 날에는 중심국토의 '비로자나[大日如來]'의 밝고 눈부신 파란색의 빛과, 육도 윤회로 유혹하려는 상대적 존재로 천상계(天上界)의 희미한 백색 빛이 나타난다.

둘째 날에는 동방국토의 '아촉여래'의 눈부신 흰빛과 상대적 유혹으로 지옥계의 희미한 갈색 빛이 나타난다.

셋째 날에는 남방국토의 '보생여래'의 빛나고 눈부신 황색광과 상대적 유혹으로 인간계의 우중충하고 푸른색을 띤 황색광이 나타난다.

넷째 날에는 서방국토의 '아미타여래'의 빛나고 눈부신 적색 광과 상대적 유혹으로 아귀계의 우중충한 붉은 빛이 나타난다.

다섯째 날에는 북방국토의 '불공성취여래'의 빛나고 눈부신 녹색광과 상대적 유혹으로 아수라계의 우중충한 녹색광이 나타난다.

여섯째 날에는 앞에 나온 다섯 신격의 선정불(禪定佛)이 일제히 나타나면서 지수화풍의 원초 형태인 4가지 색깔이 일제히 빛을 비추며 나타난다. 한편 천상·인간·아수라·아귀·축생·지옥의 육도 윤회에서 나오는 빛들이 유혹하러 나타난다.

일곱째 날에는 성스러운 극락 정토의 지식을 간직하고 있는 여러 신들의 눈부신 오색광선(五色光線)과 상대적 유혹으로 축생계의 우중충한 청색 광이 나타난다.

《사자의 서》는 말한다.

눈부신 오색광선을 그렇게 두려워만 할 것이 아니오. 이 빛나는 지혜가 바로 그대 자신이라는 인식을 굳히도록 하시오.

이 빛들 속으로부터 진리의 자연스러운 소리가 마치 몇천 개의 우렛소리처럼 메아리칠 것이오.

음향은 빙글빙글 메아리로 소용돌이치면서 엄습해 올 것이오. 그리고 그 메아리 속으로부터

"쳐죽여라! 쳐죽여라!"

하는 고함소리 같은 음향이, 그리고 공포심에 떨게 하는 진언, 주문을 외우는 소리도 들릴 것이오.

하지만 겁내지 마시오. 도망치지 마시오.

이같은 소리들은 모두가 그대 자신의 내적(內的) 광(光)의 지성구조라는 인식을 굳게 하시오.

축생계의 우중충한 청색광 쪽에 매혹 당하지 마시오. 비겁하고 약해지지 마시오.

만일 그대가 이 우중충한 청색광에게 끌려들어갈 경우에는, 그대는 축생계 속으로 빠져 떨어져 버리고 말 것이오.

축생계에서는 우둔(愚鈍)이 주권을 잡고, 한없는 노예 신분과 벙어리와 바보의 불행을 고통받지 않으면 안되오. 그리고 그대가 이 축생계로부터 빠져 나오기까지에는 너무도 긴 세월이 걸릴 것이오.

부디 이 우중충한 빛에 매혹 당하지 마시오. 그대의 신심을 오직 눈부시게 빛나는 오색찬란한 빛 속에 담으시오. 그리고 '지식 보유의 승리자'인 신들에게 그대의 마음을 집중시키시오.

그리고 다음과 같이 생각하시오.

  ‘이 지식 보유의 신들’ ‘영웅들’, 그리고 ‘다키니[26]들’이 나를 데려가려고 ‘성스러운 극락정토’로부터 와있구나. 나는 이들에게 탄원하련다.

  이제까지 삼세제불의 다섯 신격이 그들의 자비와 구원의 방사선 모두를 동원했는데도 불구하고 아직도 나는 제도 받지 못하고 있구나.

  정신차릴지로다.

  ‘지식 보유의 신들’이 나를 더 이상 방황을 계속시키지 말고, 그들의 자비의 낚시바늘로 나를 낚아 성스러운 극락정토로 나를 인도하여지이다.’

  이같이 생각을 굳히며 그대 마음을 집중시켜 가지고 다음과 같이 기도하오.

  오 당신들 지식 보유의 신들이시여,

  나의 간청을 들어주사이다.

  나의 가는 길에 당신의 더없는 사랑 속으로 천도하여 주사이다.

  지나친 성벽 탓으로 윤회에서 헤매고 있을 때, 내가 영웅들의 그룹이나 지식 보유의 신들에 의해 천도 받게 되어지리다.

  ‘모신(母神)’들의 그룹, ‘다키니’들이 나의 뒤를 지켜주사이다. 내가 순수한 극락정토에 있어지게 되어지이다.’

  한편 ‘박형’께서도 ‘지식 보유의 신’들이 나오는 이와같은

---

26) 모신(母神). 야차의 일종. 사람이 죽기 6개월 전부터 죽을 줄을 알고 심장을 빼어 먹는다고 한다. ‘하늘을 길처럼 다니는 자’라는 뜻이 있고 선(善)이나 악마에 대해서 특유의 신비한 힘을 가지고 있는 요정(妖精)과도 같은 여신.

상황을 구경하셨다는 말씀을 해주셨다. 확인하신 말씀을 하셨다.

"내가 사냥하는 어디에 가보았더니, '죽여라! 쳐죽여라!' 하면서 인정사정없이 쓸어 없애더라."

'죽여라! 쳐죽여라!' 하였다는 것은 사람의 의식에 있는 축생과 같은 생각을 없애라는 의미인 것이다.

'박형'께서는 이러한 말씀도 하셨다.

"사람이 물에 빠져 죽었는데, 강가에서 제를 지내고 건져내고 하는 것을 가보니 꼭 산 사람에게 하는 것처럼 하더라."

비유하면 이와 같아서, 《사자의 서》는 죽은 자에게 산 자와 똑같이 설법한다. 그래서 해탈을 얻게 하고 정신적으로 무장하여 좀 더 나은 세상에 태어나도록 돕는 것이다.

《사자의 서》에는 이후에 '분노의 신'들과 반중음(滿中陰)[27]에 대한 흥미있는 이야기가 이어지지만, 그 책을 한번 읽어보기를 권하면서 여기서 《사자의 서》 이야기를 줄인다.

잘 생각해보면, 우리가 죽어서 《사자의 서》를 듣기보다는, 살아서 좋은 설법을 찾아 듣고 바르게 사는 게 더 중요하다는 것을 알 수 있다.

왜냐하면 이 세상이 바로 우리들 인간성의 수련장이기 때문이다. 원각도량(圓覺道場)이 하처(何處)냐? 현금생사(現今生死)가 즉시(卽是)인 것이다.

그러므로 반대로 생각하면 이 세상이야말로 그 이상도 아니

---

27)죽음의 순간의 초입 중음과 '평화의 제신' '분노의 제신'이 등장하는 기간 동안에 천도 받지 못한 영혼. 즉 중간 중음 동안 많은 천도가 베풀어졌는데도, 악업이 많아 업력 때문에 천도되지 못한 영혼.

요, 그 이하도 아닌 '비로자나 부처님의 설법 도량(道場)'인 것이다. 그리고 나를 괴롭히는 모든 것이 나를 깨달음의 길로 나가게 도와주는 불·보살님들인 것이다.

나를 괴롭히는 자식들과 이웃들과 나에게 맡겨진 어려운 상황 등도 사실은 나를 바른 길로 인도하기 위한 '내 마음의 작용으로 내가 만든 상황'인 것이다.

누구든지 자신을 칭찬할지니, 자신은 모든 것을 이미 알고 있는 신과 같은 존재이며 부처님 같은 존재인 것이다. 아니, 오직 바르게만 살 수 있으면 바로 내가 하나님이며 부처님인 것이다.

오색찬란한 빛 속에 아름답게 빛나고 있는 이 땅에서 뼈에 사무치게 '깨어 있는 정신'을 가지고 생활하며 노력하는 삶이 진실한 삶이다. 또 그렇게 살아야 '죽어서도 살고 살아서도 영원히 죽지 않는' 생명 빛도 될 수 있을 것 아닌가.

6. 윤회와 제8식(아뢰야식)

윤회를 믿는 것은 참으로 중요하다. 불타 석가모니 부처님의 8만 4천 설법 중에서 가장 남다르고 신기하고 알기 쉬운 법문이 바로 윤회에 관한 말씀이다. 그리고 윤회를 믿기란 그리 어려운 것도 아니다.

질량 에너지 불변의 법칙을 알고 있는 이상 과학적으로도 타당한 법이 윤회법이다. 우리는 이미 영혼이 우리 몸에 들이오는 법과 몸 속에 있는 모양과 몸을 버리고 나가는 법을 알고 있다. 이제 그 순환과정만 알면 어떻게 윤회하는지를 이해할 수 있을 것이다.

어느 날 '박형'에게 어느 분이,

"윤회는 어떻게 된다는 것입니까?"

하고 질문했다.

'박형'께서 정자 아래로 흐르는 시냇물을 가리키시면서,

"물의 흐름과 같다. 땅 아래로 흐르는 물은 산의 흙이나 어느 바위 틈 사이에서 나와서 흐르고, 빗물 방울이나 눈송이로 온 것은 일부는 땅속으로 스며들고 나머지는 땅 위를 흘러서 시냇물로 합치고, 강으로 흐르며 바다로 들어간다.

그리고 눈부신 햇빛을 받아서 수증기가 되면 증발되어 하

늘에 올라가서 구름이 되기도 하고, 비구름으로 되면 빗방울
이나 눈송이가 되어 땅으로 다시 내려온다.

빗물이 땅 위로 흐르면 시냇물이 되고, 땅 속으로 스며들
면 지하수가 되고 샘물이 되며, 솟아나오면 다시 모여 흘러
서 강으로 바다로 가며, 다시 수증기로 증발되어 빗물방울이
나 구름이 되며……, 이렇게 돌고 돈다. 윤회도 물의 흐름과
같다. 그래서 이 모든 것은 누가 시켜서 그렇게 되는 것이
아니고, 저절로 그렇게 된다.”
라고 대답하셨다.

윤회는 물의 순환과 같이 땅과 지하와 하늘을 순환하는 영
혼의 순환이다. 그리고 그 순환은 일체유심조이다. 그래서 우리
마음속에 그것이 물처럼 순환할 수밖에 없는 열쇠가 있는 것
이다.

그래도 이렇게 확실하게 윤회를 이해하는 사람은 의외로 많
지 않다. 지금의 지구 가족들은 전생에서부터 많은 인연으로,
땅—중음계와 지하—지옥과 하늘—천상으로부터 와서 만나, 시
냇물이 강으로 흐르며 종착역인 바다에 이르도록 흘러 사는
것이며, 그 동안에 죽어서 땅으로 지하로 하늘로 간 것은 업
(業)이 다 소멸되면, 새로 땅—지하—하늘로부터 와서 만나 시
냇물 흐르듯이 아래로 흐르며 사는 것이다.

우리는 틀림없이 이렇게 윤회하면서 시냇물처럼 아래로 흐
르면서 강으로 바다로 가는 물처럼 결국 영혼의 바다 즉, 대아
(大我)에 이르게 된다.

수많은 윤회된 사례가 이미 밝혀졌다.

에드가 케이시(Edgar Cayce, 1877~1945년) 같은 영능력자는

사람들의 전생을 투시했고, 영국의 유명한 최면술사였던 아날 블록샴 씨는 BBC 방송 텔레비전 카메라 앞에서, 피실험자에게 최면을 걸어 그 사람의 전생을 그의 입으로 말하게 하기도 하였다. 또 그 동안에 많은 성인(聖人)들께서 세상에 나타나셔서 불쌍한 많은 중생을 위하여 직접 그의 전생 이야기를 들려 주셨다.

그런데도 많은 사람들은 의심한다. 정말 윤회했다면 지금 왜 그때의 기억을 갖고 있지 않는 것인가?

세상 일에 쫓겨 사는 사람들은 진리를 의심하면서 고개를 갸웃거리고 마는 것이다. 그 중에서도 좀 나은 사람은 말한다.

"알고 싶다. 나의 전생을 알려줄 사람 없나?"

진실로 사람들이 믿고, 믿지 않고 간에 윤회는 확실한 진리이다. 알고 보면 그 증서를 가까운 곳에서 얼미든지 찾을 수 있다.

예를 들어서 천재나 신동이 태어나면, 배우지도 않은 외국어를 유창하게 한다든지, 붓글씨를 어른보다 잘 쓴다든지, 다섯 살짜리 코흘리개가 피아노를 치고 작곡을 한다든지 하는 그런 것들도 있지만, 보통 아기가 태어나서 어릴 때부터 이상한 버릇이 있다든지, 조금 자라서는 식성이 남다르고 까다로워서 항상 싱거운 음식을 좋아한다든지, 짜고 맵고 뜨거운 것을 좋아한다든지, 남자나 여자 중에서 남자 어린이가 유독 남자만 좋아하고 여자를 싫어한다든지, 행동과 습관이 돌아가신 어느 분을 많이 닮았다든지, 그런 사항들도 전부 윤회와 관련이 있는 것이다.

사람들이 그 모든 상황에 다른 원인을 생각하며 윤회를 믿지 않는 이유는, 첫째로 성인(聖人)이 어떤 어른인지 모르기 때문이며, 둘째로는 지금의 삶에 집착하고 자신의 괴로움이 어디서 온 것인가를 스스로 깨달을 만큼 깊이 자신을 되돌아본 적이 없었기 때문이다.

여기서 혼자 설산(雪山) 동굴에 들어가서 오직 쐐기풀만으로 연명하며 목숨을 내놓고 진리를 찾아 결국 성차(聖者)가 되신 미라래빠님과 그 제자 사이에 있었던 윤회에 대한 이야기를 들어보자.

성자 미라래빠님은 오랜 명상수련 끝에 자유로이 공중을 날았다. 또 그후에 같은 시간에 여러 곳에 몸을 나타내셨으며, 이 땅에서 수많은 사람들을 신통력으로 제도하신 성인(聖人)이시다.

이때 스승의 뛰어난 제자들 가운데 한 사람인 시와외래빠가 아뢰었다.

"스승께서는 마르빠 스승으로부터 진리의 가르침을 받는 데 있어 불굴의 믿음을 지니고 있었으며, 가혹한 시련을 끝까지 순종했으며, 또한 고적한 동굴에서 명상수행으로 용맹정진하였나이다. 스승의 행적을 돌이켜볼 때 저희들의 수행이란 단지 유희(놀이)에 불과한 것 같습니다.

기분이 내키면 수행하고 내키지 않으면 수행하지 않는 저희들이 과연 윤회의 세계를 벗어나 영원한 자유를 얻을 수 있을지 두렵습니다. 스승이시여, 저희들은 어떻게 해야 합니까?"

시와외래빠는 말씀을 드린 뒤 눈물을 흘렸다.

미라래빠는 다음과 같이 말씀하셨다.

"윤회의 이 현상 세계에 살면서 겪는 온갖 고통과 번민, 그리고 지옥, 아귀, 축생 세계의 중생들이 겪는 고통에 비하면, 내가 겪은 고행이 그렇게 큰 것이라고 할 수는 없단다. 지혜로운 사람이라면 '카르마(業)'의 인과응보법을 듣고, 쌓은 죄업을 녹이기 위해 나와 같은 열정으로 살아갈 것이다.

그러나 '카르마'의 법칙을 듣고 단지 머리로만 이해하는 사람들은 고통과 쾌락, 가난과 부귀, 명예와 치욕, 칭찬과 질책 등의 팔풍(八風)을 마음속으로 버리지 않을 것이다.

인과응보의 법칙을 잘 이해하는 것이 중요하다. 만들어진 업장(業障)은 그 원인이 있다. 수행자는 새로운 업장을 쌓는 대신에 지금까지 쌓아 온 업장을 녹여가는 것이다. 이것이 고행의 진정한 의미이다.

그러므로 '카르마'의 법칙을 잘 이해하고 지금까지 지은 죄업을 녹여 가는 것이 참으로 중요하다. 이 간단한 인과응보의 법칙을 대부분의 사람들은 진정으로 믿지 않는다. 이것을 진정으로 믿고 이해한다면 각자의 죄업에 따라서 그것을 녹이는 쪽으로 살아갈 것이다. 그러나 대부분의 사람들은 도리어 죄업을 쌓는 방향으로 살아가고 있다.

수행을 하려는 사람들 중 많은 사람들은 그들의 죄업을 녹이는 대신 공(空)에 많은 관심을 갖고 있다. 여러 경전에서 우주의 본질이 공(空)임을 밝히고 있다. 그러나 이것을 완전히 이해하기는 쉽지 않다. 진정한 이해는 죄업이 다 녹아진 뒤에야 가능하다. 단지 공(空)에 관심을 갖고 있는 것으로는 죄업이 녹아지지 않으므로 지적(知的)으로만 공(空)

을 이해하는 사람들은 참다운 발전이 없다.

따라서 중요한 것은 공(空)을 이해하는 데에 있지 않고 업장을 녹여 가는 데에 있다. 처음에는 나도 공(空)의 진리를 이해하지 못했다. 나는 가증스런 죄악(흑마술로 살생과 재앙을 내림)을 지었으므로 마음의 가책을 받아 이를 벗어나고 싶었다. 이 죄업으로부터 건져 주실 분은 스승(마르빠)뿐이었으므로 스승의 어떤 시련도 받아들이기로 했던 것이다.

사람들은 누구든지 저마다의 죄업을 이생에서든지 전생에서든지 지니고 있다. '카르마'의 법칙을 철저히 믿고 이 죄업을 녹여야만 모든 심적 고통으로부터 벗어난다. 각자는 자신의 업(業) '카르마'에 따라 과거의 죄업을 녹여야 한다.

내가 스승의 가르침을 전적으로 받아들이고 실천하려 한 것은 죄업을 녹이기 위함이었다. 나는 나의 죄업 때문에 그와 같은 삶을 살지 않을 수 없었다. 사람들은 저마다 살아갈 길이 있다.

'카르마'의 인과응보법을 믿고 자기가 해야 할 일을 찾아서 살아가는 것이 가장 좋은 삶이다. 목적은 같지만 그곳에 도달하기 위해 해야 할 일은 제각기 다르다.

수행자는 인과응보의 법칙을 철저히 믿고 깨달음(해탈)의 과보를 얻기 위해 어떠한 것도 받아들일 마음의 준비가 되어 있어야 한다. 그대들이 이 일에 철저하다면 마침내 윤회의 세계의 온갖 고통으로부터 온전히 벗어나 대자유를 얻게 될 것이다.

'카르마'의 법칙을 믿고 죄업을 쌓아 가는 것이 아니라,

녹여갈 때 완전성에 이르게 되는 것이다. 탐착심(貪着心)을 가질수록 죄업은 쌓이고 탐착심을 버릴수록 죄업은 녹아진다. 탐착심을 버리는 것이 고행이다."

윤회설은 그러므로 이론이 아니다. 이것은 인간 도덕에 직접 영향을 주는 실재적인 윤리 규범 이상이다. 어떻든 노력해서 윤회를 벗어나야 한다.

사람은 그가 누구이건 욕심, 즉 본능이라고 하는 성욕(性慾)이 남아 있는 사람은 어쩌지 못하고 다시 태어나게 된다. 그리고 그 사람의 마음[天]은 모든 것을 알고 있어서 스스로를 처벌히며, 또 스스로를 상(賞)주며, 윤회한다. 한마디로 일체유심조이다.

인류 역사상 자기 자신의 생애에 대하여 이를 소상하게 밝힌 분으로서는 석가모니 부처님이 단연 으뜸가는 어른이시다. 석가모니 부처님께서는 540번 거듭 태어난 데 대한 기록을 남기셨다. 불가에서는 '옷깃만 스쳐도 삼세의 인연이 있었다.'고 한다.

그러면 어떻게 인간들이 내생에 태어날 씨앗을 만들까?

그 내용을 본다.

생사의 종자(種子)는 열두 가지 인연법을 따라 만들어지는데, 어리석기 때문에 욕심이 윤회의 종자라는 것을 알지 못하며 가르쳐 줘도 믿지 않는다.

대부분의 재생자(再生者)가 과거생에 익혔던 습성에 의해, 남자 혼은 여자에게, 여자 혼은 남자에게 붙어 사랑하려고 하다가 모태로 들어가 태어나서 차차 성장함에 따라 여섯 감관이 감수작용을 받아, 탐욕과 애욕이 생기며 무엇은 나쁘며 무엇은 즐겁다는 것을 알게 되면……, 그 즐겁던 짓을 반복하는 생활습관이 이루어지고, 그렇게 익혀온 애욕의 습성이 육체가 죽은 후에도 잠재의식에 남아서 이성을 만나면, 사랑하려고 하다가 뜻하지 않게 태어나게 되는 것이다.

그때에 음욕과 함께 전기적(電氣的)으로 결합이 이루어지기 때문에 자석에 붙은 쇠붙이와 같이 속박되어, 원치 않는 탄생이 되풀이되고 괴로운 윤회가 거듭되는 것이니, 참으로 성욕(性慾)이, 태어나고 죽는 윤회의 종자이다.

그러므로 애욕이 남아 있는 한, 아무리 태어나지 않으려고 해도 자꾸만 태어나서 싫든 좋든 간에 괴로운 생사를 끝없이 윤회하는 것이다. 불교의 해탈법을 알지 못하면 누구를 막론하고 태어나고 죽는 데 있어서는 털끝만큼의 자유도 없다.

그리고 태어나는 인연을 보면, 전생의 부모 또는 친척관계가 있는 사람에게 태어나는 수도 있고, 또 자기가 사모하던 이성의 자녀로 태어나는 비율이 많으므로 아버지는 딸을 더 사랑하고, 어머니는 아들을 더 사랑하는 예가 많다.

그러나 전부 좋은 인연만은 아니다. 전생 원한에 의해서 복수하려고 남의 자식이 되는 수도 있는데, 살생 또는 채무관계나 억울한 일을 당한 사람들이 원수에게 자식으로 태어나서, 그 부모가 벌어놓은 재산을 탕진하고, 부모를 학대하며, 부모의 속을 있는 대로 썩이고 가슴에 못을 박는 수도 있다.

또 남의 돈을 많이 떼먹은 사람은 다음 생에 채권자의 부모가 되어 악착같이 돈을 벌어서 먹지도 쓰지도 못하고, 몽땅 자식에게 물려주는 방법으로 전생 빚을 갚는 수도 있는데, 뭐니 뭐니해도 불효자가 되어 전생 원수 갚는 방법이 가장 심한 복수 방법 중의 하나이다.

그리고 인과응보의 이치가 있어 복을 짓지 못한 사람은 좋은 가정에 태어날 수 없다.

그 이유는 죽는다는 것이 육신을 벗는 것에 불과하며, 영혼으로 볼 때는 삶의 연속이기 때문에 욕심대로는 되지 않는다.

예를 들면, 거지나 지게꾼이라 하더라도 미모의 여대생을 볼 때 탐욕이 없는 것은 아니지만 연애 대상으로 생각하지 않는 것은 자기의 위치를 알기 때문에 아예 단념하는 것이다.

이와 같이 영혼들도 자기 분수에 맞춰서 태어나게 되는 것이다.

그러므로 살아 있을 때 복을 짓고 인격을 높이지 않으면, 내생에도 역시 복있는 사람이 될 수 없는 것이다. 누구나 미래의 행·불행을 자기 스스로가 만들고 있는 만큼 항상 최고의 이상을 가지고 인격을 닦고 선을 행하면 미래의 행복이 약속된다.

예를 들면, 인격이 높은 사람은 고결하고 정숙한 여인이라야 사랑한다. 그러나 탕녀의 육체에서도 욕망은 느낄 것이며, 개나 말들의 교미 장면을 보고 음욕이 동하는 수도 있지만, 이성(理性)의 제재를 받기 때문에 비열한 행동을 하지 않는다.

이와 같이 도덕관념이 잠재의식에까지 작용해서 천박한 여인이나 축생에게는 붙지 않으므로 악도(惡道)에 떨어지지 않는다.

이와는 반대로 욕망에 따라 감정대로 행동하던 사람은 본능

적이어서 이성의 제지가 없기 때문에 저속하고 비열한 생각이 사후 잠재의식에까지 작용하므로 사람이나 개나 닥치는 대로 욕망을 채우려 하다가, 축생의 몸을 받게 되는데, 욕망이란 것이 이성을 흐리게 하기 때문에 욕망대로 행동하는 사람은 현명한 판단을 하지 못한다. 이러한 사람의 영혼은 더욱 희미하여 본능에만 좌우되므로 악도에 떨어지는 것이다.

윤회를 벗어나는 법

보통의 생활을 바르게 지키는 정도로는, 좀더 나은 조건에 태어날 수는 있겠지만 윤회를 벗어나지는 못한다.

그리고 피나는 수행을 하지 않고서는, 각자의 생활 속에서 갚거나 스스로 죄업을 다 녹여 없애는 데에 너무 많은 시간이 필요하다. 필요한 정도가 아니라 더 많은 죄를 추가할 수도 있다.

"…… 지혜는 매우 천천히 얻어집니다. 그것은 쉽게 얻어진 이성적 지식이 '감성적' 또는 잠재의식적인 지식으로 변형되어야 하기 때문입니다.

일단 변형되고 나면, 그 지식은 영원히 각인(刻印)됩니다. 행동을 통한 실천은 이러한 반응에 필수적인 촉매입니다. 실천이 없으면 개념은 바래고 희미해집니다. 실제의 적용이 없는 이론적 지식은 충분하지 못합니다."

이미 말했듯이 윤회법은 인간 윤리규범 이상이기 때문에, 우리는 제일 먼저 색에 대한 욕심 즉, 성욕(性慾)을 모조리 없애야 된다. 그래야 윤회를 벗어날 수 있다. 성인(聖人)께서는 꼭 그렇게 해야 된다고 누누이 설명하셨다. 계속 정진해서 철저하게 탐욕심을 이기고 바르게 살면 그 습성이 자신의 제8식(아뢰야식)에 기록되게 되고, 아뢰야식까지 도달된 깨끗한 기록문서에 의하여, 육체를 벗었을 때에 남의 자궁 속으로 들어가지 않고 윤회에서 벗어나게 되는 것이다. 그것이 즉 해탈의 첫걸음이다. 우리가 몰라서 그렇지, 모든 성인(聖人)의 큰 가르침은 해탈법 하나이며, 천국 극락 가는 길도 이 해탈법밖에는 없다.

어떻든지 성인(聖人)의 바른 가르침인 '카르마'의 법칙을 철저히 믿고 자기 자신의 죄업을 모두 녹여야 한다.

육신은 해탈의 사원이니
심장 속에 부처님 상주(常住)하시네.
마음은 날뛰는 야생마 같아
어떤 올가미로 잡아 어떤 말뚝에 매어둘까
어떤 먹이 먹여 어떤 물로 마시울까.

야생마 잡기는 구도심(求道心)이 최고요
잡아서 매어 두기는 명상 말뚝 튼튼하리.
야생마 먹이기는 스승 교의(敎義) 풍미하고
목을 축이기는 초의식 강(江) 최상이라.
야생마 가두기는 공(호)의 마구간 흠이 없네. (미라래빠)

해탈을 해야 윤회에서 벗어난다는 말씀은 이해가 된다. 하지만, 어떻게 얼마만큼이나 철저하고 바르게 살아야 하는가.

명심보감에 나오는 말씀,

"선(善)이 작다 해서 아니치 말며, 악이 작다 해도 하지 말

134

　라."
라는 철저한 정신으로 살고 죽어야 된다.

　그러면 어떻게 수행하여야, 언제 어느 상황에 부딪치더라도 그런 마음 상태를 유지하면서 살 수 있을까? 그것은 각자가 지난날을 참회하고 얻은 깨달음을 가지고 노력하는 수밖에 없다. 인연이 있으면 좋은 스승을 만날 수도 있다.

　여기서 히말라야 성자(聖者) 미라래빠님이 알려주신 가장 쉬운 수행 방법을 본다. 그것은 진언(眞言)을 일념으로 외우는 것이다.

　"'카르마'의 법칙을 철저히 믿고 일념으로 만트라[眞言]를 외울 때 업장은 소멸된다. 일념으로 완전히 만트라에 몰두할 때 실체가 발현된다. 이 만트라의 길은 누구나 쉽게 갈 수 있는 빠른 길이다."

　티베트에서는 관세음보살 육자대명주(六字大明呪)가 보편화된 만트라[眞言]이다. '옴마니반메훔'의 여섯 음으로 된 진언인데 이것을 일념으로 외우면 육도 세계의 윤회에서 벗어난다고 했다. '옴'은 천계(天界), '마'는 아수라계, '니'는 인간계, '반'은 축생계, '메'는 아귀계, '훔'은 지옥계의 문을 막는 진언이라고 한다.

　만트라는 그외에도 여러 종류가 있는데, 큰 힘을 지니고 있다. 그러나 수행중에 자칫하면 여러 가지 마장(魔障)이 나타날 수도 있다. 마장이란 잠재해 있는 상념들이 표현되는 현상이다. 초심자들은 이것을 실제적인 현상으로 착각하여 두려워하거나 또는 기뻐하는데, 사실은 마음속에서 현실과 같이 나타난 환영(幻影)에 불과하다.

한편 염불문도 있다. 염불은 '극락 세계에 왕생(往生)하기 위한 큰 선근(善根)과 거룩한 복덕이다. 염불이란 곧 자성불(自性佛)을 생각하고 자성불로 돌아가는 수행법이다.

또한 염불은 부처님의 본원에 부합하는 수행법이다. 염불은 자성선(自性禪)이라고도 하고 또한 모든 삼매의 왕이라 하여 보왕(寶王)삼매라고도 한다.

부처님을 생각하며 일념으로 큰 소리로 '석가모니불' '나무아미타불' '관세음보살' 등의 명호를 부르는 것이다.

완전히 일념이 되면 이런 불보살의 의식상태가 우리의 진아(眞我) 안에서 발현된다. '나무아미타불'의 나무(Namo)는 '돌아가 의지한다(歸依)'의 뜻이고 아미타불(Amita佛)은 '무한한 빛의 부처[無量光佛]' 또는 '무한한 생명[壽命]의 부처[無量壽佛]'란 뜻으로 우리의 진아를 상징한다.

모든 것은 우리 마음에 있다. 오직 진실하고 한없이 큰 나의 마음을 깨닫고, 욕심을 버릴 수가 있다면, 윤회하는 괴로운 세상을 벗어날 수 있다.

제8식(아뢰야식)은 염라대왕

영혼이 지상(地上)의 껍질 속에 살면서 기록했던 모든 것, 즉 세상에서의 체험이라 일컫는 모든 것은 그 '기억은행(제8식:아뢰야식)'에 안전하게 저장된다. 현재 의식은 죽으면 소멸된다.' 현재 의식이 소멸되었을 때 나타나는 것이 제8식(아뢰야식)이라는 것이다.

유능한 최면술사가 최면상태에 들어간 피실험자에게 당신 손에 오렌지가 하나 있으니 먹으라고 암시를 주면, 피실험자는 어느 모로 보나 진짜 오렌지를 먹는 것과 같은 결과를 느낀다.

그것은 피실험자의 '사고(思考)가 곧 물질인 아뢰야식 수준에서' 그러한 하나의 사고(思考) 형태를 만들어 냈기 때문이다.

이와같이 깊은 최면중에는 현재 의식이 없다는 것을 생각해 보면, 제8식(아뢰야식)의 존재를 좀 더 짐작하기가 쉬워진다.

제8식(아뢰야식)이 하는 일은 하나님 또는 염라대왕께서 하시는 일과 별로 다르지 않다. 단적으로 말해서 공명정대하고 어김이 없다. 마치 하나님이 선한 마음으로 우리를 고발하여 재판에 회부하고 중형을 선고한다거나, 아니면 우리의 감언이설에 구워 삶아져서 형을 경감시켜 주는 것도 아니며, 또 특권층에게 무슨 특별 면제나 사면을 베풀어 주지도 않는 것과 같다.

어떤 이는 말한다.

"하나님은 모든 영혼에게 행동과 선택과 판단의 자유를 주었을 때 이러한 모든 특권을 단념하였다. 그러므로 하나님은 모든 영혼들이 각자의 자유의지로 자신에게 돌아오기를 결단할 때까지 오직 인내와 진정한 자비로 기다릴 뿐이다."

제8식(아뢰야식)은 우리 속에 있는 선(善)한 의식이다. 그리고 그 의식은 영원하다. 그러니 제8식에 합치된 생활, 즉 욕심 없는 생활을 하는 자는 영적으로 산 자이며 좋은 열매를 맺고, 욕심에 이끌린 자는 영적으로 죽은 자이며 나쁜 열매를 맺는다.

그러면 제8식이 스스로 선업에는 선과(善果)를, 악업에는 악과(惡果)를 주는 능력은 어디서 오는 것일까? 깨닫지 못한 사람은 바르게 살지 못하기 때문에 선과를 받지 못하는 것은 아닐까? 깨달은 사람은 그릇이 크기 때문에 좋은 열매를 맺는 것은 아닐까? 아뢰야식은 변하여 각성(본성품)이 되며, 각성은 곧 성령이다.

성인(聖人)께서 성령의 현신이기 때문에 생이지지(生而知之)[28]한다.

힌두교의 성전(聖典) 베다는 말한다.

‘선을 행하는 자는 선생(善生)을 받고, 악을 행하는 자는 악생(惡生)을 받느니라. 정행(淨行)에 의하여 청정(淸淨)하여질 것이요, 악행(惡行)에 의하여 염오(染汚)될지니라.

성경은 윤회를 부정하는가?

“나는 성경 속에서 윤회설(Reincanation)을 읽을 수가 있습니다. 당신도 그걸 정확히 읽을 수 있을 거요.”

에드가 케이시는 언젠가 예의 천연스런 유머로 이렇게 말한 적이 있다.

예수께서 길을 가다가, 태어날 때부터 눈먼 소경을 만나셨다. 제자들이 예수께 물었다.

“이 사람이 소경으로 난 것이 누구의 죄로 인함이오니까? 자기 죄입니까, 부모의 죄입니까?”

예수께서 이렇게 대답하셨다.

“자기의 죄 탓도 아니고, 부모의 죄 탓도 아니다. 다만 저 사람에게서 하나님의 하시는 일을 나타내기 위한 것이다.”

(요한복음 9장 1~3절)

---

28)배우지 않아도 스스로 깨달아 앎.

참으로 예수님께서는 아버지 하나님께서 '다만 하시는 일을 나타내기 위하여' 날 때부터 눈멀게 했다고 할만큼 아버지의 모습을 험상궂게 그릴 수는 결코 없었을 것이다. 그러나 만약 사람에 깃든 영혼이 소경이 되어 인내와 이해, 즉 깨달음을 보다 빨리 얻고자 스스로 선택한 것이라면, 하나님의 일이 그에게서 가장 확실하게 나타내어지는 것일 것이다.

카르마의 관점에서 본다면, '제가 뿌린 씨는 제가 거둔다.'라는 예수의 가르침은 완벽한 이치를 갖는다.

여기에서 하나님이 하시는 일을 윤회설의 기본인 제8식(아뢰야식)의 하는 일과 비교해보면 아주 일치하는 것을 볼 수 있다. 이 세상 것을 다 알고 있고 통괄한다고 하는 신성한 마음 즉, 제8식의 존재를 부정할 수는 없기 때문이다.

예수께서 말씀하셨다.

"진실로 말하노니, 나는 아브라함이 태어나기 전부터 있었다."

그렇다면 성경에서 윤회에 대한 이러한 암시들이 왜 그토록 왜곡되고 무시되어 왔는가? 성경의 오리지널 히브리어 및 그리스어 텍스트는 어떻게 해서 그러한 조직적인 왜곡이 가능했던 것인가. 많은 의문이 생긴다.

'사해사본(死海寫本)'[29]의 판독 자료를 보면, 엣세네파의 교의가 윤회설에 깊숙이 뿌리박고 있음을 알 수 있다.

윤회의 법칙

그 기본 법칙은 힌두어로 카르마(Karma)라고 설명될 수 있

---

29)사해 서안(西岸)에 있는 쿰란 동굴에서 발견된 구약성서 사본 및 유대교의 문서. '사해 두루마리' 또는 '사해문서'라고도 한다.

을 것이다. 그 말은 문자 그대로 해석하면 '작용(action)'이라는 뜻이며, '작용과 반작용' 또는 '원인과 결과'를 의미한다.

1. 카르마는 두 가지 측면을 가진다. 연속성과 보복성이다.

2. 우주의 질서와 법칙에 위배되지 않는 행동은 지속되는 경향이 있다. 즉 노력은 헛된 것이 아니다.

3. 그러므로 일생동안 연마된 재능이나 능력은 내세에서도 계속해서 나타나는 경향이 있다. 그러나 그 재능이나 능력의 표현이 다른 카르마적 생활 환경 때문에 드러나지 않는 경우도 있다.

4. 또한 종교·인종·정치·성·짐승 등에 대해서 갖게 된 태도와 흥미의 특성이 내세에서도 계속되는 경향이 있다.

5. 보복적 측면에 따르면, 어떤 다른 사람의 행복에 해로운 행동은 그에 상응하는 적절한 방법으로 반드시 처벌받는다.

6. 보복적 카르마의 세 종류

a. 자업자득인 것(Boomerang);전생에 다른 사람의 눈을 멀게 한 사람은 현세에 장님이 된 것으로 밝혀졌다.

b. 신체조직과 관계되는 것(Organismic);과식한 사람은 내세에서 소화기관 허약으로 고통받을 수가 있다.

c. 상징적인 것(Symbolic);전생에 도움을 청하는 사람의 말에 '귀 기울이지 않은 사람'은 현세에 문자 그대로 귀머거리가 된다.

혹은 청교도 마녀 재판에서 마녀를 찬물에 빠뜨린 사람은 현세에 야뇨증으로 고통받게 된다.

7. 보복적 카르마는 육체적 차원과 심리적 차원 양쪽에서 작용한다.

8. 다른 사람을 비웃고 비방한 사람은 정신적으로 육체적으로 보복을 받을 수 있다. 다른 사람을 비웃고 비방한 것과 똑같은 일로 인해 고통받게 된다[對驗].

9. 전생에 친구에게 불신감을 준 사람은 현세에 자신의 친구로부터 불신감을 느끼는 결과를 가져올 수 있다.

10. 심한 고독감이나 소외감을 느끼는 것은 전생에서 자살했기 때문이다.

11. 카르마는 여러 번의 생(生)을 통해서도 소위 '미해결 상태'로 남아 있을 수가 있다. 예컨대, 아틀란티스에서 저지른 잔인한 행위는 대여섯 번의 환생을 통해서도 보복으로 나타나지 않고 있다가 결국 현세에 나타나게 될 수가 있다.

12. 카르마의 유예는 다음 세 가지 기본적인 이유 때문인 것으로 추정된다.

a. 문명 시대는 분명 빚을 갚는 데 적당한 시기이다.

b. 카르마를 조절할 내적인 힘과 요인이 충분히 생길 때까지 영혼을 개발할 필요가 있다.

c. 빚은 다른 영혼과의 상호관계에 의해서만 갚을 수 있는 것이므로 그 다른 영혼이 생겨날 때까지 기다려야 한다.

13. 육체적인 비정상을 몇몇 사례에서 보면, 전생의 경험으로 거슬러 올라갈 수 있다. 즉 짐승 공포·폐쇄 공포·물에 대한 공포증들은 때로 이들 공포의 대상에 관련된 죽음이나 놀란 경험에서 기인한다. 정기적으로 되풀이되는 꿈이나 환각도 역시 전생의 경험으로 설명할 수 있다. 때때로 정신적인 질병은 환생하지 않은 영혼(현재로는 지구상에 태어나지 않은 영혼)에 사로잡힌 데서 올 수도 있다(憑依).

14. 모든 영혼은 자유의지를 갖는다. 의지의 자유는 그 의지가 이기적이 되거나 감정에 치우치거나 해서 오용되고 있을 때에만 카르마의 법칙에 의해 간섭을 받는다.

15. 영혼은 신체적 유전과 새로운 인생과업의 이행을 위해 필요한 환경을 제공할 부모에게 자석처럼 끌린다. 신체적 유전은 존재하지만 정신적 유전이 그에 선행한다.

위에서 언급한 모든 일반론 혹은 '법칙'들이 우주의 틀에 관한 케이시의 언급 속에 나타나 있다는 사실에 주목하는 것은 중요하다. 그 언급이란 다음과 같다.

"신(神)은 존재한다. 모든 영혼은 신의 일부이다. 인생은 목적하는 바가 있으며 연속적이다. 인생은 어떤 법칙 내에서 진행되고 있다. 사랑은 그 법칙을 충족시키며, 의지는 인간 스스로의 운명을 창소한다. 인간의 마음은 힘을 갖는다. 그리고 인간의 제반 문제에 대한 해답은 인간의 깊은 내면 속에 있다."

예수는 여러 번의 생을 통해 완벽과 신격(神格)에 이른 안내자이며 나이 많은 형이며, 친구이고 성인이라고 케이시는 보았다. 예수와 같은 의식 수준, 즉 사랑에 이르는 길은 모든 카르마를 용해시켜 버리는 것이다.

'사랑이야말로 그 법칙을 충족시키는 것이기 때문이다.'

그리고 신의 아들이 되는 것은 신의 태양이 되는 것이라는 사실이 분명해진다. 햇빛은 지성이고, 그 따스함은 사랑이며, 그 에너지는 의지, 혹은 힘이 되기 때문이다.

윤회를 통해서 깨닫게 되는 것은 결론적으로 아무리 미미한 것이라 하더라도 우리가 남한테 가한 박해나 학대는 고스란히 물려받게 된다는 사실이다. 모든 영혼은 각자 자신의 심판관이요 배심원이며, 자기 자신에 대하여 판결을 내리는 유일한 자이다. 모든 영혼은 자기 자신인 배심원을 속여넘길 수 없으며 판사를 매수할 수도 없다.

결국 이제껏 가지고 놀았던 사람은, 이제껏 기만해 왔던 사람은 자기 자신이었던 것이다.

윤회에 관한 절대적인 증명은 매우 어려우며 결국 그 자료를 증명하기 위해서는 의심의 여지없이 분명한 증거를 제공할 사진·전자공학·최면술·투시(透視)[30]·정신의학 등의 도움이 요구되는 일이다.

새로운 각오

칼릴 지브란은 《예언자》라는 책에서

"당신의 고통은 당신의 이해를 에워싸고 있는 껍질을 깨는 것에 불과합니다."

라고 쓰고 있다.

우리가 지금 경험하고 있는 것이 행운이건 불운이건 그것으로 시험받고 있다는 깨달음은 지금 우리가 처한 상황에 대한 인식을 상당히 변경시킬 수 있으며 훨씬 더 분명하고 냉정하게 그 상황을 다룰 수 있게 해준다.

그러나 자신에게 닥친 시련을 극복하려는 노력은 하지 않고, 어떤 사람은 술이나, 여자나 도박 등으로써 시련을 회피하려

---

30)속의 것을 환히 비치어 봄. 심령현상의 한 가지. 감각적·자각적으로는 알 수 없는 먼거리의 사물을 초감각적으로 파악하는 일을 말한다.

한다. 그렇게 되면 큰일이다.

　'박형'께서는 어느 친구가 술로 생을 허송하는 것을 아시고, 일부러 찾아가셨다. 그리고 술을 그만 마시라고 간곡히 권하셨다.

　"이 친구, 술을 너무 먹지 말게. 잘 생각해 보게나. 이대로 나가면 큰일나네."

라면서 술을 그만 마시라고 권고하셨다. 그러나 그 친구는 이미 술에 빠져서 '박형'의 말씀을 받아들일 수가 없었다.

　"너무 걱정 말게. 인생이 다 그런 것 아니겠나."

　'박형'께서 다시 말씀하셨다.

　"자네 부인이 불쌍하지도 않은가?"

　"다 자기 운명이지."

　나는 추운 겨울날 밖에서 손발이 얼머 담의 이엉을 엮던 부인을 떠올렸다. '박형'께서 다시 말씀하셨다.

　"그래도 내 생각에는 술을 너무 많이 먹는 것 같으이. 그리고 자네는 소가 될 것일세. 소가 되어서 빚을 갚아야 돼."

　그 사람은 술에 취해 살면서 부인에게 빚을 진 꼴이었으니, 나중에 소가 되어서 부인에게 빚을 갚아야 된다는 말씀 같았다.

　"처음에는 한두 잔으로 끝냈는데, 집에서 노니까 술이 더 늘어서 이제는 아침마다 소주 한 병은 먹어야 돼."

　그래도 그가 말을 듣지 않자, '박형'은 이렇게 못박았다.

　"내 말은 정말로 그렇게 된다는 말일세. 불교에서 윤회를 한다고 하지 않던가? 이것은 진리야. 정말로 그렇게 된다는 말일세."

144

그래도 그 친구는 반성하는 빛이 없었다. 헤어지면서 '박형'
이 말했다.

"자네와 나는 다시 못 만나. 이게 마지막 작별일세."

그리고 그 친구는 얼마 후에 죽었다. 그 사람이 지금쯤 축생
계를 윤회하고 있다면 얼마나 불쌍한 일인가. 그후 '박형'이
한 말씀 중에서 나는 지금도 이런 말을 기억하고 있다.

"자네는 바위에 엉금엉금 기는 것이나, 물 속을 다니는 것이
나, 나무 위에 높이 올라가 앉는 것은 되지 말게."

아무리 생각해도 그 말은 짐승이나 물고기나 새와 같은 날
짐승은 되지 말라는 경고의 말씀이었다.

그리고 또,

"나는 남의 옷은 안 입어. 자네도 남의 옷은 입지 말고, 나
와 같이 되었으면 좋겠는데……"
라고 하셨다.

40년 전에 우리 세 사람은 국민학교 동기 동창이었는데, 지
금 한 친구는 축생으로 가고, '박형'께서는 도인(道人)이 되셨
고, 또 나는 지금 이러하니, 어떻게 이다지도 다를 수가 있단
말인가?

7. 가족은 누구인가?

우리가 명필로 첫손 꼽는 추사(秋史) 김정희 선생의 어릴 적 이야기이다.

어린 김정희는 준수하게 생긴 인왕산을 매일 바라보며, 청풍 계의 시원한 바람 속에서 열심히 글을 배우고 익히며 귀공자 처럼 자랐다.

정희가 여섯 살 되던 해 봄에 '입춘첩(立春帖)'을 써서 대문에 붙였을 때였다. 마침 그때 북학(北學)의 지도자와 같은 위치에 있던 대학자 박제가(朴齊家, 1750~1815년)가 옛 월성 위궁의 집 앞을 지나가다가, '입춘대길 천하태평춘(立春大吉 天下太平春)'이라는 글씨를 보고 들어와 어른을 찾아보고는,

"이 글씨를 쓴 아이는 장차 학문과 예술로써 크게 이름을 떨칠 것인데 내가 잘 가르쳐 성공시켜 보겠습니다."

하고 약속하였다 한다.

그리고 그 다음 해 일곱 살 때에도 정희가 쓴 입춘첩을 대문에 붙였는데, 이번에는 정조대왕의 총애를 받으면서 오랫동안 영의정을 지내고 있는 70세가 넘은 채제공(蔡濟恭, 1720~1799년)이 글씨를 보고 주인을 찾게 되었다.

　본디 남인(南人)으로 노론의 골수인 월성위 집안과는 오래 전부터 서로 내왕이 없었는데 이와 같이 뜻밖에 재상의 신분으로 몸소 찾아오니 정희의 아버지는 크게 놀라서,

　"대감께서 어떻게 저의 집을 찾아오셨습니까?"

하니,

　"대문에 붙인 글씨는 누가 쓴 것이오?"

하고 묻는다.

　"아들의 글씨입니다."

하고 대답하자 채제공이 말하기를,

　"이 아이가 반드시 명필로 세상에 이름을 드날릴 터이나, 만일 글씨를 잘 쓰면 운명이 기구할 것이니 절대로 붓을 잡게 하지 마시오. 만약 문장으로 세상을 울리면 꼭 크게 귀히 될 것이오."

라고 하였다 한다.

　예를 들면 이와 같이, 어려서 글씨를 잘 쓰는 솜씨는 어른이 되어서도 명필이 되는 것이다. 왜냐하면 글씨도 그 마음 상태가 쓰는 것이기 때문이다. 나와 같은 졸필은 어려서도 그랬지만 지금도 글씨가 그 꼴이다. 마음 상태가 변하면 글씨 솜씨도 변하는 법인데, 아직 그대로이니 안타깝다.

　참으로 피나는 노력을 하지 않으면 잘 개발되지 않는 것이 우리의 의식 상태(영혼)이다. 모든 버릇도 이와 같다. 그래서 영혼은 얼마나 빨리 발전할 수 있는가를 생각하다 보면, '세 살 버릇 여든 간다.'는 속담이 생각나게 된다.

　사실 어릴 때의 입맛도 잘 변하지 않고, 어린이가 어른이 되

어도 배움에 별반 달라진 게 없다.

내가 스스로 생각해 보아도, 나의 깊은 의식 속에 있는 성욕이랄까 식욕이랄까 그런 원초적인 본능이라고 하는 욕심은 고사하고, 어른에게 존댓말을 쓰는 것이나, 아는 이를 만났을 때에 인사하는 것까지도 어릴 때의 습관이 지금까지 별로 변하지 않고 있다. 그래서 요즘도 문득문득 정말 잘못 살고 있다고 자책하곤 한다.

참으로 우리의 행동이 조금씩이라도 변하기는 쉽지 않다.

그래서 나는 기독교의 '모든 사람이 마지막 때에 죽은 자 가운데에서 동시에 일어난다'고 하는 해석에는 설득력이 없다고 생각한다.

왜냐하면 밑바닥 의식이 그렇게 변화하기 어렵다는 것을 아시는 하나님께서 꼭 한번의 삶으로 지옥 천당으로 보내버린다는 것이 너무 가혹하다는 생각 때문이다. 이대로라면, 어느 누가 천당에 갈 수가 있다는 말인가? 사람의 100년 인생이 단 한 번에 끝나고 만다면 단 한 사람도 천국에 갈 수 없게 되는 것은 아닐까.

사주팔자四柱八字

백운학(白雲鶴)이라는 분이 살았을 때다. 나는 대학교를 다니고 있었는데, 어느 날 마침 강의도 없어서 심심하던 참에 좀 엉뚱한 친구의 꾐에 빠져서 함께 그 점치는 분을 찾았다. 백운학씨가 나에게 말했다.

"자네는 처복이 많네. 두 번 장가가게 되거든 미리 나를 한 번 찾아오게."

내가 '박형'께 그런 이야기를 말씀드렸더니, 대뜸 단호히 외치셨다.

"복불복(福不福)."

곧 복은 복이 아니다. 그렇게 말씀했다.

영혼으로 가는 삶에 복은 복이 아니고 오로지 그 반대이다. 복을 따르는 사람은 마귀를 따르는 것과 같기 때문이다.

그러나 점을 치는 사람들은 모두 복을 점치고 세상에서 잘 되기만을 추구한다. 그래서 '박형'께서는 내가 사주풀이하는 대가(大家)들을 손꼽았을 적에, 한마디로 알려주셨다.

"모두 다 그쪽으로 흘렀다."

흘렀다는 뜻은 계속해서 번뇌·망상 속에 살게 된다는 의미이다. 눈을 뜨지 못하게 된다는 의미이니, 계속 윤회하는 씨를 만든다는 의미이다.

복불복(福不福)의 정신을 가지고, 사주팔자(四柱八字)를 보는 것이 원칙이다.

《나는 환생을 믿지 않았다》(브라이언 와이스 지음. 김철호 옮김)를 보면, 거기에 나오는 '캐서린'이라는 여자는 최면중에 자기가 여든여섯 번 윤회했다는 사실을 말하는 게 보인다.

어떻든 우리는 수많은 생을 살며, 윤회하면서 지금에 이르고 있는 것이다. 그러니 잘난 사람을 시기하거나 비판할 것이 없다. 또 못난 사람을 비웃거나 천하게 여길 것도 욕할 것도 없다. 왜냐하면 공평한 게임의 법칙이 존재하기 때문이다. 또 우리 자신들도 얼마든지 좋게도 나쁘게도 될 수 있다.

그러나 우리는 전부터 우리가 간절히 원하거나, 어떤 행동을 했던 결과로 지금 이렇게 만나서 이런 곳에, 이런 때에, 이렇게 살고 있다는 것에 눈을 돌려야 한다.

생각해보면, 예로부터 지금까지 이 세상 모든 것은 조금의 인정, 사정(私情)도 없이 공평하고 정당하게 심판된 결과가 나의 앞에 펼쳐져 있다는 결론에 도달할 수 있다.

그러면 사주팔자는 무엇인가?

'박형'께서는 주역에 대하여 세 가지 괘(卦)를 풀어서 설명해 주셨는데, 첫째로 사주팔자에 대하여 말씀하시기를

"무망(無妄)은 사주팔자(四柱八字)의 이치이다."

라고 하셨다.

무망은 허망하지 않다는 것이다. 무엇이 허망하지 않다는 말인가 하면, 무망 괘의 아래쪽에 놓여 있는 진(震)괘의 초구(初九) 즉 일양(一陽)이 허망하지 않다는 뜻이다. 그 일양(一陽)은 바로 염라대왕이며 우리의 세8식이다. 그러하니 모든 것은 허망할 수가 없는 것이다.

이것이 제일 아래에서 위쪽에 위치한 모든 것을 지배하고 움직이게 한다. 주역의 무망 괘는 안[內]은 진(震)이며 밖은 건(乾)이다.

그것을 풀이하면 자기의 운명을 통하여 모든 행동에 법(하늘의 뜻)에 어긋나지 않고, 인간 세상에서 벗어난다면[解脫], 절대 초월자나 영원한 생명을 누릴 수가 있는 인생의 최후의 목표에 도달할 수 있게 된다는 약속의 의미도 된다.

사람의 모든 행(行)은 허망하지 않고, 반드시 인과법에 따라서, 그 사람이 꼭 가야 할 곳으로 저절로 가게 되는 것이다. 그러니 자신의 운명은 자신의 손에 달렸다. 사람의 마음과 행동이 그 '운명의 씨'인 것이다.

모든 것이 자기의 행위에서 비롯되는 것이다. 예를 들면 누가 몰래 밖에 나가서 바람을 피웠을 적에, 그 집사람이 사실을 모르고 지나다가 알게 되면, 백이면 백 모두 큰 난리를 내고 법석을 떨지만, 남편의 바람을 바로잡지는 못한다.

왜냐하면 다른 여자와 인연이 남아 있기 때문이다. 인연이 다하면 절로 그 여자가 싫어지고, 자기 부인을 생각하며 사람과 함께 마음도 돌아온다.

'박형'께서는 이렇게 말씀하셨다.

"걱정하면 걱정하는 쪽으로 일이 되어 가."

이 말뜻을 잘 생각해 보면, 우리가 크게 마음쓰는 것이 자신을 위해서도 좋다는 것을 이해할 수가 있다. 수양하고 공부하여 큰 마음쓰는 것이 자기와 이웃과 식구를 가장 위하는 것이다. 그래서 무망 괘 초구(初九)에 '무망(無妄)이다. 가면 길(吉)할 것이다.'라고 했다.

그러면 전생의 행동이 어떻게 후생까지 영향을 미치게 되는가?

우리 인간은 보고, 듣고, 만지고, 냄새 맡고, 맛보는 등의 다섯 가지 감각, 즉 오감(五感)을 가지고 있어, 깨어 있을 때는 이 오감(五感)으로 받아들인 것을 의식(意識)한다.

그런데 우리가 잠들면 여섯 가지(五感에 意識을 더하여)의 식(識)은 거의 끊기고, 평소에 느끼지 못하고 있던 일곱 번째의 식(識)이 표면에 나온다. 잠재의식이다.

그런데 사람이 죽으면 이 일곱 가지 식(識)은 모두 없어지고 한 가지가 남는다는 것이다. 무의식이라고 하는 것이 그것인데, 이름하여 아뢰야식(識)이라는 제8식이다. 그것은 사람에게서 빠져나와 육체에 구애받지 않고 활동을 시작한다.

그런데 제8식은 제1식에서 제7식까지의 모든 경향(傾向)을 합쳐 가지며, 그 주인이었던 육체가 무슨 생각을 했고 어떻게 행동했느냐에 따라, 자기에게 알맞은 곳으로 날아가서 다시 육체를 얻고 태어난다. 그러니 그것은 그 전(前) 생명의 백 업(back up)이요, 새 생명의 명령어(命令語)가 되는 것이다. 운명의 씨는 그래서 다른 싹을 틔우나 전생의 모든 것을 반영하면서 자라나는 것이다.

사람은 이렇게 자기 운명의 테두리를 정하고 태어난 것이다. 그러니 사주팔자는 허망하지 않고, 사주팔자는 전생의 나의 마음과 행동에 대한 판결문인 셈이다.

무엇이 되어 다시 만나리?

《부모은중경(父母恩重經)》에 보면, 석가모니 부처님께서 제자들과 함께 길을 가시다가 한 무더기의 뼈를 보시게 되었다.

부처님은 해골더미를 향하여 이마를 땅에 대고 정중히 예배하시었다. 이를 보고 제자 아난이 부처님께 이렇게 여쭈었다.

"세존이시여, 여래는 삼계(三界)의 큰스승이시고 사생(四生)[31]의 아버지이시오며, 여러 사람들이 귀의하고 공경하는 터이온데, 어찌하여 해골더미에 예배하시나이까?"

부처님은 이렇게 대답하시었다.

"아난아, 네가 나의 큰제자로서 비록 출가한 지 오래지만 사리(事理)를 널리 알지 못하는구나. 이 한 더미 해골이 혹은

---

31)생물이 나는 형식의 네 가지. 태생(胎生)·난생(卵生)·습생(濕生)·화생(化生).

내 전생 조부모도 되었을 것이요, 또 여러 대에 부모도 되었을 것이므로 내가 지금 예배하는 것이로다."

그리고 제자 아난에게 그 해골더미에서 남자의 뼈와 여자의 뼈를 갈라 보라고 하셨다. 또 그 자리에서 어머님께서 아이를 낳아 기르고 성장한 후에까지 겪게 되는 괴롭고 어려운 상황과, 자식을 끔찍하게 생각하는 애타는 모정(母情)에 대하여 눈물어린 설법을 하셨다.

부처님처럼 그런 마음으로 살면, 우리가 무엇이 되어, 어느 부모 밑에서 다시 만날까를 걱정하지 않아도 된다. 그런 마음은 어디를 가도 좋은 부모를 만날 것이기 때문이다.

'박형'께서 나에게,

"나는 18·19대, 자네는 19대. 규정공파. 자네는 33대."

라고 하셨다.

그 말씀의 내용은 '박형'께서는 이미 박가 집안에 18대에도 오셨었고, 19대 때에도 오셨으며, 지금 25대째에 다시 오셨다는 뜻이며, 나는 19대 때에 '박형'과 같은 세대로 왔었고 밀양 박가네 규정공파(派) 33대째에 다시 오게 될 것이라는 뜻이다.

그러고 보니, 한 세대를 30년으로 치면, 지금 25대이니까 앞으로 33대까지 8대 후인 8×30년=240년, 즉 240년 뒤에 내가 다시 인간 세상 이 한국 땅에 박가네 규정공파 집안에 올 것이라는 예언이셨다.

나는 과연 어떤 의식으로 다시 이리로 올 것인가? 무엇을 하러 올 것인가? 와서는 얼마만큼이나 잘 살아갈 것인가? 나의 가족은 누가 될 것인가?

'박형'께서 다시 말씀하셨다.

"잘 따져보면, 박가(朴家)에게 한국인 모두가 친인척 관계가
된다."

이 말씀은 전생을 생각해보면, 누구나 한두 번 이상의 인연
을 가지고 이 세상에 와서 가족으로 살게 된 것이라는 말이다.
혈연적으로 생각해도 한국인은 누구나 아버지의 아버지, 그리
고 수많은 조상과 그 직계·방계의 가족과 그 가족과의 관계
를 생각하고, 다시 어머니의 어머니, 그리고 수많은 조상과 그
직계·방계의 가족과 다시 그 가족과의 혈연적으로 얽힌 관계
를 생각하고, 그리고 또 수많은 조상의 형제 자매의 배우자나
친척이나 많은 관계가 있었던 사람들을 다 생각해보면, 틀림없
이 '연관이 있다'는 말씀인 것이다.

그런 중에서 특히 가족이 되어 한 집안에 살며 한솥 밥을
먹는 인연을 생각하면 얼마나 많은 인연이 있었는가! 한 가족
은 물론 한 집안에 다시 오는 것도 얼마나 큰 인연인가! 아니,
한 세대에 살게 된 것도 얼마나 큰 인연인가. 한 나라에 같이
살게 된 것도 얼마나 큰 인연을 가진 것일까?

'옷깃만 스쳐도 삼세(三世)에 인연이 있다.'는 속담은 정말
맞는 말이다. 더욱이 죽은 영혼이 살았을 적의 애착심을 버리
지 못하고, 가족이나 집 주위를 배회한다고 생각해 보면, 사람
의 마음가짐이 자신의 인생길에 얼마나 중요한 이정표가 되는
가를 알게 된다.

어떤 나라에 태어날 것인가?

아무리 생각해도 보통의 한국인은 다시 자신의 집안에 태어
나게 되는 것 같다. 그렇지만 어느 시대에 태어날 것인가를 생

154

각해보면 사람마다 그가 태어날 시간이 달라지는 이유를 알 것도 같다.

예를 들어, 돼지값이 폭락하여 많은 돼지가 도살당하였던 해는 그들 전생 때에 일어났던 어떤 사건과 관련이 있었을지도 모른다는 의미이다.

우선 집단 카르마의 이야기를 한, 에드가 케이시를 연구했던 지나 서미나라씨의 분석에 귀를 기울여 보자.

카르마, 그 궁극의 목적은 자비이다. 그러나 그것이 훨씬 더 고통스러운 재발을 막기 위하여 괴로운 요법으로 작용할 때에는 심한 고통을 줄 수도 있다.

주께서 사랑하시므로 벌하신다는 말은 이런 관점에서 볼 때 아이러니하기보다는 친밀감을 갖는다.

집단 카르마는 동일한 영혼 사이클을 따라서 동일한 가족으로 다시 태어나는 선택받은 소수에게만 적용되는 것은 아니다. 집단 카르마는 보다 보편적인 의미를 내포하고 있다.

가령 16세기 초 스페인의 코르테스(Cortez)[32]나 피사로(Pizarro)를 위시한 남미와 멕시코 정복자들의 침략에 관련되었던 영혼들은 그들의 약탈과 학살에 상응하는 대가를 치른다는 것을 에드가 케이시는 분명히 하고 있다. 한 문명의 완전한 전멸은 실로 지금까지도 우리에게 소름을 끼치게 한다.

그러나 에드가 케이시에 따르면, 당시 황금에 걸신들린 모험

---

32) 에스파냐의 멕시코 정복자(1485~1547년). 인디오의 인구격감에 수반하여 편성된 중미(中美) 신식민지 탐험대장이 되어 1519년에 병사 5백 명과 말 16필로 유카탄 반도에 상륙하였다. 그후 원주민과 파괴 및 유혈의 싸움을 많이 겪었다.

가들은 금세기 초의 스페인 내란(1936~1939년) 시기에 다수가 스페인으로 돌아왔다고 한다. 그들 속에는 전생에서의 부모·형제·자매들이 뒤섞여 있었으며, 그들은 온 나라가 뒤집힐 만큼 서로 적대하였다.

이같은 사실로 미루어 보건대, 언뜻 죄없는 사람들이 부당한 공포와 비극에 휘말려들게 되는 까닭을 알 수 있지 않겠는가?

모든 것이 나의 제8식인 아뢰야식의 소산이라면, 사주팔자에서 벗어날 방법은 영원히 없다는 말인가?

그렇지만은 않다. 첫째로 해탈법이 있기 때문이다. 그러나 해탈에 이르기는 쉽지 않다. 그래서 운명의 사슬을 끊기란 어려운 것이다.

둘째는 하루 속히 참회하고 죄값을 치르는 방법이 있다. 이 참회법은 지난날의 잘못을 진심으로 뉘우치고, 다시 죄를 짓지 않는 법이다.

그렇게 지성(至誠)으로 살면, 어느 날 갑자기 자신의 삶이 전과는 꼭 반대로 살게 되었다는 것을 알게 되고, 또 계속 바른 길로 가다가 보면, 아뢰야식에 각인되어서 다음 생은 원하던 대로 전개될 수가 있을 것이다.

그래서 자유의지가 운명보다 강하다고 하는 것이다.

참회문懺悔門

아뢰야식에 각인(刻印)되는 것을 《능엄경》에서는 습(習)이라 했다. 좋은 습은 좋은 각인을 찍고, 나쁜 습은 나쁜 각인을 찍게 된다. 이것은 참으로 중요한 사항이다. 이 방법이 우리의 운명을 크게 바꿀 수 있는 유일한 방법이기 때문이다. 참으로 아는 것만으로는 운명이 바뀌지 않는다. 실제로 행동에 옮겨야 된다.

그 중에서도 음욕을 버리기 전에는 아무것도 안된다.

'애욕은 도를 깨트리는 데는 칼보다 더 날카로우며 번개보다 더 빨리 혜명(慧命=실재하는 부처의 씨)을 죽이니, 한 생각 어그러지면 무량고(無量苦)를 받는다. 애욕이 끄는 힘은 죽음의 공포보다 더 강하고 깊고 단단하고 치근치근해서 감옥보다 헤어나기 힘드는 것이니, 아무쪼록 애욕에 붙들리지 말아야 한다. 애욕은 괴로움의 뿌리요, 생사의 씨앗이다.

애욕이 있기 때문에 괴로움이 따르고, 공포가 있고, 생사가 있으니, 애욕은 질병이요 종기며 재난이며 원수다. 그런고로 음계(淫戒)는 도(道)의 생명이니, 차라리 활활 타는 불에 남근(男根)을 넣을지언정 여자의 질(膣)에는 넣지 말아야 하며, 차라리 독사의 입에 남근을 넣을지언정 여자의 질에는 넣지 말아야 할 것이다.

활활 타는 불과 날카로운 칼은 이 육신을 한번 죽이지만, 음욕은 지혜와 영혼을 만겁도 더 육도에 침전시켜 무수히 죽게 만드니, 계(戒)를 파하고 선녀보다 더 아름다운 미인과 사랑을 즐기며 왕위에서 영화를 누리기보다, 차라리 계를 가지고 범에게 뜯어먹히는 편이 훨씬 낫다.

도가 별스러운 것이 아니다. 음욕 하나 끊으면 성인(聖人)이요, 음욕을 못 끊으면 오통(五通)이 자재한 천신(天神)도 범부(凡夫)이다.'

태전선사의 예를 든다.

중국의 태전선사가 축융봉에서 수도를 하고 계실 때 많은 주민들이 선사를 부처같이 받들었다. 그때 이 고을 자사로 있던 한퇴지(韓退之)는 불교를 적극 반대하는 유생이었기 때문에 이를 못마땅하게 생각한 나머지 이 고을 안에 인물 잘난 기생들을 모조리 모아놓고,

"누구든지 축융봉에 가서 태전이란 중을 파계시키면 천금을 주겠다."

고 하자, 그 중에서 가장 인물이 뛰어나고 수단 좋기로 유명한 홍련이란 기생이 나서며,

"제가 가서 그 중을 파계시키고 오겠습니다."

라고 하자, 한퇴지가 말했다.

"음, 그래. 그러면 약속을 해야 한다. 파계를 시키면 천금을 주는 반면에 파계를 못시키면 목이 잘려야 한다. 그리고 기한은 백일로 정하여 주겠다."

그래서 홍련은 저의 인물과 수단을 믿고 자신만만하게 약속을 정한 다음, 태전선사를 찾아가서 자기도 무상을 느끼고 출가를 했으니 제발 시봉이라도 하여 복이라도 짓게 해 달라고 애원했다.

그러자 선사는 정 그렇다면 '있어 보라'는 반승낙을 했는데 (불법은 오는 사람 막지 않고 가는 사람 붙들지 않는 것이 예의다), 그날부터 한 방에 기거하게 된 홍련은 남자의 욕심을 자극할만한 좋은 향수와 고급 분냄새를 풍기며 정이 담뿍 어린 눈으로 빨아들일 듯이 요염한 교태와 솜씨를 다해 화장을 하고 맵시를 부리는가 하면, 입의 혀 같은 시중도 들었다.

그러나 태전선사는 닷새가 지나고 열흘이 지나도 아무 표정

이 없었다.

그래서 홍련은 터질듯 부푼 가슴과 풍요로운 허리를 과시하며, 하늘거리는 분홍비단을 몸에 착 붙게 해 입고 요염한 자태를 있는 대로 부리고 유혹했다.

홍련으로서는 천금의 벼락부자가 되느냐 죽느냐 하는 문제가 달려 있는 일이고 보면, 어떤 수단을 써서라도 유혹하기에 전력을 기울였다.

그러나 선사께서는 한결같이 무표정했다.

한 달이 지나고 두 달째 접어들자 초조해진 홍련은 한층 더 적극적인 방법을 썼는데, 옷을 갈아입을 때나 잘 때에 우단같이 부드럽고 흰 육체에 곡선미를 드러내는 정도를 넘어서, 잠꼬대인 체하고 매끄럽고 둥근 허리와 밑으로 처질 듯 부푼 가슴을 갖다 비비며, 토실토실하고 매끄러운 팔다리를 선사에게 턱 걸기도 하고 껴안기도 했지만, 선사는 시종 아무렇지도 않은 듯 잠깐씩 누웠다가 일어나 공부하는 외에 말하는 일도 웃는 일도 없었다.

날짜 가는 것을 초조해하는 홍련의 마음은 아랑곳없이 세월은 흘러 약속한 기한이 한 달밖에 남지 않게 되자, 홍련은 더 한층 결사적으로 몸부림치기 시작했다.

실오라기 하나 걸치지 않은 완전 나체로 선사의 손을 끌어다 자기 젖무덤에 갖다 문지르는가 하면 부드럽고 탄력있는 입술을 갖다 비비기도 하며 선사의 몸까지 남김없이 주무르다, 나중엔 자기 흥분에 못이겨 열광적인 발동을 하기도 했다.

이와 같이 한 이불 속에서 젊고 아름다운 여인의 체취와 몸부림치는 나체 세례를 백일간이나 받았으나, 이미 초과

(初果)[33] 공부가 끝나서 마음장상(馬陰藏相)[34]이 된 태전선사의 남근이 움직일 리가 만무하며, 여인의 나체 촉감이나 이불 촉감이나 분별망상이 끊어진 선사의 고요한 마음은 추호도 흔들림이 없었다.

재색이 뛰어난 홍련은 자신만만하게 큰소리를 쳐놓고, 갖은 교태와 요염한 행동으로 별별 수단을 부려 보았으나, 목석 같은 태전선사를 파계시키지 못하고 백일째 되던 날 그녀는 그만 소리내어 슬피 울었다. 그러자 선사는 왜 우느냐고 물었다. 그제야 홍련은 사실을 처음부터 낱낱이 이야기하며,

"제가 죽는 게 두려워서가 아니라, 이와 같은 큰스님을 찾아 놓고 이제 내려가면 다시는 못 뵈올 것이 한이 되옵니다."

라고 하자 태전선사가 말했다.

"오! 그러냐. 그렇다면 치마폭을 펼쳐라."

홍련이 치마폭을 펴들자 태전선사는 게송을 써주었다.

"너를 죽이려고 하는 사람에게 보여라. 그러면 죽음을 면할 것이다."

그길로 내려온 홍련은 한퇴지 앞에 엎드려 그간의 경과를 자세히 고하고 치마폭에 쓴 게송을 보였다.

한퇴지가 그 게송을 읽어보았다.

'十年不下祝融峯 觀色觀空色卽空

(십년불하축융봉 관색관공색즉공)

---

33) 성문 사과(四果)의 하나. 욕계·색계. 무색계의 견혹(見惑)을 끊고 처음으로 성인의 무리에 참여하는 자리.

34) 음장(陰藏). 곧 말의 음경(陰莖)처럼 힘있게 뱃속에 음경이 숨어 있는 모양. 부처님의 음경. 초과 공부만 끝나도 음심이 동하지 않아 그것이 언제나 조용하다.

何如一滴曹溪水 肯墮紅蓮半葉中
(하여일적조계수 긍타홍련반엽중)

십년 동안 축융봉을 내리지 않고
색도 보고 공(空)도 보니, 색이 곧 공(空)이로다.
어떠한 한 방울의 조계수(曹溪水)이기에
홍련의 몸 가운데 버리기를 좋아할까 보냐?'

이같은 게송을 읽은 한퇴지는 무릎을 탁 치며 말했다.
"그분은 너의 힘으로 파계시킬 분이 아니니, 너를 죽이지 않
겠다. 그분은 진짜 도인이시다. 내가 직접 찾아가 뵙고 사죄
를 올려야겠다."
이렇게 하여 한퇴지는 태전선사를 찾아와 백배 사죄를 하고
감화를 받아, 선사의 일체 식량과 모든 생활 비용을 다 대주었
던 것이다.

나는 이 글을 읽으면서 울었다. 복받치는 슬픔을 억제할 수
없었다. 그 동안 '박형'께서 특별히 애를 쓰셔서 나에게도 그
렇게 귀한 '조계수 한 방울'이 있었었는데, 여자를 따라 나서
면서 깡그리 잃게 되었기 때문이다.
한 방울의 조계수가 그렇게 귀중한 것인 줄을 나는 정말로
몰랐다.
'애욕은 도를 깨트리는 데는 칼보다 더 날카로우며 번개보
다 더 빨리 혜명을 죽이니, 한 생각 어그러지면 무량고(無量
苦)를 받는다.'는 법문대로 나는 되었기 때문이다. 혜명은 곧

나의 생명이며 부처가 될 씨이니, 부처가 될 씨를 나는 죽인 것이다.

'박형'께서 이미

"특별히 행동을 조심하고 신중하게 하게. 자네에게 마귀의 시험이 올 것이니."

라고 하셨다.

그렇게 주의를 주셨는데도, 나는 내 마음속에서 최초로 생겼던 마귀의 유혹에 지고 말았던 것이다. 그 유혹은 참으로 교묘하게 내 마음속에서 일어났다.

'나는 이제까지 의처증으로 집사람을 고생시켰고 죽게까지 만들었다. 그리고 니는 이제 이렇게 통렬하게 아픈 깨달음으로 의처증을 일으켰던 자신을 반성하였는데, 다시는 의처증이 일어나지 않겠지. 이것을 한번 재혼해서 경험을 해보아야겠다.'

라는 평계가 생각나서, 나는 다시 재혼했던 것이다. 그리고 모든 것은 끝났다.

우습게 보이는 이 조그만 색에 대한 유혹에 이끌려서 '박형'께서 나에게 만들어 주셨던, 인생의 죽음보다 천만 배 귀중하고 아까운 혜명을 죽여버리고 만 것이다.

어떻든 혜명이 그렇게 중요하다는 것을 태전선사의 조계수라는 말을 듣고 깨닫게 되었다. 그래서 후회하며 목메어 울었다. 나와 같이 되지 말기를 기원하며, 다시 참회의 이야기를 한다.

이야기 책(악한 일을 벌이던 사람이 콧속에 파리가 들어가서 연방 재채기가 나고, 또 코가 썩고 흉측하게 마르고 그리고 고생고생하다가 참회의 눈물을 흘리면서 절로 스님을 찾아왔다는 '콧속의 파리'라는 동화책)을 본다.

대나무 숲속에 '죽림사'라는 절이 있었습니다. 아기스님이 마당을 쓸고 있었습니다.

거지 차림의 한 남자 어른이 마당 밑 계단을 밟으며 올라왔습니다.

머리는 문어 머리같이 반들반들하고 코도 없고 눈썹도 없는 남자였습니다. 문둥이가 틀림없었습니다.

문둥이는 아기스님 앞으로 와서 말했습니다.

"주지 스님 좀 만나게 해 주시오. 부탁입니다. 제발 좀……."

아기스님은 고개를 갸웃했습니다.

생각해보니 안될 일이었습니다. 그러나, 문둥이가 측은한 생각도 들었습니다. 문둥이는 절을 하며 자꾸만 사정을 합니다.

"제발 만나게 좀 해 주십시오."

아기스님은 주지 스님의 생각을 들어보기로 하였습니다.

주지 스님 방에 들어가서 물었습니다.

"문둥이가 틀림없습니다마는, 만나 주시겠습니까?"

"그런 분이면 딱한 사정이 있는 모양이니 들어오시라고 해."

아기스님은 마당으로 나왔습니다.

"주지 스님께서 만나 주시겠다고 합니다. 따라오세요."

"감사합니다, 너그러우신 스님. 에, 에취! 아이, 이놈의 재채기가……."

문둥이 남자는 주지 스님에게 절을 하고 입을 열었습니다.

"저는 진경문이라는 사람입니다. 스님께서 이 문둥이를 만나 주시니 참으로 감사합니다. 제 얘기를 좀 들어보시고 부처님의 자비가 저에게도 내리도록 좀 도와주십시오.

저는 부잣집 아들로 태어났습니다. 진강 땅 사람들은 모두 우리집을 부러워했습니다. 그때는 저의 모습도 이런 모습이 아니고, 미남이었습니다.

아버지가 돌아가시고 제가 살림을 맡게 되자, 저는 매일 노름판만 쫓아다니며 노름을 했습니다. 노름으로 재산을 다 날린 저는 산 속의 도둑 떼를 찾아가 산도둑이 되었습니다. 온통 나쁜 짓만 했습니다.

어느 날, 저는 남경으로 도둑질을 하러 가는 길이었습니다. 그런데 들 가운데의 오솔길에서 무거운 짐을 지고 오는 사람을 만났습니다. 무거운 짐은 비단이었습니다. 저는 그 사람을 발길로 차 쓰러뜨리고, 비단을 빼앗아 등에 짊어졌습니다. 그러고 보니, 저만치에 늙은 스님 한 분이 다가오고 있었습니다. 늙은 스님은 제가 한 짓을 다 봤을 것이 틀림없었습니다.

스님과 마주치게 된 저는 스님을 노려보며 물었습니다. '다 봤지?' 그때 늙은 스님은 저에게 이렇게 말했습니다. '보시다시피 늙은이라서 앞이 잘 안보입니다. 난 아무것도 모릅니다.' 그래도 저는 그 늙은 스님을 가만두지 않았습니다.

'너를 그냥 보냈다간 내 목숨이 위험해.' 하면서 늙은 스님의 목을 졸랐습니다. 스님은 부처님이 두렵지 않느냐고 하셨지만 '난 부처님 같은 건 몰라.' 하면서 스님을 죽여 길가에 버리고 말았습니다.

20일쯤 지난 뒤에 저는 그곳을 다시 지나게 되었습니다. 많은 사람들이 오고갔을 길가에 스님의 시체가 그냥 있었습니다. 무더운 날씨이건만 조금도 상하지 않았습니다. 저는 지팡이로 스님의 코와 입을 쿡쿡 찔러 봤습니다. 그러자, 스님의 코에서 파리 한 마리가 윙 날아와 제 얼굴로 덤볐습니다.

저는 어쩐지 파리가 무서워 손으로 파리를 때리려고 하였지만, 파리는 제 손에 맞질 않았습니다. 저는 뱅뱅뱅뱅 맴을 돌며 파리를 피하려고 하였지만, 파리는 기어이 제 콧구멍으로 들어가고 말았습니다.

저는 코를 후비며 파리를 잡아내려고 하였지만 허사였습니다. 파리는 콧속에서 파드덕거리고 할퀴기만 할 뿐 나오지도 죽지도 않았습니다. 에, 에취! 저는 미칠 지경이었습니다. 자꾸 재채기가 나오고 코가 아팠습니다.

밥을 먹다가도 재채기가 나와서 상 위에 밥알을 뿜어 가지고 실례를 한 적이 한두 번이 아닙니다. 결국 코가 썩어 떨어지고 눈썹도 빠지고 이 모양이 되었습니다."
이야기를 마친 진경문은 스님에게 물었습니다.
"저 같은 악인이 부처님의 제자가 되는 길은 없겠습니까? 부처님을 몰라 뵈어 얻은 죄, 부처님을 섬기어 씻을까 하옵니다."
스님은 눈을 지그시 감은 채 한동안 아무런 대꾸도 없었습니다. 스님은 법당에 들어가 불공을 드리는 것이었습니다.
그래도 진경문은 자리를 뜨지 않았습니다. 엎드린 채 눈물을 흘리며 스님이 돌아오기를 기다렸습니다.

"스님, 저에게 살 길을 가르쳐 주세요!"

진경문의 눈앞에 비단 봇짐을 진 사람이 나타났습니다. 전에 진경문한테 비단을 빼앗긴 그 사람입니다.

"아! 비단 장수님, 그땐 철이 없어서 죽을 죄를 지었습니다. 용서해 주십시오."

진경문은 손을 모아 빌며 사과했습니다.

비단 장수는 휙 사라지고 늙은 스님이 나타났습니다.

목을 졸라 죽였던 스님입니다.

진경문은 머리를 들지 못하고 두 손을 비비며 빌었습니다.

"용서해 주십시오! 정말 잘못했습니다. 죽을 죄를 지었습니다."

스님이 불공을 마치고 법당을 나왔습니다.

아기스님이 나왔습니다.

"아직도 안 가고 그냥 있습니다."

스님은 진경문이 울고 있는 그 방으로 갔습니다. 스님을 본 진경문은 또 애원했습니다.

"저에게도 부처님의 제자가 되는 길을 가르쳐 주십시오!"

그래도 스님은 아무 말씀이 없었습니다.

그러다가 조용히 입을 열었습니다.

"부처님의 가르침 중엔 진실로 뉘우치는 죄인은 언제라도 깨끗한 사람이 될 수 있다는 말씀이 있습니다. 부처님은 무한히 자비로우십니다. 뉘우치는 자에겐 자비를 내리십니다."

이 말을 들은 진경문은 두 눈을 크게 떴습니다.

"스님, 저는 진정으로 뉘우치고 있습니다. 더욱 깊이 뉘우치는 방법을 가르쳐 주세요."

"당신의 참되고 깊은 뉘우침은 부처님의 자비를 얻을 것이오."

스님이 하얀 털의 불자를 흔들었습니다.

그러자 진경문의 콧구멍에서 파리 한 마리가 '윙'하고 날아 나왔습니다. 그와 함께 재채기도 뚝 그쳤습니다.

진경문은 그날부터 부처님의 가르침을 배워 아주 착실한 스님이 되었습니다. 모든 괴로움을 잊고 여생을 죽림사에서 편안히 보냈습니다.

**참고

《영원한 묵향》(허영환 지음. 1978. 한국능력개발사)

《누구도 윤회를 부정할 수 없다》(노엘 랭그리 지음. 박상준 옮김. 장경각)

《윤회의 비밀》(지나 서미나라 지음. 백련선서 간행회)

《윤회의 비밀 속편》(지나 서미나라 지음. 조의래 역)

《진리의 문》(오영구 저. 1982. 법륜사)

《환생》(프란시스 스토리 지음. 김완균 옮김. 장경각)

《사후세계를 다녀온 사람들》(레이몬드 에이 무디 주니어 지음. 송준식 역. 송산출판사)

《나는 환생을 믿지 않았다》(브라이언 와이스 지음. 김철호 옮김. 정신세계사)

《인과응보》 상·하(안동민 지음. 서음출판사)

《내 영혼이 뜨면 어디로 갈꼬》 상·하(국승규 지음. 서음출판사)

《미라래빠》(에반스 웬츠 지음. 이정섭 옮김. 고려원 미디어)

8. 명당明堂 이야기

'박형'께서 나한테 준 세 가지 숙제 가운데 첫번째인 태몽(胎夢) 연구는 결국 윤회에 대한 연구였다.

여기시 우리는 영혼이탈 이야기를 통헤 영혼의 존제를 알게 되었다. 그리고 그 영혼이 하늘과 땅과 지하를 물처럼 자꾸 순환하는 윤회라는 것을 빼놓고는 세상을 모두 말할 수 없다는 것을 알게 되었다.

그러면 '박형'께서 낸 두 번째의 숙제인 '토정 이지함 선생이 썼다는 최고의 명당(明堂)' 곧 세상 사람 아무도 모르는 명당은 과연 어디에 있으며, 여기에서는 무엇을 공부하게 될 것인가?

이야기는 다시 경북 안동 길안면에 사는 여학생과 탔던 새마을호 열차 안으로 이어진다. 기차는 청량리와 단양의 중간 지점인 원주역을 출발했다. 우리가 탄 기차는 여행길의 중간쯤을 지나가고 있었다.

나는 잠시 토정 이지함 선생이 썼다고 생각되는 기쁨으로 가슴이 환하게 밝아오는 최고의 명당(明堂)을 머릿속에 떠올렸다.

그리고 서둘러서 그 명당에 대해서 여학생에게 이야기하기 시작했다.

"다음은 두 번째의 숙제, 명당 이야기인데, 내가 명당에 대해서 처음 '박형'께 여쭈었을 때는 '박형'께서 막 하산하셨을 당시인데, 짐작에 1960년대 같아요. 방에 들어가 앉자마자,

'명당은 정말로 있는 것인가?'

하고 말을 꺼냈지.

명당 터에 묘를 쓰면 발복하여 부귀영화를 누릴 수 있다는, 알다가도 모를 이야기가 사실인가를 물었던 것이야. 명당이라고 하는 몇 평 되지 않는 묏자리에 무슨 이유가 있기에 거기에 묘를 쓰면 복을 받는다고 하는 것인가? 아무리 생각해도 모를 일이었거든.

그리고 '박형'께서 명당을 긍정하는 이야기를 하신다면, 다시 어떤 곳이 명당이 될 수가 있는가. 또 발복하면 어떤 복들을 받을 수가 있는가를 계속 묻고 싶었었어.

'박형'께서는 어려운 명당의 이치를 전혀 모르는 나에게 어떻게 설명할까 잠시 생각하시더니,

'그런 이치가 있어. 마치 남향 집을 지으면 햇볕을 많이 받고 북창을 열면 시원한 바람이 들어오는 것 같은 이치가.'

라고 하시더니, 그 말이 무엇을 뜻하는 것인지 몰라서 어리둥절하고 있는 나에게 반문하시더군.

'가정(假定)해서 묻는 것인데, 잘 생각해보고 대답해 보게. 자네, 첫날밤에 신부가 아기를 낳았다면, 어떻게 하겠

나?'

'첫날밤에 신부가 아기를 낳아?'

'물론 처음 보는 신부이지.'

나는 순간 이상하게도 무조건 착하게만 대답하면 될 것 같은 생각이 들어 이렇게 대답했지.

'그냥 데리고 살아야지, 뭐.'

사실 그렇게 둘러대기는 했지만, 솔직히 말하면 나 자신 그렇게 할 수 있을지 믿을 수 없는 대답이었어. '박형'께서,

'허허허.'

웃으시더니,

'자네처럼 대답하는 사람은 처음일세. 누구는 당장 내쫓아야 된다 하고, 잘 따져 알아보고서 처리해야 된다고 하기도 하딘데.'

라고 하시더군.

'박형'께서 그런 질문을 하신 것은 나에게 명당의 이치를 가르쳐 주시려는 의도였어요.

그후에 어떤 책에서 보니, 정말로 그런 이야기가 있더라고요. 조선 시대 때, 어떤 사람이 장가를 갔는데, 신혼 첫날밤에 신부가 아기를 낳았어요. 신랑이 생각해 보니, 이 사실을 다른 사람이 알게 되면 신부는 당장 쫓겨날 것은 물론, 쫓겨나서 친정으로 간다면 색시와 아이의 장래를 아주 망치는 일이 될 것이었지. 그 당시에는 그랬던 시절이거든.

그 사람이 생각하기를 자기는 남자인지라, 한번 참고 희생하면 두 사람을 살릴 수가 있다는 생각을 하게 되었지.

그래서 산모와 아기를 나름대로 대강 수습한 후에, 갓난

아기를 자기집 대문 밖에 얼른 갖다놓고 시치미를 뚝 떼고 있었다는 게야. 한밤중에 아기가 밖에서 크게 우니, 집안 사람들이 나와볼 수밖에. 나와서 보니 웬 금방 낳은 핏덩이가 대문 밖에서 우는지라 모두 당황하는데, 신랑도 모른 체 나왔다가, 아기를 새색시에게 맡기자면서 자기 방으로 데리고 들어갔다는군.

결국 새색시가 자기의 갓난아이를 받아 키우게 되었는데, 새색시는 자기의 목숨을 구한 것과 같은 신랑의 큰 도량(度量)에 감동되어, 자신의 잘못을 크게 뉘우치고 개과천선(改過遷善)하여 평생 동안 남편에게 잘 순종하고 섬겼지.

그 문 밖으로 나갔다가 주워 들여온 핏덩이가 자라서 나중에 출가하여 훌륭한 스님이 되었어요.

그럭저럭 세월이 흘러서 그들 부부도 나이가 들었지. 그 도량 큰 사람은 늙어 죽었지요. 장사를 지내는 날, 어떻게 알았는지 마침 고승이 된 그 아들 스님이 찾아왔어요.

'아버지의 시신은 제가 명당에 잘 모시겠으니, 배를 준비하시오.' 하더니, 시신을 배에 싣고 쏜살같이 어디론가 가고 말았다는 거야. 사람들은 닭 쫓던 개 지붕 쳐다보기였지.

그런데 그 이후로는 역시 명당에 묘를 써서 그런지 어쩐지 고관대작이 그 집안에서 줄줄이 나왔다는 게야.

어때요? 정말 명당이 있는 것 같지요?

'박형'께서는 '명당은 정말로 있는 것인가?'를 물었던 나에게 '첫날밤에 신부가 아기를 낳았다면, 어떻게 하겠나?'라는 반문으로 나에게 명당에 대하여 생각하게 했던 것 같아요.

　부귀공명하고 자식이 출세하려면, 먼저 사람이 되어야 하지요.

　'박형'께서 우리 집안의 선산(先山)에 오셨다가, 나의 증조 할아버지의 묘를 가리키시면서 나에게 살짝 귀띔하시기를,

　'여기가 제일 낫다. 나는 여기를 보고 삼대발복(三代發福)할 줄 알았어.'

라고 하셨어요.

　당시에 나는 삼대발복(三代發福)할 명당이라 했을 때, 도대체 삼대(三代)는 무엇이며, 또 누가 복을 받는다는 말인지조차 몰랐었는데, 나중에 알고 보니 삼대발복은 삼대에 발복이라는 뜻으로 어떤 이가 돌아가신 그의 아버지의 묘를 명당에 쓰고 보면, 그 자식대(代)에 크게 복을 받는나는 뜻이었어요.

　정말로 나의 할아버지께서 그의 아버지(나의 증조 할아버지)를 명당에 모셔서 그런지 분명 당신의 자식대(代)에 인물이 났거든요.

　삼촌들은 하나같이 훌륭했고, 지금 생존해 계신 두 분은 전국적으로 명성(名聲)을 날리셨어요. 여기서 성명 석 자를 대면, 이 차 안에 있는 많은 사람이 다 알고 있을 거야. 한 분은 유명한 음악평론가이시며 한국 방송분야에 장(長)을 지내셨고, 다른 한 분은 5선(五選) 국회의원을 지내셨고, 일등 보국 훈장 무궁화장을 받으셨어요. 그만하면 삼대발복한 것이지요?"

여학생은 열심히 듣는 것 같았다.

"사실 삼대발복할 것이라고 하셨던, 나의 증조부의 묘는 아늑하고 조용한 곳에 자리잡고 있고, 누가 보아도 작고 평범한 묘에 지나지 않아요. 그런데 '박형'께서는 무엇을 보시고

　'여기가 제일 낫다. 나는 여기를 보고 삼대발복할 줄 알았어.'

라고 하신 것일까?

　나는 사실 그게 궁금했어요. 증조부를 명당에 모신 나의 할아버지께서는 삼산(三山) 한약국을 하셨었는데, 첫째로 효자이셨으며, 형제간에 우애있고, 친척간에 서로 도우며, 모르는 사람들에게도 인정있고 착하셨어요.

　할아버지께서 많은 적선(積善)을 하셨었기 때문에 노환으로 돌아가셨을 적에는, 마치 국장(國葬)이라도 난 것처럼 만장의 물결이 수십 미터에 이르고 큰 길을 꽉 메운 문상객의 행렬이 집에서 장지까지(2km) 이어졌다는 것입니다.

　생각해 보세요, 지금 누가 돌아가셨다고 가정하고. 큰 길에 장례 행렬이 2km나 되게 문상객이 올 만큼 인심을 얻고 사셨다고 한다면, 그 아들이 출세하게 되는 것이 당연하겠지요. 어느 한의원이나 병원의 원장이 그렇게 했겠어요?

　또 증조부께서 돌아가셨을 적에 할아버지께서는 진정 애통해 하셨으며, 정성으로 장사 지내시고, 바쁜 중에도 하루도 빠짐없이 부친 묘를 찾아오셔서, 손수 묏등의 잔디를 살피고 축대의 돌들이 무너지지 않도록 돌보셨다는 거지요.

　그래서 '박형'께서는 그 묏자리에서 나의 할아버지의 마음을 보셨다는 것을 나는 나중에 깨닫게 되었어요.

　돈은 있지만, 겸손하게 작게 만든 봉분과, 부지런하셔서

잘 다듬어진 축대의 돌과, 정성들여 잘 자란 잔디를 보시고
서 할아버지께서는 효자셨고 정성스럽고 겸손하며 가슴이
따뜻한 어른이셨다는 것을 보신 것이라고 생각하게 되었어
요.

　‘박형’께서는 이런 말씀도 하셨거든요.

　‘나는 가족 묏자리를 보면 그 집안의 흥망성쇠와 내력을
다 알 수가 있어.’

　또 이런 말씀도 하셨지.

　‘큰 묘역에 돈만 많이 들여서 치장한 것을 보면 좋게 생
각되지 않더군.’

　어떻든 ‘박형’께서는 묏자리의 지형이나, 물이나 바람의
통행 등 풍수(風水)들이 즐기는 그런 것을 보셨다기보다, 거
기에 묘를 썼던 사람의 마음을 보셨어요.

　크게 재물을 탐내는 사람, 죽자 사자 권력에 욕심을 부리
는 사람, 색에 집착하여 시기 질투하는 사람, 그 많은 사람
의 마음 중에서 가장 중요한 마음, 부모에게 효도하고 형제
간에 우애하며 이웃이나 모르는 사람에게까지 인정을 베푸
는 착한 마음가짐을 보셨지요. 역시 명당은 사람의 마음가짐
에 있지요.”

나는 잠시 쉬다가 여학생에게 물었다.

“학생은 십 정승 십 판서가 나온다는 명당 이야기를 아는
가?”

여학생은 그냥 조용히 입을 다물고 있었다. 안다고도 모른다
고도 말하지 않았다.

　“어느 날, ‘박형’께서 말씀하셨어요.

 ‘옛날 어떤 곳에 마음씨가 착하고 어진 할아버지 한 분이 있었어. 그 사람이 인심을 얻고 살다가 돌아가셨는데, 착하게 산 덕으로 십 정승 십 판서가 날 좋은 명당을 얻게 되었지.

 그런데 그 명당을 잡아준 풍수가 두 가지 조건을 말하는 거야. 풍수의 말이 ‘여기는 십 정승 십 판서가 날 명당인데, 두 가지 지켜야 할 일이 있습니다. 첫째는 이 앞으로 흐르는 시내에 다리를 놓지 말 것이며, 둘째는 이 묏자리가 보이는 곳에 지붕이 있는 집을 지어서는 안됩니다.’고 했어.

 듣고 보니 별로 어려운 조건도 아니고 대대로 그것만 조심하면 되겠다 싶어서 ‘꼭 지키겠다.’고 약속하고 거기에 묘를 썼다는 거야.

 그후 거기에 묘를 써서 그런지 몰라도 그 아들이 장원급제하여 차츰 벼슬이 높아지더니 드디어 정승이 되었지. 그리고 그 정승에게 아들이 있었는데, 그 또한 자질이 뛰어나고 총명하여 벼슬길에 나서서 이름을 날리더니, 또 정승이 되었어. 2대째 정승 집안이 되니, 살림도 넉넉하고 남부럽지 않게 되었지.

 그런데 그 아들이 또 출세하여 정승이 되었다는 게야. 그 3대째 정승이 하루는 그 명당에 성묘를 갔는데, 마침 비가 와서 시내를 건너기도 어렵고, 성묘 후에 편히 쉴 자리도 마땅치가 않아서 시내에 다리를 놓고, 산 위에 쉴 집을 짓게 했어.

 어른들이 말렸지만 그 말을 무시하고 그렇게 했다는군. 그렇게 된 후에, 어느 날 나라에서 쓸 묏자리를 찾게 되었어. 그때에 임금의 명을 받은 지관(地官)들이 전국을 뒤지며 나라에서 쓸 명당을 찾는데, 이 명당 부근을 지나다가 갑자기 큰 소나기를 만나게 되었어.

사방을 휘휘 둘러보아도 허허벌판이라 큰일이 났는데……, 마침 멀리에 그 정승네 묘 옆에 세워둔 가옥(假屋)의 지붕이 보이는 것이야. 지관(地官)이 비도 피할 겸 그쪽으로 가고 싶었는데, 가다보니 마침 시내에 다리가 놓여 있지 뭔가.

결국 그 지붕과 다리 때문에 명당 묏자리가 들키게 되어 임금의 명을 받고, 명당을 내놓게 되었는데, 그후부터는 정승은 물론 판서마저도 할 수 없게 되었지.'

명당의 이치가 여기에도 있지요? 낮은 지위에서는 물론, 지위가 올라가도 나이가 많은 웃어른이나 백성의 말을 무서워할 줄 알아야 되며, 게으르지 아니하여야 하며, 특히 언제나 청렴 결백하며, 변함없는 마음으로 바르게 살아야 된다는 이치 말예요.

삼대발복하려면 한 대에서만 착하게 살아도 되는 이치가 있고, 적어도 십 정승 십 판서가 나도록 오래 발복하려면, 대대로 한결같이 바르게 살아야 된다는 이치가 있지요?

이 세상이 복잡해도 이치는 모두 하나이지요.《명심보감》첫머리에 나와 있는 것과 같이 말예요.

'착한 일을 하는 자에게는 하늘이 복으로써 이에 보답하고, 악한 일을 하는 자에게는 하늘이 재앙으로써 보답한다.'

그것이 '박형'께서 명당에는 '마치 남향 집을 지으면 햇볕을 많이 받고, 북창을 열면 시원한 바람이 들어오는 것 같은’ 이치가 있다고 하신 뜻이 아닐까?

　그런데 나는 그 명당 때문에 더 공부하게 된 일이 일어났어요. 내가 책에 쓰기를, 명당은 산(山) 속에 있는 ‘몇 평의 땅’을 가리키는 것이 아니라는 주장을 했더니, 어떤 사람이, 아마 명당을 연구했던 사람인 것 같았는데, 전화를 했어요. 말하기를,

　‘나는 이제 연구를 다해서 명당에 묘를 쓰면 누구든지 출세도 하게 할 수 있고, 또 금방 망하게도 할 수 있는데, 당신은 무엇을 안다고 그러시오? 언제 나하고 꼭 좀 만나서 명당 얘기를 좀 해봅시다.’

라더니, 다시 연락을 하겠다고 하고서 전화를 끊었어요.

　그래서 덜컥 겁이 나서, 나도 명당에 통달하신 분에게 ‘명당은 어디에 있는가? 마음인가? 땅인가?’를 배우기로 했지요.

　마침 내가 잘 아는 할아버지께서 소개해 주실 분이 계시다고 해서 그분을 만났어요. 주선해 주신 분이 말씀하시더군.

　‘그분은 사람은 죽을 때에 한번 써먹으려고 머리를 맑게 하고 산다는 분이셔. 누가 ‘명당이 어디에 있는가?’ 하고 물으면 분명히 알기는 아는데, 무조건 ‘나는 아무것도 모릅니다.’ 라고 하네. 그래도 한번 만나보려는가?’

　‘예, 그래도 만나 주시겠다면, 한번 뵙고 싶어요.’

하여 어느 날 다방에서 만나뵙게 되었는데, 가슴이 따뜻하신 할아버지께서 나오셨어요. 겉모습은 정정하고 정신이 한없이 맑으셨는데, 그분의 연세는 아마 여든 정도 되셨겠어요.

그 할아버지께서 몇 마디 말씀을 하시다가 나를 주시하셨는데, 나는 그분의 위엄있는 안광(眼光)이 나의 가슴속에 감춘 죄를 쏘아보는 것 같아서 나도 모르게 고개를 숙였어요. 이제까지 그렇게 심장 속을 꿰뚫는 것 같은 눈을 본 적이 없었기 때문에 당황하게 되었지. 참으로 대단하신 분이시더라고.

그분께서 말씀하셨지요.

'해방되기 전에 한 10년 명당 공부를 한다고 산에 들어갔던 적이 있어. 결혼하자마자 집사람도 팽개치고 10년 가까이 산공부를 했어. 우리 선생님은 아주 대단하신 분이셨지. 얼굴에 빛이 환하고 수염이 이렇게 나 하나님 같으셨어. 바람결에 흰 수염을 날리면서 오시는 것을 보면……, 대단하신 분이셨어.

어느 날 선생님이 나에게도, '이제 자네도 갈려면 함께 가자.'고 하셨어. 그때에 집사람이 노모를 잘 모셨지만……, 그렇잖은기, 이제 어머님 연세도 많으시고 언제 어떻게 되실지 모르는 거야. 어쩔 수 없이 하산했어. 다른 두 사람은 선생님을 따라갔지. 그 사람들 지금 나보다 나이가 젊게 어디 와 있을 거야.'

라고 하시더군. 그리고

'산에 들어가 있을 때는 어떨 때는 마음이 맑아서 가만히 앉아 있다가, 누구를 생각하면 눈앞에 그 사람이 어떻게 하고 있는 것이 다 보여. 그래서 다른 사람은 무엇을 하나 하고 보면, 그 사람도 어떻게 하고 있는 것이 활동사진처럼 환히 보이는 게야. 나중에 몇 번 확인해 보았더니,

정말 그때에 그렇게 하고 있었다고 말하더라고.'
하시더니, 계속해서 귀띔하셨어.

'공부하려면 먹는 것을 조절해야 돼. 내가 산에 있을 때
는 하루에 밥 몇 숟갈 정도를 먹었어. 반찬은 물론 없이
소금을 조금 먹고, 맨밥을 그것도 물에 말아서 먹었는데,
나중에는 기운이 없어서, 비유하자면 작은 계단도 못 올
라갈 정도였지. 그런데 그렇게 계속했더니 차츰 기운이
다시 나서 괜찮게 되었지만.'

내 생각으로도 도저히 따라 할 수 없는 것을 말씀하셔서
나는 내심 무척 놀랐지. 신선 같은 할아버지께서는 내가 의
심하고 있던 것에 대하여,

'지기(地氣)가 하늘로 올라가는 것이 다 보인다.'
라는 말씀도 하셨고,

'어제도 서울에서 사람이 와서 하는 말이 '이제는 명당에
대해서는 모르는 것이 없이 공부를 다했다. 출세를 시키
거나 망하게 하거나, 마음대로 다 할 수도 있다.'라고 하
는데, 내가 보니 아직 공부가 덜 되었더라.'
라며, 나를 찾아왔을 것이라고 짐작되는 전화의 그 서울 사
람을 언급하셨어요. 그리고 《주역》에 대해서 몇 마디 가르침
을 주셨어요.

말씀이 끝나기를 기다려 내가 알고 싶었던 것을 여쭈었
지.

'명당 자리에 대해서 알려주십시오.'

그분께서는 탁자 위의 보리차 잔을 들고, 손가락으로 짚
어 가면서 길게 말씀하셨어요.

'산의 능선을 따라서 이렇게 내려오고…… 하다가 그렇게…… 그렇게 되는 것이다.'

말씀은 길게 하셨지만, 도력(道力) 때문인지 도저히 알아들을 수가 없었지. 나는 혼자 아무리 궁리해도 모르겠기에 재차 물었지.

'다시 한 번 명당에 대해서 말씀해 주세요.'

그랬더니 그분께서는 다시 앞에 있던 보리차 잔을 들고, 손가락으로 짚어 가면서 똑같은 말씀을 길게 하셨어.

'산의 능선을 따라서 이렇게 내려오고…… 하다가 그렇게…… 그렇게 되는 것이다.'

이번에도 역시 전혀 알아듣지 못했어. 그랬지만 그분을 뵙고 나서, 모든 것은 다 이치(理致)니까 명당에도 마음으로 찾아가는 합당한 이치가 있을 것이라고 짐작했지요."

최고의 명당明堂

나는 이제 '박형'의 두 번째 숙제인 토정 이지함 선생이 찾았던 명당 이야기를 할 수 있게 되었다.

"'박형'께서 나에게 두 번째 숙제를 주신 것은 지금부터 15년 전인 1980년 학생들의 여름 방학 때였지. '박형'네 식구와 우리 식구 모두 함께 단양의 구담봉·옥순봉이라는 곳으로 갔어요. 우리는 계속 걷다가 구미(龜尾)라는 곳에 이르러, 강가로 내려가서 점심 요기를 하게 되었지요.

공기 좋고 경치도 좋고, 물 맑고 주변 산세(山勢)도 좋아서, 그늘이 없어 덥기는 했지만, 강가의 아무 돌 위에나 앉아서, 즐거운 점심을 먹으려고, 가져온 음식 보따리를 풀고 있었어.

그때에 '박형'께서 이야기를 꺼내셨어요.

'옛날에 토정 이지함 선생이 최고의 명당을 찾아 묘를 쓰려고 전국 각지를 누비고 다녔어. 그런데 막상 좋다는 데는 안 가본 데 없이 다 가보았지만, 마음에 흡족한 곳은 찾아내지 못한 거야. 한 가지가 좋으면 한 가지가 나쁘고, 이게 좋으면 저게 나쁘고, 흠없는 곳을 찾지 못했지.

2, 3년 동안 그렇게 애를 쓰다가, 지성이면 감천이라고 어느 날 정말 흠없는 좋은 명당을 찾게 되었어. 주위의 산은 물론, 바람도, 물흐름도 전부 마음에 흡족했지. 최고의 명당이었어. 토정이 보고 또 보아도 흠이 없었던 거야. 이제는 내가 할 일을 다했구나 하고 너무 감격해서 뛸 듯이 좋아했는데, 그날 밤 꿈에 산신령님이 나타나서,

'토정아, 토정아, 거기는 네가 쓸 자리가 아니다. 너는 다른 데 쓰도록 해라.'

하는 것이야. 토정이 생각해보니 너무 아깝거든. 그래서 민망하게 꾸물거렸는데 얼마 후에 다시 꿈속에 산신령님이 나타나서,

'토정아, 토정아, 거기는 네가 쓸 자리가 아니다. 너는 다른 데 쓰도록 해라.'

하시는 게 아닌가. 결국 토정은 거기에 쓰지 못하고 다른 데다 쓰고 말았지. 그런데 왜 산신령님이 두 번씩이나 나타나서, 흠없이 좋은 데에 쓰지 말라고 했을까?'

그리고 이어서 나에게 두 번째의 숙제를 주셨는데,

'거기에 쓰지 못하고 다른 데에 썼다는데, 그곳을 아는

사람이 아무도 없어. 나중에 자네가 한번 그곳을 찾아보
게.'
하시고서 다짐하듯이,
'자네가 꼭 거기가 어딘지 연구해 보게.'
라고 하셨어요.

당시에 나는 이 숙제를 어떻게 풀어야 될지 막막했다구.
그저 혼자 짐작에 모든 것은 공덕을 쌓은 만큼 오는 법이니,
산신령님이 토정에게 거기에 쓰지 말라고 한 이유는 토정보
다 공덕이 많은 사람에게 돌아갈 자리여서 그랬나 하는 정
도였어.

그런데 사실 명당에 대해서 깊게 생각해보면, 토정 이지
함 선생이 전국 각지를 누비며 애써서 찾았던 명당에는 전
부 흠이 있었다는 말이 이해가 되더라구요.

아무리 왕후장상(王侯將相)이 되고 부귀 영화를 다 누리
더라도, 사람의 삶은 삶인 이상 완전무결하게 좋을 수만은
없지요. 천하를 손 안에서 주물렀던 진시황의 권력이라도 죽
음이 따르고, 중국 제일의 갑부였던 석숭의 재산을 가졌더라
도, 또 다른 근심이 있을 법하지요.

'박형'의 말씀을 한번 다시 생각해봐요. '옛날에 토정 이
지함 선생이 최고의 명당을 찾아 묘를 쓰려고 전국 각지를
누비고 다녔는데 막상 좋다는 데는 안 가본 데 없이 다 가
보았지만, 마음에 흡족한 곳은 찾아내지 못했어. 한 가지가
좋으면 한 가지가 나쁘고, 이게 좋으면 저게 나쁘고, 흠없는
곳을 찾지 못했어.'라고 하셨는데, 그 내용에는 결국 토정
이지함 선생이 본 것처럼, 이 세상 어디에 있든지, 어떤 환

경에서 태어나든지 간에 '하나가 좋으면 하나가 나쁘고, 하나가 마음에 들면 다른 게 흠이 있다.'는 뜻이 아닐까?

불교에서는 사람에게 백팔 번뇌가 있다고 하지 않아요? 누구에게나 근심과 걱정이 있다는 말이야. 또 말 타면 경마 잡히고 싶다는 속담처럼, 사람의 욕심은 끝이 없어서 만족할 수가 없다는 것이지요.

그런데 토정은 '2, 3년 동안 애를 쓰다가, 지성이면 감천이라고 어느 날 정말 흠없는 좋은 명당을 찾게 되었어. 주위의 산은 물론 바람도 물흐름도 전부 마음에 흡족했지. 최고의 명당이었어. 토정이 보고 또 보아도 흠이 없었어. 이제는 내가 할 일을 다했구나 하고 너무 감격해서 뛸듯이 좋아했는데……' 과연 거기는 어디가 될까?

산의 어디에 그런 좋은 명당이 있었을까?

물론 거기는 토정이 만족할 만큼 충분히 좋은 곳이었지. '흠 없는' 극락·천국과 같은 곳이었어. 삶과 죽음도 없는 곳이지.

결국 거기는 제행무상(諸行無常) 시생멸법(是生滅法)을 깨달은 마음 자리가 아닐까? 욕심없어 만족함을 아는 지족(知足)의 자리가 아닐까? 너와 나를 다 버리고 평안할 수 있는 자리가 아닐는지?

'나물 먹고 물 마시고, 팔을 베고 누웠으니, 대장부 살림살이 이만하면 족하다.'는 그런 마음에 도달한 것이 아닐까?

결국 토정 이지함 선생은 이 세상, 부질없는 세상에 연연하여 번뇌 망상 속에 살지 않고 언제나 자족하며 가난하지만 행복하고 즐겁게 사는 법을 터득하신 것이지요. 토정의 이야기에도 나오지요. 구차한 살림살이였지만, 그런 가운데도 구애됨이 없이 도도하고 물같이 사셨던 이야기가.

그래서 토정 이지함 선생은 그런 마음, 즉 불가에서 말하는 초과(初果)의 경지를 얻었던 것 같아요. 그렇게 생각해 보면 '이제 내가 할 일을 다했구나.' 하고 뛸듯이 좋아할 수가 있지.

그런 마음으로 주위를 둘러보면 아름다운 좌청룡 우백호가 있고, 앞 시야가 닿는 곳마다 삼천리 금수강산이 펼쳐져 있고, 지나가는 바람마저 향기로운 것뿐이어서, 극락·천당에 살고 있는 행복한 자신을 볼 수 있지 않겠어요?

그런데 어느 날 꿈에 산신령님이 나타나서,

'토정아, 토정아, 거기는 네가 쓸 자리가 아니다. 너는 다른 데 쓰도록 해라.'

한 것이야. 두 번씩이나 나타나셔서……'

왜?

'박형'은 영혼이 산 자 곧, 알곡을 추수하시는 신선, 도사님이셨어요. 알곡 추수하는 사람은 인류의 스승, 도사(導師)입니다. 알곡 즉 '익은 사람' 추수하셨던 양신(陽神) '박형'께서도 말씀하셨어요. 나의 동창들 중에 마음 착한 김도수라는 사람이 있었는데, '도수는 방앗간 일을 시킬 것이다.'라고——.

그러나 나에게는, '자네는 그렇게는 안되고, 밖에서 쭉정이 담는 가마니 짜는 것 같은, 그런 일이나 생각해 보게.' 하셨다구.

'박형'께서 도수라는 친구가 마음이 착하니까 방앗간 일을 시키기로 하신 것이지요.

나는 전생에 지은 죄가 너무 많아서, '평생을 먹고서도 오히려' 다 갚지 못해서, 결국 추수하는 사람[導師]되어, '박형'의 추수마당에 나설 수가 없었던 것이지요.

신선(神仙)님 역시 양신(陽神)이시고, 추수(秋收)하시는 분이시지.

그러니 '다른 데 쓰도록 하라.'고 한 말뜻은 추수하는 일꾼, 도사(導師)로 만들기 위해서 토정 이지함 선생을 불렀다는 뜻이 아닐까?

생각해 보아요. 토정 이지함 선생으로서는 '나물 먹고 물 마시고' 구애됨이 없는 그러한 행복을 버리기가 '너무 아깝지요.' 또 도사(導師)되려면 힘도 들겠지요. 그래서 '민망하게 꾸물거렸'던 거예요. 그러나 결국 토정은 남을 위해서 살기로 마음을 고쳐먹은 것이지요. 다른 데다 쓰고 말았던 것이야. 토정비결을 쓰셨던 토정 선생의 마음을 이제 아시겠지요?

이제 왜 산신령님이 두 번씩이나 나타나서, '다른 데에 쓰라.'고 하셨는지를 분명히 알 수 있겠지요?

그러면 마지막으로 토정이 '거기에 쓰지 못하고 다른 데 썼다는' 다른 데는 어디일까? 아무도 모른다는 그곳은 어디일까?

가정해서 토정이 결심한 것처럼 다른 사람을 위해서 살다가 목숨까지 내놓으면, 토정은 극락·천당 가겠지요.

그러니 '남을 위해 목숨까지 내놓는 것'이 곧 대승의 길이며, 보살행이요, 자리이타행(自利利他行)이며, 성인께서 가르쳐 주신 골수 법문이며, 천국 극락 가는 유일한 길이지요. 그리고 그 마음이 최고의 명당(明堂)이 됩니다.

토정의 그 진실한 마음은 무아(無我) 무애(無碍)하고 따뜻한 '그곳을 아는 사람이 아무도 없는' 토정의 본성품[明堂]이지요.

또 명당의 발복은 토정의 지행합일(知行合一)한 그의 모든 공덕(功德)과 같은 것입니다. 그러니 결국 오색 무지개가 찬란히 빛난다는 최고의 명당은 그런 사람이 죽어 묻힌 곳이지요. 그래서 인연이 있는 사람이 아니면 명당에 들어갈 수가 없다고 한 것이 아닐까요?

이 땅 어디에서 죽든지, 부처님처럼 무아(無我) 무념(無念)인 큰 마음으로 오른손이 하는 일을 왼손이 모르게 살다가 가면, 그 영혼은 틀림없이 극락·천당으로 가시요.

밝은 영혼은 밝은 영혼과 감응하는 법이니까. 그 사람들은 죽자마자 다시 살 수도 있고, 천당·극락에 갈 수도 있다구. 사후(死後) 중음(中陰)에서의 49일간의 체험을 기술한 티베트의 《사자(死者)의 서(書)》에도 그렇게 나와 있어요. 깨어 있는 투철한 정신으로 살면, 숨 넘어가는 순간에 마중 나온 '눈부신 생명 빛'을 따라 그곳으로 간다고.

결국 나는 토정이 썼다는 이 세상 사람 아무도 모르는 명당을 찾았지요?

'박형'께서 '거기에 쓰지 못하고 다른 데에 썼다는데, 그곳을 아는 사람이 아무도 없어.'라시며, 그곳을 아는 사람이 아무도 없다고 강조하신 것은, 그 사람의 마음이 무아(無我)이기 때문에 자신의 선행을 자신도 모른다는 뜻이며, 육조

186

(六祖) 혜능(慧能)[35) 대사님의 지적처럼 본성품은 본래무일물(本來無一物)이기 때문에 집착심내지 아무것도 없다는 뜻이야.

어떤 경우를 당하더라도 바르게 행하면 천당·극락 가고, 한없이 넓은 마음을 써야 항상 바르게 살 수 있기 때문에, 한없이 큰 마음이 곧 '최고의 명당'이며, 하늘의 땅이지요.

명당은 넓어서 용서하며, 불쌍한 이에게 베푸는 마음, 그 자체이며, 불가에서 말하는 본성품이지요. 그렇게 청정한 마음을 가진 사람은 어디에 죽어서 땅에 묻히든지 천당·극락은 물론 가겠지만, 천당·극락에 생각이 없습니다.

오직 스스로의 삶을 남을 위해서 버린 지 오래이기 때문이지요. 죽음도 두려워하지 않지요. 십자가 위에서 죽거나, 강가 모래 언덕 위에서 죽거나, 아무도 도와줄 수 없었던 시골 어느 집 헛간에서 죽거나, 상관하지도 두려워하지도 않습니다. 그러나 그 사람은 어디서 죽어 어디에 묻히든지 천당·극락에 갑니다.

그러니 만약 사람이 죽어 묻히는 어느 묏자리가 명당이라면,그런 분들에게는 이 세상 모든 곳이 다 명당이 될 수 있지 않겠어요?

사람이 죽을 때에, 그의 영혼이 하나님, 부처님같이 밝게 되어 있었으면 하나님, 부처님 나라에 태어날 것이고, 예수

---

35)선종의 혜능 대사. 중국 스님(638~713년). 초조(初祖) 달마(達摩)로부터 6대째의 조사(祖師)이므로 육조(六祖)라 한다. 남해 신흥(新興) 사람. 어려서 아버지를 여의고 땔나무를 팔아 어머니를 봉양하다가, 어느 날 장터에서 《금강경》 읽는 소리를 듣고 출가할 발심하다. 5조 홍인(弘忍)께 깊은 뜻을 전해 받아 6대 조사가 되었다.

님 같았으면 예수님 가신 곳에 갈 것이며, 보살님 같으면 보살님 나라에 날 것이며, 보통 사람 같았으면 인간계로 올 것이요, 축생처럼 살았으면 축생으로 가고, 마귀의 밑에서 일하다가 죽었으면 마귀가 데려갈 테지요.

서로 감응하는 이치에는 손톱만큼도 어긋나는 일이 없다구. 이것이 상천지도(上天之道)입니다.

'박형'께서는 분명히 밝히셨습니다. '명당은 마을 뒷산 그런 데가 아니라고 말했는데도…….'라고.

그러니 결국 사람이 죽어서 육체를 묻는 이 땅의 어디가 명당이 아니고, 천당·극락 갈 수 있는 '청정한 마음'이 곧 명당이며, 자기를 버리고 사는 삶이 천당·극락에 가는 법이라 할 수 있어요.”

나는 다시 갈증을 느꼈다. 오랫동안 말을 해서 그렇기도 했지만, 나 자신 바르게 살지 못한 그것 때문에 더 목이 탔는지도 모른다.

그리고 나는 그후에 '죽을 때에 한번 써먹으려고 머리를 맑게 하고 산다.'는 가슴 따뜻한 할아버지께서, 누가,

“명당이 어디에 있는가?”

라고 물었을 적에 분명히,

“나는 아무것도 모릅니다.”

하시며, 명당을 바로 일러주셨다는 것을 깨달았다.

9.큰보살菩薩님과 신선神仙님

부처님 다 된 분이 큰보살님이며, 또 신선님이다. '박형'께서 어느 날,

"이 세상의 이야기 책을 보니, 하나님 이야기, 부처님 이야기, 불타 나의 이야기, 신선 이야기, 신선과 신선, 신선과 사람, 사람과 사람, 그리고 장군들의 이야기가 있더라."

하고 말씀하셨다.

이 말씀은 이 세상 모든 것은 바로 하나님과 부처님, 그리고 신선들과 사람과 장군들이 주인공이 되어 꾸려가는 이야기 책과 같다는 의미이다.

이 세상의 주인공인 하나님, 부처님은 저 눈부신 '생명 빛' 세계의 높은 차원의 분들이며, 큰보살님과 신선(神仙)님은 거기에 계시다가 이 땅에 화현(化現)으로 오셔서 추수하시는 어른이시며, 또 사람의 몸으로 오셔서 해탈의 길을 걷고 계시는 분들이시다. '박형'께서 '신선과 신선'이라고 하신 것은 큰보살님과 신선님을 의미하는 것이었다.

그리고 '신선과 사람'은 신선께서 사람을 가르치시는 상황을 의미한다. 물론 신선 이야기는 거짓이 아니다. 이 세상에는 이미 신선이 되셔서 사람을 가르치시려고 오신 신선이 계시다.

　끝으로 이 세상에는 보통 영혼(사람)들이 있고, 장군들이 있다. 여기서 장군이라고 하는 것은 서로 힘을 겨루어서 남에게 이기기를 원하는, 경쟁하는 악한 영혼을 의미한다. 곧 마귀들이다.

　그러면 큰보살님과 신선님은 어떤 분이신가?

　그 옛날에 내가 거제도에 있는 양덕암(養德庵)이라는 곳에 갔다가, 거기서 얻어온 글을 '박형'께 보이며,

　"모르는 한문이 있는데 이걸 좀 봐주게."

하고 부탁했다. '박형'께서

　"적을 소(少)자 아래 흙 토(土)자를 더한 것은 신선 선(仙)자이다. 그리고 제일 끝에 사람 시체같이 생긴 글자는 앒 앒자이다."

라고 알려주시더니, 말씀 끝에 반문하셨다.

　"그런데 왜 출(出)자 위에 있는 뫼 산(山)자는 흘려 썼을까?"

　나는 양덕암에서 얻어 온, 그 알 수 없는 글을 다시 쳐다보았다. 그리고 출(出)자 위에 있는 뫼 산(山)자가 초서로 흘려써져 있는 이유를 생각했다.

　'거(居) 선(*) 출(出) 앒(*)'

　나는 그 이상하게 생긴 뫼 산(山)자가 왜 흘려 써져 있는지 그 이유를 모르는 것은 물론, 거선출앒이라는 글의 대강의 뜻조차 알 수 없었다.

　나는 부처님께서 직접 현신(現身)하셨던 그 양덕암에서 얻어온 글의 내용이 아직 궁금했지만, '박형'께서 분명히 모두 설명해 주셨기 때문에 다시 '박형'께 물을 수가 없었다.

그러던 어느 추석날,

"한 줌의 흙 속에 사는 것이 신선이지 뭐야."

라는 말을 듣고, 소스라치게 놀랐다. '적을 소(少)자 아래 흙 토(土)자를 더한 것은 신선 선(仙)자'라고 한 '박형'의 말씀이 생각났기 때문이다.

거선(居仙)은 신선처럼 산다는 뜻이다. 육체, 즉 '한줌의 흙 속'에서 욕심없이 산다는 의미이다.

역시 신선(神仙)은 자신의 육체는 한줌의 흙이라고 생각하며 욕심없이 세상을 사는 분이시다. 그런데 그 신선님도 수행하신 정도에 따라서 여러 계층으로 나뉜다.

누진통을 얻으면 인선(人仙)이라고 하는데, 불교의 수다원(須陀洹)[36]과에 해당하며, 성태(聖胎)[37]를 기르면 지선(地仙)이라고 하는데, 불교의 사다함과에 해당되며, 견성(見性)을 한 신선은 아나함과에 해당되고, 면벽(面壁)[38]을 하는 천선(天仙)은 아라한에 해당되고, 천존(天尊)은 보살에 해당되며, 금선(金仙)은 부처님에 해당된다.

그래서 불교에서도 금선(金仙)에 예한다는 말이 있다(歸依三寶禮金仙).

《금강경》에 보면, 수행하여 차츰 도가 깊어지면 큰보살님과

---

36) 성문 사과(四果)의 첫째. 수다원과(果)는 1과(果) 곧 초과(初果)이다.

37) 성인(聖人)이 될 씨.

38) 벽을 향하여 좌선하는 것. 달마가 526년 중국에 와서 양나라 무제를 만나 문답하던 끝에 소견이 맞지 않아 양자강을 건너 위나라 숭산(嵩山) 소림사에 와서 9년간 면벽 좌선했다.

부처님이 되기 전에 네 가지 과보(果報)의 단계를 거치게 되는 것 같다. 즉 첫째는 수다원, 둘째는 사다함, 셋째는 아나함, 마지막으로 넷째에 아라한과를 성취한다고 했다.

어떻든 결론적으로 양덕암에서 얻어 온, 그 알 수 없는 글, 거(居) 선(*) 출(出) 앎(*)은 '한줌의 흙 속에 거하던 신선이 앎을 떠나(해탈하고) 우리가 모르는 고차원의 세계로 간다.'는 뜻이다.

'박형'께서,

"왜 출(出)자 위에 있는 뫼 산(山)자는 흘려 썼을까?"
라고 반문하셨던 까닭은, 우리가 알 수 없고 볼 수 없는, 비공간(非空間)인 고차원의 세계로 가는 법 내지 신선의 존재를 깨치라고 하신 질문이셨다.

인간이 완전한 진리를 알게 되면 무엇이든지 불가능은 없는 것이다. 불교와 신선도에서 몇천 년씩 육신을 가지고 계신 분들이 이루 열거할 수 없을 정도로 많다.

이런 분들은 공부를 마치고 세대가 바뀐 뒤에 속세에 나와서 승려 또는 속인과 섞여 다니면서, 인연있는 중생을 제도하지만, 누구도 알아보지 못한다.

인도의 요가난타의 말을 들어봐도 지구상에는 약 천 명 가량의 도인들이 계셔서 천당 일들을 듣고 보고 한다는 것이다.

그리고 《열반경》 장수품을 보면, 부처님께서 말씀하시기를,

"신통을 얻은 신선들도 얼마든지 오래 살 수 있는데, 하물며 모든 법에 자재한 여래가 백 겁(1겁은 4억 3천2백만 년)인들 못 살겠느냐."

라고 하셨다.

그러나 모든 이치에 달관하고 보면 아주 귀찮은 게 이 육신이기 때문에 인연 중생만 다 제도하면 더 살려고 하지 않는다.

천 년을 사나 만 년을 사나 물질로 된 육신은 도저히 영원할 수는 없으며 언젠가 한번은 죽을 것이니 이 육신을 가지고 불로 장수를 바란다는 것은 역시 허망하고 부질없는 일이 아닐 수 없다.

아라한阿羅漢

앞에서 나왔던 불교 수행 단계인 사과(四果) 중에서 '넷째인 아라한과를 성취한' 분들의 세계를 본다.

《선으로 가는 길》(釋智賢 著. 일지사. 1988)에서.

칠불암(七佛庵)이란 지리산 화개동에 있던 암자 이름이다. 6·25 때 전화로 말미암아 불타 버리고, 지금은 그 흔적만 비에 젖으며 마멸되어가고 있다.

이곳 칠불암의 아자방(亞字房)은 특히나 이름난 곳으로서, 방의 구조 자체가 아자(亞字) 형으로 되었으며, 또 방바닥의 높낮이가 달라서 철형(凸形)으로 된 곳에서는 좌선을 하고, 요형(凹形)으로 된 곳에서는 다니도록 되어 있었다 한다. 이곳 칠불선원은 그 이름 높기가 동방의 으뜸이었다. 이곳에서는 쉴 새없이 득도자가 쏟아져 나왔으며, 눈 푸른 선객들로 언제나 붐볐다는 곳이다.

때는 조선조 중엽, 전라 감사는 수염을 훑으며 미소를 지었다.

'음, 칠불암의 중들이 제법이라지. 어디 이놈들을 내 직접 시험해 봐야겠다.'

그날로 전라 감사 일행은 칠불암을 향하여 길을 떠났다. 몇 날을 걸려서 칠불암의 본사 쌍계사(雙溪寺)에 감사 일행이 도착했다. 감사는 우선 쌍계사를 휘휘 둘러본 다음 하룻밤의 여장을 풀었다.

쌍계사의 아침은 새 우는 소리로 눈부시게 빛나고 있었다. 감사의 붉은 비단옷에 새 우는 소리가 어지럽게 비치고 있었다. 감사는 허연 수염을 가늘게 흔들며 말했다.

"이제부터 칠불암이다."

칠불임에 진라 김사가 온다는 진갈이 있다. 그때 칠불암에서는 결재중(結齋中)이라 60여 명의 선자(禪子)들이 산문 밖의 출입을 금하고, 오로지 선수행(禪修行)에만 매진하고 있었다. 선자들은 어찌된 영문인지 몰라 그저 못들은 체하고 있었다.

드디어 감사 일행이 풍악을 울리며 칠불암에 다다랐다. 칠불암은 깊은 침묵과 엄숙한 분위기에 젖어 있었다. 칠불암을 둘러보던 감사의 눈에 잡힌 것은 초라하기 이를 데 없는 한 중이었다. 조그마한 체구에 쥐가 파먹다가 만 머리털, 얽은 얼굴이 감사의 마음을 몹시 불쾌하게 했다. 감사는 그런 중 녀석에게 우선 호통을 쳤다.

"여기 중들은 다 어디 갔느냐?"

난데없는 호통이 쥐 파먹은 머리의 중의 귓전을 때렸다. 중은 고개를 숙였다.

"모두 방에서 공부하고 있습니다."

감사는 다그쳐 물었다.

“도대체 무슨 공부를 하고 있느냐?”

쥐 파먹은 머리 중은 말했다.

“부처 공부합니다.”

감사는 껄껄 웃으며 방문을 열었다. 그런데 이게 웬 꼴이냐. 감사는 자기의 눈을 의심했다. 그러나 분명히 자기의 눈이 잘못된 것은 아니었다.

아니, 이럴 수가? 다 떨어진 옷을 입은 중들이, 중이라기보다 도둑의 무리들이 그야말로 제멋대로 코를 골며 자는 놈, 방귀를 풍풍 뀌며 조는 놈, 머리를 천장으로 치켜들고 자는 놈, 쌍통을 밑으로 처박고 침을 질질 흘리며 자는 놈, 그야말로 천태만상이었다. 감사의 눈에서는 불꽃이 튀겼다.

“저건 무엇 하는 짓이냐?”

감사는 고개를 쳐들고 입을 벌리고 자는 중의 모습을 가리키며 물었다.

“예, 앙천성숙관(仰天星宿觀)입니다.”

쥐 파먹은 머리 중 녀석의 대답이었다.

“저건 무엇 하는 거냐?”

이번에는 고개를 처박고 입김을 푸푸 품으며 코를 고는 중을 가리키며 물었다.

“예, 지하의 망명(罔明) 보살을 보는 모습입죠.”

“그럼 저건 무슨 짓이냐?”

방귀를 풍풍 뀌며 자고 있는 중을 가리키며 물었다.

“예, 그것은 말입죠, 타파칠통관(打破漆桶觀)이라고 해서 무명의 어둠을 부수는 소립죠.”

쥐 파먹은 머리 중의 대답이었다.

"이놈! 그럼 저건 무슨 꼴이냐?"

화가 난 감사는 몸을 좌우로 흔들며 졸고 있는 중을 가리키며 삼킬 듯이 물었다.

"예, 감사님 말입죠, 그것은 말입죠, 풍전세류관(風前細柳觀)이라, 바람 앞에 흔들리는 버들가지 공부입죠."

쥐 파먹은 머리 중의 이 말을 듣고 감사는 수염을 부르르 떨었다. 감사는 그런 중들의 모습을 휘휘 훑으며 말했다.

"지금부터 내가 너희들을 시험하겠다. 만일 내가 시키는 일을 못해낼 때에는 너희들의 목숨은 내 것인 줄 알렷다! 백성들의 피땀을 이렇게 놀고먹다니."

감사는 미리 만들이 온 나무말[木馬]을 칠불암 마당에 내어 놓았다.

그리고 명령했다.

"이 나무말을 타고 마당을 일곱 바퀴 돌아라. 그것도 내가 마흔 번 셀 동안 다 돌아야 한다. 만일 돌지 못한다면 너희들의 목숨은 오늘로 끝장인 줄 알아라."

선방의 승려들은 웬 호통 소리에 눈을 비볐다. 그 누구도 감사의 말대로 나무말을 타고 마당을 돌 재간은 없었다. 선객들은 서로의 얼굴만 멍하니 바라보며 있을 뿐이었다.

"무엇들 하느냐, 이놈들. 어서 명령에 따르렷다! 단칼에 베기 전에……."

그때 쥐 파먹은 머리 중이 썩 나서며 말했다.

"스님들은 그저 잠자코 방에만 앉아 계십시오. 모든 것은 소승에게 맡기십시오."

쥐 파먹은 머리 중은 나무말을 잡아탔다.

"이랴!"

회초리를 휘두르는 순간 아니 글쎄 나무말은 비호같이 내닫는 것이었다.

감사는 채 셀 수도 없는 그 사이에 칠불암 마당을 나무말은 일곱 바퀴 반을 돌아버렸다. 이때 감사는 조용히 허리를 굽혔다.

"도가 높으신 스님들을 몰라 뵙고 건방진 행동을 하여 죄송합니다. 이후로는 다시 이런 일이 없겠습니다."

감사는 그길로 전주로 돌아가서 제일 좋은 장판지를 떠서 칠불암 아자방을 바르도록 했다. 그리고 종이와 종이 이음새마다 은으로 붙이도록 했다. 그 장판지가 바로 6·25 전까지 그대로 전해 내려왔다 한다. 6·25의 비극은 이 은장판지의 전설마저 앗아가 버린 것이다.

이 이야기에서는 '머리털을 쥐가 파먹다 만 중'과 '머리를 쳐들기도 하고, 고개를 처박기도 하고, 방귀를 풍풍 뀌기도 하며 흔들흔들 자는 중들'이 주연(主演)이다. 전라 감사는 어디까지나 조연에 지나지 않는다. 주연에 악센트를 찍음에 지나지 않는다.

쥐 파먹은 머리 중 등은 다름아닌 나한(羅漢)들의 화신(化身)이었다. 나한이란 아라한의 준말로서, 불교의 성자(聖者)를 말한다.

'성자가 그 위기를 구해 주려고 나타난다면 당연히 거룩한 모습으로 나타나야 한다.'고 우리는 생각하고 있다. 그런데 실은 못생겨도 못생겨도 원 이렇게 못생긴 중 녀석으로 나타나다니……

게다가 머리털은 쥐가 파먹다가 만 채로……. 익살과 경이스러운 감정이 우리의 미(美)에 대한 기준을 걷잡을 수 없이 흔들고 있다.

허허, 이 중 봐라. 쥐 파먹다만 머리 중 봐라, 이 곰보 좀 봐라, 이 중의 정체가 바로 나한이라니…….

이런 걸레 쪼가리를 걸쳐 입고 앉아서 코를 벌렁벌렁 골면서 방귀나 풍풍 뀌고 있다니…….

큰보살菩薩님

《수능엄삼매경》의 한 부분을 보면,

그 때 문수사리 법왕자는 세존께 말씀드렸다.

"세존이시여, 먼 옛날 조명(照明)이리는 시대에 저는 360억 세(世)에 걸쳐서 독각(獨覺)[39]의 가르침으로 열반에 들었던 것을 기억하고 있습니다."

그때 이 집회에 모였던 모든 사람들은 이상하게 생각했다.

'만약 열반에 들어갔다면 다시 이 세상의 생활로 돌아와 생사(生死)를 계속할 까닭이 없다. 지금 문수사리는 '세존이시여, 먼 옛날 조명(照明)이라는 시대에 저는 360억 세(世)에 걸쳐서 독각의 가르침으로 열반에 들었던 것을 기억하고 있습니다.'라고 말했다. 이것은 어찌된 일인가.'

그때 사리불은 부처님의 마음을 은밀히 받아서 부처님께 말씀드렸다.

---

39) 부처님 없는 세상에 나서 다른 이의 가르침을 받지 않고 혼자 수행하여 깨달은 이를 말한다.

"세존이시여, 일단 열반에 들기만 하면 다시는 이 세상의 생활로 돌아와 생사를 계속할 까닭이 없다고 생각합니다. 지금 문수사리가 열반에 들어갔다가 다시 또 태어났다는 것은 어찌된 까닭입니까?"

부처님은 말씀하셨다.

"너는 이것을 문수사리에게 묻도록 해라. 그 자신이 너에게 대답해 줄 것이다."

그래서 사리불은 문수사리에게 물었다.

"만약 열반에 들어갔다면, 어떤 세계에도 다시 태어나는 일이 없을 것입니다. 그런데 당신은 세존께 '저는 옛날 조명(照明)이라는 시대에 360억 세(世)에 걸쳐서 독각(獨覺)의 가르침으로 열반에 들었다.'고 말하였소. 이것은 어찌된 까닭입니까?"

문수사리는 말했다.

"여래가 지금 여기에 계십니다. 그리고 그분은 모든 것을 알고 있는 분이며, 모든 것을 투시하는 분이며, 진실을 말하는 분이며, 사람을 속이는 일이 없는 분이오. 또 세간(世間)의 하늘이나 사람들 누구도 속일 수 없는 분입니다. 내가 말한 것은 부처님 스스로 증명하고 인지(認知)해 주셨습니다. 만약 내가 틀린 말을 한다면 부처님을 속이는 것이 될 것입니다.

사리불이여, 그 조명(照明)이라는 시대에 불사(弗沙)라는 이름의 부처님이 세상에 출현하시어 세간의 천인(天人)들을 이롭게 한 다음, 열반에 드셨습니다. 이 불사불(弗沙佛)의 멸 후, 10만 년까지는 불법이 행해지고 있었으나 그 법이 멸

한 뒤, 그때의 사람들은 독각(獨覺)의 가르침에 의하여 제도 (濟度)되는 인연이 있었습니다.

그들은 비록 백천억의 부처님이 이 사람들에게 설법한다 할지라도 신수(信受)하려고 하지 않았습니다. 다만 모두 독 각의 모습이나 위의(威儀)·교법(敎法)에 의해서만 해탈을 얻을 수가 있었던 것입니다.

그래서 이들 중생은 모두 독각의 도를 지향하고 있었으 나, 이때 독각이 세상에 출현하지 않고 있었으므로 당연히 이들 중생은 선행을 쌓을 인연을 발견하지 못하고 있었습니 다.

나는 그때, 그들을 교화하기 위해서 '나는 독각이다.'라고 자칭했습니다. 모든 나라와 도시와 취락에서 누구나가 나의 모습을 독각이라고 인정했습니다.

그때 내가 그들을 위해서 독각의 모습·위의를 보이면, 그들은 깊이 공경하고 내게 음식을 공양했습니다. 나는 음식 공양을 받고 그들의 옛날의 인연을 고려해서 들려주어야 할 가르침을 그들을 위해서 설법했습니다. 그런 다음 안왕(鴈 王)처럼 허공을 날아올랐습니다. 그때 그들은 크게 환희하고 공경하며 머리를 지면에 대고 나를 예배했고, 미래세에도 모 두 지금 이 사람과 같은 법의 이익을 얻을 수 있기를 원했 습니다.

사리불이여, 이와 같은 사정으로 무량무수한 중생에게 선 행을 쌓게 해 온 것입니다.

그리고 그들이 내게 음식을 공양하는 일을 권태스럽게 생 각하는 것을 알았을 때, 나는 열반에 들 때가 왔다고 알렸습니다. 백천의 사람들은 이 말을 듣고 각각 꽃과 향, 잡향(雜香), 소유(蘇油)를 가지고 내게로 찾아왔습니다.

나는 그때, 멸진정(滅盡定)[40]에 들어갔습니다. 이것은 중생을 구제하기 위해서였고 정말로 멸진정에 들어간 것은 아닙니다. 그들은 내가 숨을 거두었다고 생각하고 나를 공양하기 위해 향과 장작으로 내 몸을 태웠고, 내가 참으로 입멸(入滅)했다고 생각했습니다.

그 뒤, 나는 다시 다른 나라의 대도시로 가서 독각이라고 자칭하였으며, 그 도시의 사람들 역시 음식을 가지고 와서 내게 공양했습니다. 나는 거기서도 열반에 드는 것을 시현(示現)했고, 그들도 또한 내가 입멸하였다고 생각하고 모두 모여서 공양하고 내 몸을 다비(茶毘)에 붙였습니다.

사리불이여, 이렇게 해서 일소겁(一小劫)이라는 세월이 지나 360억 세(世)에 걸쳐 독각의 모습이 되어 열반에 드는 것을 시현했습니다. 수많은 대도시에서 나는 항상 독각의 가르침으로 36억의 사람들을 제도했습니다.

사리불이여, 보살은 이와 같이 독각의 가르침으로 열반에 들더라도 진실로 열반에 들어가는 일은 없습니다."

문수사리가 이와 같이 말했을 때에, 삼천대천세계는 여섯 가지로 진동하고 광명은 두루 세계를 비추었다. 천억의 천인(天人)들은 문수사리를 공양하여 갖가지 천화(天華)를 비처럼 뿌리고 다음과 같이 말했다.

"참으로 희유한 일입니다. 우리들은 오늘 커다란 이익을 얻

---

40)성자(聖者)가 모든 심상(心想)을 모두 없애고 적정(寂靜)하기를 바라서 닦는 선정(禪定).

었습니다. 불세존을 만나 뵙고 문수사리를 만나 수능엄삼매
(首楞嚴三昧)의 설법을 들을 수가 있었습니다.”
《불교성전》(1989. 邦文社)

우리는 여기서 중생을 위하여 원하는 모습으로 왔다가 멸진
정(滅盡定)에 들었다가 다시 다른 곳에 오는 문수사리 보살 님
의 모습을 분명하게 보았다.
　‘박형’께서도 가시기 얼마 전에 나에게 귀띔하셨다.
　“이제부터 다른 농사를 지어야겠다.”
　큰보살(菩薩)님은 중생을 제도하시기 위하여 그렇게 하신다.

신선교神仙敎

　신선교의 교조이신 노자(老子)님께서는, 중국 주나리 말기
에, 조상공의 딸인 61세 난 처녀의 몸에 무임시태되어, 그 어머
니의 왼쪽 옆구리로 나오셨으나 그 어머니의 옆구리는 전혀
상처가 없었다고 하며, 노자는 태어나자마자 머리가 백발이었
으므로 노자라고 불렀다는 것이다.
　노자께선 3백 살을 사시면서 인연 중생을 제도하시고, 떠나
실 때 윤희(尹喜)라는 사람에게 이르시기를,
　“나의 스승 고황(古皇) 불타님께서 서천에 계시므로 그곳으
로 간다.”
라고 하시며, 공중으로 날아가셨다고 한다.

　불교와 도교를 제외하고, 그래도 가장 진리에 가까운 〈요가
(瑜伽:YOGA)는 바라문교의 일파로서 인도에서 생긴 행법철

학인데, 그 정확한 기원은 알 수 없으나, 5천 년 전부터 있었다고 한다.

불교의 3급 비밀에 해당하는 유가심인록(瑜伽心忍錄)의 비밀이 새어나가서 요가 진리의 핵심이 되고 있으며, 그리고 요가 수행자들이 천리 밖에서 육성 대화를 하고, 70일간 땅 속에 묻힌 채 단식도 하고, 잠긴 문을 그대로 통과하는 것이 대단한 것은 아니다.

해탈법(解脫法)[41]을 모르는 종교에서는 명상선법(瞑想禪法)을 잘 행해서 삼매에 들면 귀태(鬼胎)가 생겨나는데 이것이 처음에는 어린아이로 태어나서 점점 자라 자기와 똑같은 모습이 된다. 그렇게 되면 다섯 가지 신통이 한꺼번에 나는데, 그 능력이 대단하여 이 우주 안에 어디든지 마음대로 갈 수 있고, 볼 수도 있고 들을 수도 있으며 신통이 자재하다.

이것을 음신출현(陰神出現)이라고도 하는데, 역시 음전기(陰電氣)인 전자파 생명을 벗어나지 못한 상태이다.

그리고 명상선법으로 자기 능력을 개발하지 못하고, 깊은 신앙심에 의해 일념(一念)이 되어도 영대(靈臺)가 밝아지고, 육감이 민감해져서 모든 것을 잘 아는 수도 있지만, 그보다 대부분 파장이 맞는 영이 그를 지배하여 배운 일이 없는 외국어를 유창하게 하거나, 예언을 하거나 병을 고치거나, 또는 인간의 능력으로 불가사의할 만큼, 불에 타지 않거나 물에 가라앉지 않거나 하는 예도 더러 있는데, 이쯤 되면 굉장한 능력자로 알려져서 도인이니 초인(超人)이니 하고 존경을 받겠지만 사실

---

41)해탈은 번뇌의 속박을 벗어나 자유로운 경계에 이르는 것. 선정(禪定)의 다른 이름이다.

은 이 모두가 천마(天魔)가 붙은 것이다.

이와 같은 타력에 의한 기적이나 능력은 그 신이 떠나면 전혀 능력이 없어져 버리며, 타력에 의한 능력은 정법 수행자 앞에서는 그 기능을 발휘하지 못한다. 그 이유는 배후 신이 무서워서 쫓겨 가기 때문이다. 이것을 사불범정(邪不犯正)이라고 한다.

제령除靈과 지옥地獄

신(神)은 하나님, 염라대왕, 호법신장, 천사 등등 밝고 영명한 것을 일컫는다. 귀(鬼)는 귀왕(鬼王), 귀신, 영혼, 혼신, 유령 등등 보통 영혼인데, 영명하지 못한 것을 뜻한다.

영명한 신은 양신(陽神)이며 힘이 있고, 밝은 곳으로 사람을 인도하려는 선신(善神)이시다. 귀신은 음신(陰神)이며, 사람을 유혹하여 타락시키려고 하는 악령(惡靈)들이다.

제령(除靈)은 사람의 몸에 빙의(憑依)되어 있는 귀신(鬼神)을 도력으로 떼어버리는 것이다. 귀신이 빙의되면 정신이 명랑하지 못하고 자신도 모르는 행동을 하기도 하며, 몸에도 이상을 일으킨다. 몸이 이유없이 저린다든지 화끈거린다든지 아프고, 정신적으로 자신이 남과 같이 느껴지며, 알 수 없는 행동을 불쑥불쑥 하게 되기도 한다.

신선 이야기에서 갑자기 귀신 이야기로 옮겨가는 이유는, 우리가 죽으면 귀신이며, 몸 밖이 곧 영혼의 세계인데, 우리가 이것을 투철하게 알게 되면 좀더 적극적으로 삶을 꾸려갈 수가 있겠기 때문이다.

귀신의 세계가 우리와 아주 밀접하게 관계를 유지하고 있다. 보통 사람이 죽으면 영혼 곧 귀신이며, 불가에서는 중음신 또는 영가(靈駕)라고 한다. 다시 태어나기 전의 음신(陰神)이기 때문에 중음신이라 하는 것이며, 우주의 공간을 배회하고 다니다가 인연이 오면 입태(入胎)되어 다시 세상으로 몸을 받고 온다.

《진리의 문》 180p부터.

지옥은 참으로 있는 것일까?

이것은 참으로 심각한 문제이다. 왜 그런가 하면 영혼 불멸을 믿는 사람이나 또는 일부 승려들까지도 지옥설을 믿지 않고 계행을 소홀히 여기는 것 같으며, 심지어 심령 과학을 아는 지식인 중에도 부처님의 지옥설을 그대로 믿지 않고, 오히려 '중세기의 중놈들이 말하는 유황불이 부글부글 끓는 그런 지옥은 없다.'고 역설하는 사람도 있는데, '선무당이 사람 잡는다.'는 속담과 같이, 어림짐작의 지식을 가지고 잘못 떠들면 정말 불쌍한 신세를 면치 못할 것이다.

상식적으로 판단해 보아도 영혼이 없어지지 않는다면, 고(苦)와 낙(樂)이 있을 것은 분명한데 천당은 인정하면서 지옥고는 없다고 하니 참으로 한심한 일이다.

독자들 생각에는 이런 글을 쓰는 필자도 지옥을 보지 않고 어떻게 지옥설을 액면 그대로 맞는다고 주장하느냐고 할는지 모르지만, 현재까지 부처님 말씀이 한 말씀도 틀린 사실이 없다는 것은 경험자라면 잘 알 것이다.

그렇다고 해서 무조건 주장하는 것은 아니다. 여러 가지 이치와, 심령과학과, 부처님 말씀과, 직접 체험한 경험을 종합 참작해 본 결과 틀림없기 때문에 이런 글을 쓰는 것이다.

필자가 제령(除靈)할 적에, 어느 노파 악령이 생전의 자기 며느리였던 빙의(憑依) 영을 뒤에서 조종하여 그 며느리 영으로 하여금 사람을 괴롭혔다.

그래서 그 배후의 노파 악령을 불렀더니, 그 악령은 빙의 환자의 입을 통해서

"왜 불렀느냐?"

하고 말을 함부로 하기에,

"너는 보이는 게 없느냐? 말을 함부로 하게."

하고 필자가 말하니까,

악령:나는 부처고 중이고 그런 것은 모른다. 하나님밖에 모른다.(그 노파 영은 ××교의 신사였나)

필자:그래, 모르는 것은 좋은데, 왜 며느리를 시켜서 사람을 괴롭히도록 조정하느냐?

악령:그거야 내 며느리를 내 마음대로 하는데 왠 참견이냐?

하고 자못 기세가 등등했다. 필자는 설득이 불가능할 것으로 짐작하고, 실력행사로 들어가 한 손으로 환자의 이마를 짚고, 한 손은 환자의 단전(丹田) 부위에 주먹처럼 단단한 귀태(鬼胎)를 손 끝으로 짚고, 체내의 진기(眞氣)를 손끝으로 집중하여 전기 고문을 했다.

음령(陰靈)은 양전기에는 고통을 받기 때문에, 그 악령은 죽겠다고 소리치면서 가슴을 두드리며 괴로워했다. 그렇게 기세가 등등하던 악령도 놓아달라고 빌었다.

그러나 그대로 놓아주면 며느리 영을 또 조종할 것이 틀림

없으므로 놓치 않고 호법신장님께 그 죄상을 물으니, 지옥 갈 죄까지는 아니었는데 이제 수도인(修道人)에게 말을 마구 한 죄로 지옥에 해당된다고 했다.

　필자 : 그러면 신장님이 이 악령을 처리하시오.

하고 말했더니, 신장님은 악령에게

　신장 : 네 에미도 지옥에 있구나. 보이느냐?

　악령 : 안보입니다.

　신장 : 지옥 문을 열어라! 지옥 문을 열어라!

　이와 같이 여러 차례 반복하고 나서 말했다.

　신장 : 지옥이 보이느냐?

　악령 : 예, 보입니다. 아이쿠! 잘못했으니 제발 살려 주십시오.

　신장 : 안된다. 사람이라도 수도인한테 말을 함부로 하면 죄가 될텐데 하물며 영가가 말을 함부로 했으니 어찌 용서가 되겠느냐? 썩 나서거라!

　이렇게 하여 그 악령을 지옥에 보낸 사실이 있지만, 영혼이라 해서 다 지옥을 볼 수 있거나, 출입할 수 있는 것은 아니다. 염라대왕 이상급이라야 지옥을 출입할 수 있다.

　그렇기 때문에 시시한 잡령이나 또는 영능력자라고 자처하는 사람들도 지옥을 확인하기 어렵다. 일반 영혼으로 하여금 지옥 구경을 시킬 때는 높은 수준의 신력(神力)이 아니면 출입하지 못한다.

　그러면 어째서 모든 물질을 자유롭게 통과할 수 있는 영혼이 지옥에 갇혀서 고통을 받을까?

　그것은 순 음전기 체(體)인 지옥령은 그 무게 때문에 인력 중심부인 지구 속을 벗어나지 못한다. 그러나 무한한 고통을

받아 유체가 다 녹아 없어지고 무게가 가벼워지면 지상으로
올라오며, 무게가 좀 가벼운 영들은 지상의 바위굴이나 음산한
곳, 직사광선이 잘 들지 않는 곳에서 고통을 받는다.

　'박형'께서 정자 아래로 흐르는 물을 가리키시면서 말씀하
셨던 물의 순환과 같은 영혼의 순환, 곧 윤회에 대한 말씀 중
에서
　'땅 아래로 흐르는 물은 산의 흙이나 어느 바위 틈 사이에
　서 나와서 흐르고, 빗물방울이나 눈송이로 온 것은 일부는
　땅속으로 스며들고 나머지는 땅 위를 흘러서 시냇물로 합치
　고, 강으로 흐르며 바다로 들어간다.'
라고 하셨던 부분과, 지옥이 땅 밑에 있어서,
　'지옥령은 그 무게 때문에 인력 중심부인 지구 속을 벗어나
　지 못한다. 그러나 무한한 고통을 받아 유체가 다 녹아 없어
　지고 무게가 가벼워지면 지상으로 올라오며, 무게가 좀 가벼
　운 영들은 지상의 바위굴이나 음산한 곳, 직사광선이 잘 들
　지 않는 곳에서 고통을 받는다.'
라는 말과는 모든 면에서 완전히 일치한다.
　이렇게 절박한 상황이 우리의 주위에서 벌어지고 있는데, 사
람들은 아무것도 모른다. 이유는 영혼을 볼 수도 없고, 들을 수
도 없고, 만질 수도 없기 때문이며, 설사 큰보살님이나 신선님
께서 오셔서 알려주셔도 그분들이 어떤 모습으로 오시는지, 어
떻게 우리를 가르치시고 계신지를 알지 못하니, 그분의 말씀을
역시 이해하지 못하고 마는 것이다.

강도 만난 '어떤 사람'

예수는 예루살렘에서 여리고로 가다 '강도를 만나' 옷을 벗기운 뒤 맞아 '거반 죽게 되어' 버림받은 한 남자의 이야기를 들려주었다.

누가복음 10장 25절부터.

어떤 율법사가 일어나 예수를 시험하여 가로되,

"선생님, 내가 무엇을 하여야 영생(永生)을 얻으리이까?"

예수께서 이르시되,

"율법(律法)에 무엇이라 기록되었으며, 네가 어떻게 읽느냐?"

대답하여 가로되,

"네 마음을 다하며 목숨을 다하며 힘을 다하여 주(主) 너의 하나님을 사랑하고, 또한 네 이웃을 네 몸과 같이 사랑하라 하였나이다."

예수께서 이르시되,

"네 대답이 옳도다. 이를 행하라. 그러면 살리라."

하시니, 이 사람이 자기를 옳게 보이려고 예수께 여짜오되,

"그러면 내 이웃이 누구오니이까?"

예수께서 대답하여 가라사대,

"어떤 사람이 예루살렘에서 여리고로 내려가다가 강도를 만나매, 강도들이 그 옷을 벗기고 때려 거반 죽은 것을 버리고 갔더라.

마침 한 제사장(祭司長)이 그 길로 내려가다가 그를 보고 피하여 지나가고, 또 이와 같이 한 레위인(人)도 그곳에 이

르러 그를 보고 피하여 지나가되, 어떤 사마리아인(人)은 여
행하는 중 거기 이르러 그를 보고 불쌍히 여겨 가까이 가서
기름과 포도주를 그 상처에 붓고 싸매고 자기 짐승에 태워
주막으로 데리고 가서 돌보아주고, 이튿날에 데나리온 둘을
내어 주막 주인에게 주며 가로되, '이 사람을 돌보아 주라.
부비(浮費)가 더 들면 내가 돌아올 때에 갚으리라.'하였으
니, 네 의견에는 이 세 사람 중에 누가 강도 만난 자의 이웃
이 되겠느냐?"
가로되,
"자비(慈悲)를 베푼 자니이다."
예수께서 이르시기를,
"너도 가서 이와 같이 하라."
하시니라.

여기에 강도 만난 '어떤 사람'처럼 예수님께서 그렇게 우리
앞에 나타나실 수가 있다. '십자가에 못 박혀 죽었다가 사흘만
에 부활하여 승천하셨던 예수님께서 재림하셔서' 우리 앞에
나타나실 수가 있다. 보통 사람의 모습으로⋯⋯, 어려움에 처한
난처한 사람으로⋯⋯, 가난한 거지의 모습으로⋯⋯, 병든 환자
의 모습으로⋯⋯.
예수님께서,
"형제 중에 지극히 적은 자 하나에게 한 것이 곧 내게 한
것이니라."
라고 하신 마태복음 25장 40절의 내용이, 큰보살님이나 신선
님의 신통을 알고 나면 꼭 비유의 말씀만은 아닌 것이다.

그러니 우리의 육체가 죽으면 즉시 저승길의 중음신이 된다는 것을 안다면, 살아서 힘껏 수행(修行)하여야 할 것이며, 자기 자신을 위해서라도 일거수 일투족 명심하고 바르게 살아야 될 것이다.

사실 현세에 사는 사람이 2천 년 전에 성인(聖人)되신 분의 대속(代贖)[42]만 믿고, 자신은 하는 것 없으면서 깨어 있지 못한 영혼으로 천당 갈 것만 바라는 것은, 너무나 의존적이며 소극적 행동인 동시에, 현실 세계를 전혀 모르는 처사라고 말하지 않을 수 없다.

'천당은 착한 사람만이 가는 곳인데 만약 그렇지 않고 다른 생명을 하찮게 여겨 미워하거나 죽이거나, 또는 남의 것을 훔치거나 거짓말하는 악습 등을 못 버렸다면, 그런 사람들이 가는 천당이 새로 생겨나지 않는 한 천당에 갈 수 없다.'

만약 어느 기독교인이 자신의 사후의 삶을 예수님의 대속(代贖)에만 의지한다면, 그 사람은 인간의 가능성과 위대성을 깨닫지 못한 사람일 것이다. 또 그 사람이 착하게 살지 않는다면, 그는 예수님의 가르침을 바르게 이해했다고 할 수 없을 것이다.

---

42) 값을 지불하고 형벌과 죄에서 구원하는 것을 가리킨다. 기독교에서는 그리스도께서 십자가에 희생당하심으로써 우리의 모든 죄를 대속(代贖)하셨다고 한다.

10. "도사가 될래? 박사가 될래?"

　정말 당신은 화현(化現)하신 어른을 본 적이 없는가?

　나는 이 책의 처음에 부석사에 화현하셨던 성인(聖人)의 이야기를 하였다. 그리고 우리는 이제까지 칠불사에서 목마(木馬) 타고 마당을 일곱 바퀴 반 돈 나한 이야기며, 지금 세상에는 도인(道人)이 약 천 명이나 계시면서 항시 천당(天堂)의 일을 보고 듣고 한다는 도인(道人) 이야기를 읽었다.

　또 해탈하여 도인(道人)이 되신 분들은 세대가 바뀐 후에 스님이나 속인의 모습으로 나타나셔서 인연있는 중생을 제도(濟度)하신다는 말도 들었으며, 여래(如來)께서는 '백 겁인들 못 살겠느냐?'고 하셨던 말씀도 들었다.

　'박형'께서도 엄청난 신통을 나에게 보여주셨다. 금세 죽었다가 다시 사셨던 일하며, 내가 아는 한 그분은 전지전능하셨다. 도대체 모르는 것이 없었으며, 상식으로 믿어지지 않는 신통을 보여주셨다.

　실제로 그랬다. 나의 모든 것을 걸고 나는 분명히 증언한다. 나는 허깨비를 본 것이 아니다.

　나 역시 옛날에는 '박형'의 신통을 몰라서 무엇이 어떻게 된 것인 줄을 알 수 없었다. 시간이 지나감에 따라 깨닫게 된 것은 성인(聖人)의 신통력은 정말 신통하게도 사람에게 작용한다고밖에 달리 말할 수 없게 되었다. 내가 보고 느끼고 알게 된 것은 모두 사실이며 진실하다.

우리가 할 수 없다 하여 그분들도 할 수 없을 것이라고 속단하는 것은 이치에 맞지 않는 무리한 판단이다. 장님이 볼 수 없어도 푸른 하늘은 저렇게 있는 법이다.

사실 성인(聖人)께서 인간을 가르치실 때에, 전지전능한 능력을 쓰시기는 하지만, 꼭 그 사람을 위해서만 능력을 쓰시며, 반드시 '세상의 모양과 세상의 이치'로서 보여주신다.

오늘도 성인(聖人)께서는 남모르게 신통력을 사용하고 계실 것이다. 또 모르기는 해도 세상 사람 누구나 원하기만 하면 몇 번씩이라도 그분들을 만날 수 있을 것이다.

준비가 안 되어 있기 때문에, 또는 인연이 없어서 나타나셔도 보지 못하고, 말로 진리를 귀띔해주셔도 깨닫지 못할 뿐이다. 그래서 그분들께서 언제 왜 신통력을 남몰래 쓰셨는가를 알면 극락·천국 가는 길에 큰 힘이 될 수도 있겠다.

지금부터 성인(聖人)의 전지전능한 능력을 찾아간다. 내가 직접 당해보았던 '박형' 박상신(朴尙信) 도사(導師)님의 신통을 다시 한번 구경하자.

첫째 이야기/미친 놈 집어던지기

1979년 어느 날, '박형'네 식구와 우리집 식구가 함께 소백산 비로봉을 올랐다. 일행이 비로사를 지나 막 산을 오르려던 때에 '박형'께서 말씀하셨다.

"어떤 동리에 낫 망치 같은 것을 장대 위에 높이 달아두고,

미친 놈이 나와서 사람들을 꼼짝 못하게 괴롭혀. 온 동리 사
람들이 다 무서워서 벌벌 떠는 거야. 아무래도 안되겠기에
내가 나섰어. 아무도 모르게 뒤로 돌아가서 집어던졌더니,
그후에는 내가 나온다는 말만 들어도 벌벌 떨어. 꿈쩍도 못
해. 소련에서……."

나는 어리둥절했다. '낫, 망치 같은 것을 장대 위에 높이 달
아 둔 동리'라고 하여 그런 곳도 다 있구나 하고 생각했는데,
나중에 '소련에서'라는 말을 덧붙인 때문이다.

'박형'께서 다시 말했다.

"나중에 알게 될 거야. 깃발 같은 것 있잖아. 낫이 그려져
있고 장대 위에 높이 달아둔 것. 소련이 곧 분해돼."

당시 소련은 세계 제일의 군사 강국으로 막강한 국력을 자
랑하던 나라였고, 손톱만큼이라도 분열될 기미는 보이지 않고
있었다.

그러나 후세인의 이라크와 미국을 위시한 다국적 군과의 싸
움이 일어났을 때부터, 소련은 분열의 조짐을 보이더니 러시아
에는 옐친 대통령이 등장하였고, 지금의 소련은 분열되어 많은
국가가 구 소련에서 독립해 나왔다.

'온 동리 사람들이 다 무서워서 벌벌 떠는 거야. 아무래도
안되겠기에 내가 나섰어. 아무도 모르게 뒤로 돌아가서 집어던
졌다.'는 '박형'의 말씀은 무엇을 의미하는 것일까?

둘째 이야기/도사導師 모집

1980년, 학생들의 여름방학 때이다. '박형'네 식구와 우리집
식구가 함께 '인연이 있는 곳' 단양의 구담봉과 옥순봉에 갔을

때였다.

우리는 배를 타고 옥순봉과 구담봉을 한 바퀴 돌았다. 나중에 알게 되었지만, 그 뱃놀이는 두 집 가족이 함께 나눈 마지막 즐거움이었다.

저녁이 되어 돌아올 즈음에 우리들은 어떤 젊은이가 작살을 가지고 물고기를 잡으려고 물속에서 헤엄쳐 다니는 것을 배를 탄 채 구경했다. 우리는 한참 동안 그가 물속을 다니며 고기를 찾는 것을 바라보았다.

그때 돌연 그 젊은이가 작살로 물고기 한 마리를 콱 찌르더니 피가 뚝뚝 떨어지는 것을 번쩍 쳐들었다. 순간 나의 머릿속이 한결 더 맑아지는 느낌을 받았다. 웬일인지 머릿속이 시원했다.

그때에 '박형'께서 집사람에게 묻는 지극한 말소리가 들려왔다.

"도사가 될래요? 박사가 될래요?"

조금 후에 집사람의 작고 조용한, 그렇지만 범할 수 없는 엄숙한 대답이 들려왔다.

"도사가 되겠어요."

순간 나는 속으로 '왜 나에게는 묻지 않는가?'라는 생각을 했다. 그때 '박형'께서 나에게 질문을 던졌다.

"자네는 도사가 될래? 박사가 될래?"

나는 순간적으로 놀랐다. 그리고 생각했다. 도사가 되려면 죽어야 된다.

죽을 자신이 없어서 대답을 하지 못하고 망설이다가, 기어 들어가는 작은 소리로 중얼거렸다.

"나는 아무것도 몰라, 알아야 무엇이 되어도 될 텐데……."

도사(導師)이셨던 '박형'께서는 가슴이 따뜻한, 추수할 일꾼을 찾고 계셨다. 아는 것이 아무리 많아도 실천이 없으면 불합격이란 사실을 나는 몰랐다.

셋째 이야기/부활復活

때는 1980년 어느 겨울날. '박형'네 텃밭에서다. '박형'께서 의외의 질문을 하셨다.

"자네 해부(解剖)를 영어로 뭐라 하는지 아나?"

"잘 생각나지 않는데요."

나는 ㄱ전에도 몰랐고 ㄱ 당시에도 몰랐다. 그렇지만 모른다고 하기보다 생각나지 않는다고 하는 편이 무식한 사람이라는 인상을 주지 않을 것 같아서 '생각나지 않는'다고 얼버무렸다. 그리고 언제나 구수한 옛날 이야기를 해주시는 할아버지 같으신 '박형'께서 갑자기 해부의 영어 단어를 알고 싶어하는 것이 이상하기만 했다.

'박형'께서 자문(自問)에 자답(自答)하셨다.

"지오로지(Geology)야. 이것을 잘 기억해 두게. 나중에 내가 다시 물어볼 테니까."

라고 했다.

그때에 나는 생각하고 있었다. '지오로지(Geology)'라고? '지오그라피(Geography)'라면 지리(地理)가 아니면 지도(地圖)라는 단어 같은데…… 지오로지라면 지리와 관계있는 말 아닐까? 해부가 어째서 그런 말들과 비슷한 것인가?

나는 '지오로지'라면 지리(地理)와 같은 계통의 단어가 아닌가라고 물으려 했다. 그런데 말은 다르게 나갔다.

"지오로지라면 지리…… 뭐 그쪽 같은데……."

하며 질문하는데, 돌연 나의 말끝 부분이 어떤 힘에 의해서 변해져 나갔다.

"거기에 무슨 뜻이 있는가?"

라고. 어떤 힘이 나의 혀를 놀려서 다른 말을 하게 했다. 나는 무섭고 당황했다. 그때에 '박형'께서는 다시

"해부가 영어로 지오로지라는 내 말을 꼭 기억해두게. 내가 나중에 다시 물어볼 테니까."

라고 하셨다.

사실 내가 '거기에 무슨 뜻이 있는가?'라고 내뱉고 보니, '이것을 잘 기억해 두게. 나중에 내가 다시 물어볼 테니까.'라고 하신 '박형'의 말씀에 무슨 뜻이 있는가를 질문한 것 같았다.

나는 '박형'께서 재차 '내 말을 꼭 기억해 두게. 내가 나중에 다시 물어볼 테니까.'라고 하시는 말을 듣고서야, 그 말씀이 또한 이상하다고 생각하게 되었다.

왜 해부가 영어로 지오로지라는 것을 꼭 기억해 두어야 하며, '박형'께서는 왜 나에게 그것을 다시 물어보시려는 것일까? 그때 '박형'께서는 내가 의심하는 바를 아신다는 듯이,

"그때 가 보면 내가 그렇게 말한 이유도 다 알게 돼."

하시고서

"꼭 기억해 두게."

라며 진지하게 당부하셨다.

참으로 엉뚱한 질문이었고, 이상한 내용의 대화였다. 그리고

나는 그날따라 '박형'에게 존대어를 사용해야 된다고 마음속에 자각하고 있었는데도, 미련해서 냉큼 존대어로 고치지 못하고 계속 말끝을 흐리면서 엉거주춤하고 있었던 것이 지금도 생각난다.

그리고 10여 년의 세월이 흘렀다. 그 동안 '박형'의 말씀을 빌리면 '다른 농사를 지으시려고' 1981년 4월에 큰 산(山)으로 돌아가셨고, 겉으로 '박형'의 시신은 3일 후에 동리 사람들에 의해서 장사 지내졌다.

'박형'께서 가신 해 1981년 1년간 나는 고향 풍기읍에서 약국을 경영했고, 1년 후에 충북 단양으로 이사하여 다시 약국을 열었다. 그 동안 나는 '박형'께서 '잘 기억해 두게. 내가 나중에 나시 물어볼 테니까.'하며 당부하셨던 것들을 까맣게 잊고 말았다.

10년 후인 1991년, 나는 《대웅전주인》이라는 소설[43]을 썼는데, 그것을 반쯤 썼을 때였다.

그 소설은 '박형'을 주인공으로 한 것이기 때문에 내용에 입산수도하던 박상신 청년이 여러 가지 신통 얻는 장면을 써넣고 싶었다. 그런데 어떻게 해야 신통력을 얻게 되는지 알 수가 없었다. 고민스러웠다. 중도에서 글을 이상하게 끝낼 수도 없었다.

그때에 '박형'께서 오셔서 부활하신 모습을 보여주셨다.

때는 1991년 여름, 어느 날 오전이었다. 그날은 마침 단양 장날이어서 우리 약국 앞에는 사람들이 많았다. 나는 큰 유리창

---

43)박형께서 불타가 되시는 과정을 조명한 졸저.

을 통하여 밖을 내다보며 책상 앞에 앉아 있었는데, 어떤 체구가 큼직한 사람이 우리 약국 앞을 두어 번 왔다갔다하는 것이 눈에 얼른 들어왔다. 그는 꼭 '박형'만큼 큰 덩지에다가 이상하게 내 눈에 얼른 띄는 그 무엇이 있었다.

공부를 많이 한 사람인가? 혼자 잠깐 생각하는 사이에 그 사람이 우리 약국을 향해 걸어오는 것이 유리창 너머로 보였다.

그는 성큼성큼 걸어서 우리 약국으로 오더니, 약국 문을 빠끔히 열고 서서 질문을 던졌다.

"해부(解剖)가 영어로 지오로지(Geology)입니까?"

나는 생각나는 게 없었다.

"……."

대답할 수가 없어 망설이고 있자니까, 그가 더 큰 목소리로 물었다.

"저, 해부가 영어로 지오로지입니까?"

나는 다시 생각할 수밖에 없었다. 해부라고? 그 순간 우리 약국 벽에 있는 인체해부도에 영어로 크게 휴먼 아나토미(Human Anatomy)라고 쓰인 것이 생각났다. 얼마나 다행한 일인가.

그러나 해부는 해부도와는 다르기 때문에 나는 그에게 자신 없는 소리로 대답했다.

"글쎄? 아나토미(Anatomy)일 걸요."

그때에 그 사람이 말했다.

"그래요? 난 지오로지인 줄 알았는데……."

그리고 그는 잡았던 문의 손잡이를 놓고 돌아섰다. 나는 저

만치 가는 그를 따라 나가서 그에게 말했다.

"사전을 찾아보시지요."

그가 대꾸했다.

"예, 사전을 찾아보면 다 알 수 있지요."

그는 별것 아니라는 듯이 말했다. 나는 시큰둥한 그의 태도에 자못 실망했다. 방금 그렇게 열심히 큰 소리로 묻더니만…….

그러나 그가 가고 나서도 나는 해부가 영어로 뭐라고 하는지? 그에게 가르쳐 주지 못한 것을 마음에 두고 있었다.

그리고 얼마 안된 시점이었다. 나는 이것을 소설 《대웅전주인》에 써넣으면 되겠다고 생각했다.

박상신 청년을 가르치셨던 '격물치지(格物致知) 할아버지'[44]께서 청년에게 '자네 해부를 영어로 뭐라고 하는지 아나?' 하고 묻는다. 그리고 '해부는 영어로 지오로지다.' 라고 알려준 다음, '나중에 꼭 다시 물어볼 테니 잊지 말라.'고 당부한다. 그리고 돌아가신다. 장사까지 지낸 몇 년 후에 홀연히 나타나셔서 다시 '해부가 영어로 지오로지인가'를 물으면 세상의 가장 신통한 일, 즉 '부활'과 변신(變身)하는 신통(神通)을 박상신 청년에게 보여주는 것이 되겠구나라는 생각을 했다.

나는 소설로 돌아갔다. 그리고 격물치지 할아버지께서 청년 박상신에게 '해부가 영어로 무엇이라고 하는지'를 묻는 장면부터 쓰기 시작했다. 그랬더니, 신들린 사람처럼 생각이 절로 외곬수로 나가면서, (참조 《대웅전주인》 262p)

---

44) 소설 속에서 청년 박상신을 가르치셨던 천국인. 처음 청년을 만났을 때에 격물치지의 뜻을 물었던 할아버지셨기 때문에 그렇게 불렀다.

“지오로지(Geology)야, 나중에 내가 다시 물어볼 테니까 잊
지 말고 꼭 기억해 두게.”
라고 했고,
“하여튼 그때 가 보면, 이유도 다 알게 돼.”
까지 줄줄이 써놓았다.

그때였다. 놀랍게도 정말로 ‘박형’의 텃밭에서 대화를 나누
던 장면이 조금씩 떠오르는 것이었다. 그 옛날 ‘박형’께서 해
부가 영어로 ‘지오로지’라고 말씀하셨을 적에 ‘지오로지’는
‘지오그라피’와 비슷해서 지리(地理)와 관련이 있을 것이라면
서 나 혼자 끙끙댔던 그 생각…… 그 조그만 기억이 떠오르는
것이었다.

그리고 계속해서,
“해부는 지오로지(Geology)야. 나중에 내가 다시 물어볼 테
니까 잊지 말고 꼭 기억해 두게.”
라고 하셨던 말씀과 뒤이어 ‘박형’께서 하셨던 그 말씀…….
“그때 가 보면 내가 그렇게 말한 이유도 다 알게 돼.”
까지 줄줄이 생각나는 것이었다.
“아차! 정말로 그랬었구나.”
나는 마음속에 강한 충격을 받았다.

그리고 정말 무서웠다. 마음속 깊은 곳에서 몸서리를 쳤다.
성경책에서 읽어보았던 ‘예수님의 부활’과 똑같은 ‘박형’의 부
활을 보았기 때문이다.

마음대로 죽었다가 다른 모습으로 나타나는 그 불가사의한
일은 무엇 때문일까를 순간 생각했다. 그렇지만 그런 생각은
잠시뿐, 곧 나를 압도한 것은 공포였다. 참으로 이승과 저승이

이렇게 가까이 있구나. 천국이 가까이 있구나. 이대로 살다가는 틀림없이 죽어 지옥 가겠구나! 생각만 해도 끔찍한 지옥의 공포가 나를 엄습했다.

'박형'은 저렇게 되셨는데, 그의 가르침을 받은 나는 이 꼴이 될 수밖에 없단 말인가! 나는 그전에 '박형'께서 가르침을 주실 때에 있던 따뜻한 마음이 지금은 없다는 자각 때문에 무서웠다. 나의 놀란 가슴은 계속 쿵쿵거렸고, 나는 속으로 외쳤다.

'이를 어떡하나! 이를 어떡하나!'

내가 그렇게 놀란 이유는 죽어 장사 지냈다던 '박형'의 부활 그 자체보다는 '천국이 가까이 있다는 것'과 '박형'께서 돌보아 주실 적에도 미역국만 먹은 내가 이제 죽었다가 다시 깨어나도 '박형'처럼 될 수는 없겠다는 질망 때문이다.

사실 나는 이미 '박형'의 굉장한 신통력, 즉——'박형'께서 방안에 가만히 앉아 있으시면서도 옆자리에 앉은 사람에게 몸을 숨기셨던 일과 다른 사람으로 변한 신통 즉, 키가 약간 크고 말랐으며 허름한 50대의 남자로 변하여 나에게 오셔서 돈만 원까지 빌려 가셨던 일 등을 기억하고 있었다. 나에게 미리 이런저런 경험이 없었더라면, 그 사람이 '박형'이라고 생각할 수도 없고, 오늘 그렇게 큰 충격을 받지 않았을지도 모른다.

나는 그후에 이러한 사실이 있었다는 것을 꼭 잊지 말고, 그 옛날 '박형'께서 나에게 가르쳐 주신 깊은 뜻 즉, '서로 크게 사랑하라.'를 잘 지키면서 바르게 살아야겠다고 마음속에 굳게 굳게 다짐했다.

그러나 자기가 할 수 있는 자는 행하고, 할 수 없는 자는 남

222

에게 가르친다던가. 나는 내가 바르게 행할 수 없었지만 나에게 있는 남다른 경험을 그냥 썩힐 수가 없었다. 그래서 신통력에 대하여 아무것도 모르면서 '박형'을 중심으로 성경 속의 예수님의 신통력과 부처님에게만 있다는 십력(十力)[45] 이야기를 정리해 보았다.

그때에 잊고 있던, '박형'의 부활과 관련있는 옛날 일이 생각났다.

'박형'께서 돌아가신 것으로 되어 있는 1981년 4월 19일(음력 3월 15일)은 부활절 날이었다. 사건은 그 전에 있었다. 그날은 장날이어서(18일이 아닐까 생각하고 있다. 풍기 장날은 8일과 3일이니까) 길을 지나는 사람들이 다른 때보다 더 바빠 보였다.

그때에 처음 보는 시골 아주머니 한 분이 우리 약국의 문을 빠끔히 열고 밖에 서서 안에다 대고 큰 소리로 물었다.

"여기가 새한약국이 맞아요?"

그때에 약국 문 바로 옆 의자에 앉아 있던 사람이 말했다.

"예, 맞아요."

그런데 그 아주머니는 그 말을 듣지 못하기라도 한 듯, 다짐하듯이 다시 크게 물었다.

"여기가 새한약국이 맞아요?"

나는 왠 여자가 이렇게 큰 소리를 치는가 생각하며 그 아주머니를 멍하게 쳐다보았다.

---

45)부처님에게만 있는 열 가지의 심력(心力). 화엄경 십통품(十通品)에 1.타심통 2.천안통 3.숙명통 4.지미래통 5.천이통 6.왕일체찰통 7.선별언사통 8.무수색신통 9.달일체법통 10.입일체멸진삼매통 등이 나온다.

"예, 맞아요. 맞다니까요."

"새한약국이지요?"

그 아주머니가 세 번씩이나 다짐을 하자 그 사람이 벌컥 큰 소리로 대답했다.

"맞다니까 그러시네. 어서 들어와서 얘기를 해봐요. 찬바람이 들어오니까."

그 아주머니가 약국 안에 들어서는 것을 기다렸다는 듯이 문 옆 의자에 앉았던 사람이 말했다.

"이제 무슨 이야기인지 말해봐요. 여기가 새한약국이 틀림없으니까. 저기 약사한테……."

그 아주머니가 나를 보면서 말했다.

"금계동 '박형' 박상신이가 저기 산 쪽으로 혼자 걸어가던데요."

"예? 누가요?"

나는 느닷없는 그 아주머니의 말을 잘 알아듣지 못하고 반문했다. 아주머니가 다시 말했다.

"금계동 '박형' 박상신요. 혼자서 흰 고무신을 신고 저쪽으로 가더라구요."

아주머니는 소백산 쪽을 가리켰다.

나는 그 아주머니가 어떻게 '박형'의 이름을 잘 아는지 이상하면서도 이야기에 끌려 들어가서 말했다.

"그래요? 저쪽 어디요?"

"저쪽으로요. 흰 고무신을 신고 혼자 큰 산 쪽으로 가면서, 나보고 새한약국에 가서, '내가 혼자 흰 고무신 신고 큰 산 쪽으로 가더라고 이르라.'고 해서 전하러 왔어요."

224

“아, 그래요.”

“금계동 ‘박형’ 박상신씨가 나에게 꼭 새한약국에 가서…….”

라고 하더니,

“저는 분명히 금계동 박상신씨가 산으로 혼자 흰 고무신 신고 가더라고 전해드렸습니다.”

라고 확인하는 말을 했다.

“예, 고마워요.”

나는 고마운 아주머니에게 인사를 했다.

‘박형’께서 혼자 흰 고무신을 신고 산 쪽으로 가더라는 말을 처음 전해 들었을 때에, 나는 두 가지 생각이 났다.

그 하나는 ‘박형’께서는 병이 완쾌하셔서 동네를 건강하게 걸어다니신다는 전갈을 보냈다는 생각이며, 다른 하나는 방금 돌아가셔서 그 영혼이 육체를 빠져 나와 큰 산 쪽으로 가신 것은 아닐까 하는 것이었다.

그리고 ‘박형’께서는 항상 흰 고무신을 즐겨 신으시기는 하지만, 아주머니가 강조해서 ‘흰 고무신’ ‘흰 고무신’ 했는데, 흰 고무신이란 혹시 신선이 타고 다니는 흰 구름을 의미하는 말은 아닐까라는 생각도 해보았다.

사실 그 며칠 전에 ‘박형’께서는 대구에 있는 큰 병원에 갔다가 다음날 택시로 되돌아오셨다. 이상하게도 ‘박형’이 돌아오시던 그날, 나는 ‘박형’의 생각을 줄곧 잊고 있다가 우연히 생각이 떠오르는데, ‘어떤 일이 있더라도 꼭 ‘박형’을 낫게 해드려야 된다.’는 책임 같은 것이 마음속에 떠올랐다.

그런 생각이 들면서 정말로 무엇에 이끌리듯이 약국 밖으로 나서는데, 우연히 택시 한 대가 피곤한 모습으로 이쪽을 향하여 오는 것이 보였다. 육감적으로 '혹시 '박형'께서 타고 오시는 차가 아닐까?'라는 생각이 들어서 유심히 살피는데, 그 차는 대구 번호판을 달고 있었다.

차를 세우고 어떤 결과가 나왔는지를 알아보자. 그리고 최선을 다해서 병을 치료해 보자는 그런 생각만 했었는데 차가 획하고 지나갔다. '박형'네 식구가 그 안에 타고 있다는 느낌을 받았다. 역시 차는 먼지를 남기며 '박형'네 마을로 향해 가는 것이었다.

나는 생각만 했을 뿐 '박형'에게 아무 도움도 드리지 못했다. 이런 사실은 그때에 나를 괴롭혔지만, 나로서는 일관되게 ''박형'은 그렇게 튼튼하신 분이신데, 돌아가시지는 않는다.'는 신념 같은 것을 가지고 있었던 것도 또한 사실이다.

어떻든 그 아주머니는 '박형'께서 돌아가시기 하루 전에 분명히 나에게 '박형'께서는 흰 고무신을 신고 큰 산 쪽으로 걸어가셨다고…… '박형'께서 꼭 우리 약국에 가서 나에게 그 사실을 전하라고 하셨다는 것을 알려주었다.

그것은 왜일까?

어떻든 그후 나는 '박형'께서는 돌아가시지 않았다고 증명할 수는 없지만, 부활하신 '박형'께서는 지금도 어디에 계시다고 생각하게 되었다.

결론적으로 '박형'께서 10여 년 후에 다시 오셔서 '해부가 영어로 지오로지입니까.'하고 물으신 것과, 흰 고무신을 신고 산 쪽으로 가더라고 아주머니에게 전하도록 한 것과 같은, 모든 상황의 전개로 미루어 보면, '박형'께서는 부활의 실상을 일부러 나에게 보여주신 것이다.

확률적으로 보더라도, 어느 누가 해부의 영어 단어를 '지오로지'라고 생각하기도 극히 어렵겠지만, 그렇게 생각한 사람이 바로 나에게 와서 그것을 묻게 된다는 것은 거의 제로에 가까운 확률이다.

'박형'께서는 아무도 모르는 세상 최고의 비밀인, 결코 죽지 않는 성인(聖人)께서 보통 사람과 같은 모습으로 다시 부활하시는 진면목을 보여주셨던 것이다.

왜 '박형'께서 나에게 '특별히' 그렇게 하셨는지는 나는 아직 모르지만, '박형'께서는 어느 날 이렇게 귀띔하셨다.

"이렇게 해 달라는 사람이 여럿 있지만, 자네에게 특별히 이렇게 하는 것일세."

넷째 이야기/변형變形

나의 집사람이 큰 병원에 입원해 있다가, 병세가 호전되어 처갓집으로 나와서 통원 치료를 받고 있던 때였다. 나는 상경할 마음을 먹고 있었다. 그때에 '박형'께서,

"나는 별로 가고 싶지 않지만 언제 한번 서울에 갈 거야."
라고 하셨다. 나는 그 말씀에 '서울에 아는 사람네 집에 가시려는가?' 생각했다.

다음날인가? 나는 집사람을 데려오려고 서울로 갔다. 그리고 처갓집에서 하루를 지내는데 이른 새벽에 집사람이 나를 깨웠다.

우리는 사람들이 아침 운동하는 공원으로 나갔다. 공원에서 처갓집으로 되돌아오는 길에 집사람이 말했다.

“우리 거기 공원을 좀 쓸어요.”

“그러지.”

“그럼 제가 집에 가서 비를 가지고 오겠어요. 여기에 계세요.”

나는 오는 길 중간쯤에 있는 파출소(처갓집은 흑석동에 있었고, 그 파출소는 노량진에서 동작동 넘어가다가 중앙대학교로 넘어가는 세 갈래 길 모퉁이에 있다) 앞에서 비를 가지러 간 집사람을 기다리며 서 있었다.

그때 어떤 허름한 차림의 사람이 나에게 다가왔다. 이상하게도 그가 돈을 요구할 것 같아서 피하려다가 그냥 서 있었더니, 어느새 그는 내 앞에 다가와 손을 내밀었다.

“돈 만 원만 빌려 주십시오.”

나는 어안이벙벙했다. 도대체 만 원씩이니 빌려 달라니. 말은 빌려 달라고 했지만, 나로서는 그냥 주는 것인데……. 그런 생각을 하다가 문득 ‘50대는 되셨는데, 연세도 많으신 분이 새벽부터 구걸을 하는데는 피치 못할 사정이 있을지도 모르겠다.’라는 생각이 들어서 선뜻 지갑을 꺼내어 만 원을 드렸다. 그랬더니 그 사람이 다시 청했다.

“돈이 있으면 만 원만 더 빌려 주십시오. 꼭 돌려드리겠습니다.”

나는 어처구니없고 또 싫다는 생각을 하면서 망설였다. 그 사람이 내 속을 안다는 듯이 말했다.

“집도 알고 있어요. 거기에 있잖아.”
라며, 언덕 위에 있는 내 시골집을 지적이라도 하듯 내민 손을 위쪽으로 치켜 보였다.

나는 속으로 뜨끔했다. 그렇지만 그가 우리 시골집을 알 수도 없고 지금 헤어지면 그만인데…… . 돈이 아까워서 거절했다.

"돈을 만 원이나 주었는데 무슨 돈을 또 만 원이나 더 달라는 거요?"

그랬더니, 그는 퉁명스럽게 대꾸했다.

"싫으면 그만두든가…… ."

그 사람이 뒤돌아 몇 발자국 가는 순간 집사람이 비를 가지고 도착했다. 그런데 이상하게도 집사람이 옆으로 바짝 다가와서 나의 귀에 입을 대고 속삭였다.

"여기 윤수 아버님이 웬일이세요?"

어, 이 사람이 아침부터 웬 헛소리를 하는가. 윤수 아버님은 바로 '박형'이다. 나의 눈에는 '박형'이 보이지 않았기 때문에 거기에 '박형'은 없었다. 나는 순간적으로 구걸하던 그 사람을 뒤돌아보았다. 키가 약간 크고 마른, 그리고 옷이 허름한 그 사람은 10m 정도 떨어진 곳을 걸어가고 있었다. 분명 '박형'과는 달랐다. '박형'은 당당하고 건장한 체격이니까.

"가요, 비를 가지고 왔으면."

나는 집사람을 재촉했다. 집사람은 '박형'께 인사라도 하려 했는지 고개를 돌려 그 사람의 뒤통수를 쳐다보면서 마지못해 나를 따라왔다. 결국 우리는 함께 공원으로 가서 그곳을 쓸었다.

그런 며칠 후에 우리들은 시골집에 와 있었다. 나는 방에 앉아서 책을 보고 있었는데, 집사람이 밖에 나갔다가 들어오며 말했다.

"윤수 아버님이 빌려간 돈이라며 만 원을 주셨어요."

나는 어리둥절해 하면서 말했다.

"무슨 돈을? 난 '박형'에게 만 원을 빌려 준 일이 없는데, 거참 이상하다."

그리고 말했다.

"도로 갖다 드려요."

그때에 집사람은 말했다.

"돈 2만 원을 빌려 달라고 하셨는데, 만 원만 주셨다고……
윤수 아버님이 야단치셨어요. 왜 만 원만 빌려 주셨어요?"

서울에서 그날 아침, '박형'께서는 집사람에게는 윤수 아버님으로 보이셨고, 나에게는 걸인으로 오셔서 돈 2만 원을 빌려 달라고 하시다가 돈 만 원을 빌려 가셨던 것이다.

디섯째 이야기/원음 설법原音說法

부처님의 설법은 원음(原音) 설법이기 때문에, 귀신도 알아듣고, 나무도 알아듣고, 축생도 알아듣고, 사람은 물론 하늘 사람들을 포함하여 시방세계 모든 중생들이 전부 듣는다.

1980년의 일이다. 내가 '박형'이 살고 계신 풍기읍 금계동에 따라가서 살 때인데, 집사람이 서울 친정에 갔었다.

그런데 1주일이 되어도 소식이 없었다. 나는 내가 서울로 집사람을 찾아가는 게 어떨는지 물어보기 위하여 '박형'을 찾아갔었다. 마침 '박형'께서는 들에서 일을 하고 계시다가,

"가신 지 1주일 되었으면, 찾으러 가볼 만하지."

라고 하시더니, 나를 '박형' 댁 안방으로 데리고 가셨다. 그리고 다시 말씀하셨다.

"서울에 가보려고?"

“궁금해서…….”

그때에 ‘박형’이 말씀하셨다.

“서울에서 여기까지, 상(傷)하지 않고 성해서 올 사람은 아
마 하나도 없을 걸. 경계선이 여러 곳에 쳐져 있으니까.”

나는 깜짝 놀라며 ‘박형’을 쳐다보았다. ‘박형’께서 다시 덧
붙여 말씀하셨다.

“경계선이 여러 곳에 쳐져 있어. 내 아들도 그렇지만 자네
아들이 걱정돼.”

그리고 어리둥절해 있는 나에게,

“잘 갔다가 와.”

라고 하셨다. 그런데 이 말씀이 무엇이 우스웠는지 나는 나도
모르게 방바닥을 쳐다보며 웃었다. 심하게 웃었다. 도저히 못참
겠다는 듯이 자꾸 웃었다.

“끽끽끽끽.”

그 웃음은 참으려고 애를 써도 자꾸 터져 나왔다. 내 자신
의식하지 못하는 순간, 뱃속 깊은 곳에서 입 밖으로 소리가 터
져 나오는 것이었다.

“끽끽끽끽.”

계속해서 웃었다. 나는 한편 당황했고, 다른 한편으로는 왜
이렇게 웃음이 나오는지 이상하게 여겨졌다. 그러면서도 ‘끽
끽’대며 자꾸 웃었다.

“좀 그럴 일이 있어.”

그 말씀에 다시 웃음이 복받쳤다.

“끽끽…… 끽끽끽끽…….”

분명 ‘박형’께서는 평시의 음성으로 일상의 말씀을 하셨는

데, 나는 웃음을 억제할 수 없어 방바닥에 고개를 처박으며 '끽끽'댔다. 아무리 생각해 보아도 그 웃음은 마귀의 웃음소리였다.

'박형'께서,

"자네는 괜찮아, 여기까지만 오면 돼."
라고 하시면서 손가락으로 앉아 계신 방바닥을 가리켰다.

그해 여름에 또 한번 '박형'의 신통력을 볼 수 있게 되었다. 마침 아이들이 여름방학을 맞아 집에 와 있었고, 우리들이 살던 토담집 뒷산 수풀에는 색깔이 예쁘고 목소리도 고운 새들이 와서 즐겁게 지저귀던 그런 때였다.

'박형'께서 큰따님을 데리고 우리들의 토담집으로 오셨다. 방에 들어오셔서 윗목에 앉으시더니, 따님을 옆에 앉히고 이야기를 하기 시작했다. 언뜻 듣기에 장래 이야기를 하는 것 같았다.

"누가 결혼을 해서 어디로 가는 것을 보니까…… 그렇게 되는 거야."

어쩌고 어쩌고 하시며 말을 이어가셨다. 그때에 '박형'의 큰따님이 갑자기 웃기 시작했다.

"끽끽끽끽."

나는 어리둥절하면서, 내 자신이 '박형'의 말씀을 따라 그녀와 똑 같이 끽끽댔다는 일을 생각하고 놀라지 않을 수 없었다.

아무리 들어봐도 '박형'의 이야기는 전혀 우습지가 않았다. 그런데 그 따님은 나보다 더 많이, 아주 여러 번 계속해서 그렇게 웃었다.

“끽끽끽끽…… 끽끽끽끽.”

‘박형’이 말씀하시는 것을 따라서 마냥 웃는 것이었다.

전에도 본 적이 있지만 그 따님은 아주 정신이 맑고 예절 바른 학생이다. 부친께서 엄숙하게 말씀하시는 중에, 그것도 남의 집에 와서 방바닥에 고개를 처박고 예의없이 끽끽댈 수는 없는, 정신이 멀쩡한 학생이다.

말씀 끝에 ‘박형’께서 따님에게 당부하셨다.

“꼭 그렇게 해. 알았지.”

“끽끽끽끽.”

대답은 역시 ‘끽끽끽’ 웃는 마귀의 웃음이었다.

여섯째 이야기/방광放光

방광은 몸에서 스스로 빛을 내는 것이다. 내가 ‘박형’의 방광을 본 것은 밝은 대낮이었다.

때마침 동창생의 부친이 중풍을 앓다가 돌아가셨다하여 틈을 내어 잠깐 문상하고, 상여가 골목길을 빠져나가는 것을 보던 나는 장지로 따라가지 않고 약국으로 발길을 돌렸다.

어느 조용한 골목으로 접어들었다.

바로 그때 나는 갑자기 나의 등 뒤로부터 따뜻하고 환한 황금색 빛이 힘차게 뻗쳐 오는 듯한 느낌을 받았다. 그 빛이 환하게 나를 비추는 것 같은 느낌이 너무나 강렬해서 뒤를 돌아보지 않고 그냥 지나칠 수가 없었다. 내가 그 빛을 무시하고 그냥 가려고 했을 때에 그 빛은 더욱 강하게 쏟아져 왔다.

너무나 확실한 감각이어서 나는 뒤를 돌아보았다. 그곳에 ‘박형’께서 서 계셨다. ‘박형’께서 조용히 나를 쳐다보고 서 계셨다.

나는 뒤로 돌아서서 '박형'을 마주 대하고 섰다. 그 따뜻하고 밝은 태양 같은 빛은 계속해서 눈부신 햇살처럼 나를 향해 쏟아지고 있었다.

'박형'께서 말씀하셨다.

"자네가 약도 가져다주고 애도 썼지만, 모든 것이 운명대로 그렇게 되었어."

나는 그때 해보다 더 밝은 빛을 발하고 계산 '박형'을 더 이상 나의 친구 박상신이라고 생각할 수 없게 되었다. 그래서 친구에게처럼 반말을 쓸 수도 없고, 갑자기 존대어를 쓸 수도 없어서, 말끝을 흐렸다.

"문상객도 많고 저는 별로 할 일도 없고 해서, 장지에는 따라가지 않기로 했어요."

'박형'께서 말씀하셨다.

"나도 그렇다네."

그리고 이어서 물었다.

"지금 약국으로 가려고?"

"그래요."

나는 약국 일에 얽매인 자신을 되돌아보며 힘없이 대답했다.

"그럼 수고하게."

비수처럼 나의 가슴으로 파고드는 수고하란 말씀을 남기시고 '박형' 박상신 부처님은 금계동 쪽으로 발길을 옮기셨다.

일곱째 이야기/투명 인간?

1979년경의 일이다. 집사람이 크게 발심을 하여, '박형'께 공부하는 법을 물으려고 '박형' 댁을 찾아갔다. 그런데 저녁이 되어도 돌아오지를 않아서 나도 '박형' 댁을 찾아가다가 김선배를 찾았다.

그 댁에 들어가니까 이미 내 속을 아는 것처럼 말했다.

"우리 금계동 '박형'을 한번 불러 볼까?"

"나도 그리 가던 길인데, 한번 불러 봐요."

'박형' 댁에는 전화가 없으므로, 그는 '박형'의 형님댁에 전화를 하더니, 거기에 안 계신지 다른 전화번호로 전화를 걸었는데, 끝내 통화를 하지 못했다. 그런데 텔레파시(Telepathy)가 있었는지 전화를 걸던 선배가 싱글벙글 웃으면서,

"이제 됐어. 곧 올 거야."

라고 말했다. 이상하다고 생각하는 중에 정말 '박형'께서 오셨다.

"집에 손님이 와서 잠깐 지체되었어. 여자가 와서……"

나는 그 여자 손님이 집사람인 줄을 이미 알고 있었다.

"그랬구먼요."

선배 집주인도 무언가 짐작되는 바가 있다는 듯이 그렇게 말했다. 바로 그때다. 밖에서 선배 집주인을 찾는 소리가 났다.

"김형, 김형."

그 순간 선배가 문 쪽으로 나가며 '박형'을 보고 말했다.

"소백산에서 12년 도를 닦았다는 스님이 오셨구먼요. '박형', 한번 숨어 봐요."

나는 왜 그가 '박형'에게 숨으라고 했는지 이해가 되지 않았다. 그런데 더욱 이상한 것은 '박형'께서는 숨기는커녕 그 자리에 그냥 앉아 있었다.

　방안에 들어온 사람은 머리를 깎았고 차림은 허름했지만, 눈동자가 또렷또렷하고 아마가 반들반들 조화를 이루어 아름답게 느껴지는, 그리고 기(氣)가 살아 있는 것 같은 건강한 사람이었다. 그는 방안에 들어와서 ‘박형’과 집주인 사이에 앉았다.

　“이 사람이 소백산에서 12년 참선 공부를 했다네.”

　집주인의 말을 듣고 나는 존경하는 마음으로 새로 온 사람을 살펴보았다. 그렇지만 별로 할 말이 없었기 때문에 조용히 앉아 있었다.

　그런데 선배가 새로 온 사람과 몇 마디 말을 하는 것 같더니 자꾸만 싱글싱글 웃으면서 새로 온 사람에게 이렇게 말하는 것이었다.

　“그래, ‘박형’ 박상신이 옆에 앉아 있잖아. 바로 옆에……”

　십주인이 그렇게 말하자, 새로 온 사람은 사방을 계속 두리번거리면서 무언가를 찾는 것 같더니 말하는 것이었다.

　“어디 있어? 어디? 괜히 장난하지 마.”

　“거기 바로 옆에 앉아 있잖아. 금계동 ‘박형’이……”

　“에이 참. 김형은 장난도 심해.”

　어이가 없어서 얼굴마저 붉어진 그 사람은 웃었다. 집주인도 함께 웃었다. 나는 웃을 수가 없었다. 우습기는커녕 그분들이 무엇을 하고 있는지, 지금 여기서 어떤 일이 일어나고 있는지조차 알 수가 없었다.

　새로 온 손님은 ‘박형’께서 어디에 계신지 깨닫지 못한 채 자리에서 일어섰다. 내가 보니, ‘박형’께서는 계속 그 자리에서 미동도 하지 않고 돌부처처럼 앉아 있었다.

　“잘 가요.”

집주인이 그 사람을 전송했다.

"잘 있어요. 언제든지 '박형'이 오거든 나에게 알려 줘요."

그 사람은 그 말 한마디를 남기고, '박형'을 끝내 보지 못한 채 가고 말았다.

여덟째 이야기/사람 쓰기

1981년, 내가 고향 풍기읍에서 약국을 할 때였다. 하루는 '박형'께서 문득 말씀하셨다.

"나는 오늘 단양에서 걸어서 10리쯤 되는 곳을 다녀왔어. 사람을 하나 쓰려고. 대강면은 단양에서 10리쯤 가면 있지."

어리둥절하고 있으려니까 '박형'께서 말씀을 이었다.

"나중에 다 알게 돼. 그 사람은 대강면에 사는 순흥면(順興面) 출신이야."

순흥면이라면 풍기면 바로 옆에 있는 면(面)이다. 나는 '박형'께서 이렇게 말씀하시는 의미를 모른 채 이야기에 귀를 기울였다. 그때 '박형'께서 더 큰 소리로 더욱 이상한 말씀을 던지셨다.

"모두 다 자네를 위해서야."

정말 '박형'의 말씀은 의문투성이였다. 모두 다 나를 위해서라고? 대강면에서 사람을 하나 쓴다고? 그 사람이 순흥면 출신이라고? 나중에 다 알게 된다고? 나는 앞뒤가 없는 그 말씀 때문에 고개를 갸웃거리지 않을 수 없었다.

그리고 몇 달 후에 나는 고향 풍기읍을 떠나 단양으로 이사하여 어떤 모르는 사람과 동업(同業)으로 약국을 개업하게 되었다.

그런데 정말 이상하게도 개업 후에 알고 보니, 나와 동업을 하게 된 바로 그 사람이 '대강면에 사는 순흥면 출신'인 사람이었던 것이다.

물론 '대강면에 사는 순흥면 출신'인 그 사람은 '박형'을 전혀 모르는 사람이었다. '박형'께서 어떻게 그렇게 하실 수가 있었는지 아무리 생각해도 알 수 없는 일이다.

이러한 기적(奇蹟) 같은 신통을 부린 어른은 유사(有史)이래로 한번도 알려진 바가 없다.

아홉째 이야기/물건 보내기

"옥봉(玉峰)이 저쪽 어디에 있는 모양이야. 옥봉은 나도 아직 가보지는 못했지만, 곧 가게 될 거라고. 자네 부인이 먼지 기면 자네도 곧 뒤따라가도록 하게."

그리고 말을 이었다.

"나는 며칠 후에 대전 아래쪽 공주에 한번 가볼까도 하는데……"

라며 '박형' 특유의 작은 소리로 말끝을 흐렸다.

그로부터 며칠 후에 나는 집사람과 함께 옥봉을 찾아서 계룡산으로 갔다. 계룡산 입구에는 큰 관광 안내판이 있었다. 안내판 그림에는 옥봉은 없었다.

그 안내판을 보니 갑사(甲寺)와 동학사(東鶴寺)가 계룡산 양쪽에 자리잡고 있었는데 갑사에서 출발하여 계룡산을 넘으면 동학사로 내려올 수 있게 되어 있었다. 우리는 이왕에 옥봉을 찾으러 왔으니 계룡산에라도 올라가 보기로 하고 갑사를 출발하여 산으로 올라갔다.

10분 정도 올라갔더니, 앞쪽에 웬 할아버지가 산을 오르시다가 잠깐 쉬고 있었다. 그 할아버지는 우리를 보자 반갑게 말을 걸었다.

"어서 오시오. 어디서 오는 길이시오?"

"예, 경북 풍기에서 왔습니다. 산너머 동학사로 가보려고요."

"그러면 초행인 것 같은데 나와 같이 올라갑시다."

"고맙습니다. 그런데 오늘은 등산객이 별로 없는 것 같아요."

"요즘 사람들이 좀 자숙하느라 그래."

"그래요. 좀 자숙……."

그때에 깜짝했다. 언뜻 며칠 전에 '박형'께서 말씀하셨던 '자숙'이라는 말이 떠올랐기 때문이다. 어쩌면 그렇게 두 분이서 같은 말을 하신단 말인가?

앞장선 할아버지는 숨도 차지 않은 듯 비호같이 산을 올랐다. 우리도 뒤지지 않으려고 힘을 냈다.

"나는 한 달에 한 번씩 여기를 오른다오. 지난 달에도 올라갔었는데 이 달이라고 못 올라갈 리가 없다 생각하니, 힘이 덜 들어."

"그러세요? 참 좋은 생각이시네요. 정말 그럴 것 같아요."

집사람이 맞장구를 쳤다.

할아버지는 가파른 곳에 이르자 오르는 속도가 더욱 빨라졌다. 그때 할아버지의 몸에서 은은한 땀냄새가 풍겨 나왔다. '박형'과 비로봉을 등산했을 적에 '박형'의 몸에서 풍겨 나왔던 것과 똑같은 은은한 향기 같은 땀냄새였다.

정상에 올라서자 노인은 말씀하셨다.

"나는 이곳에서 산나물을 뜯어 가지고 내려가곤 해. 참나물
이라고. 지금 저 아래에는 나물이 다 쇠었지만 여기는 아직
괜찮아."

"저희는 그런 나물을 모르는데 좀 알려 주시겠어요?"

"바로 이거야. 자, 보라고요. 이런 나무에 달린 이렇게 생긴
잎이야. 처음 나오는 것은 연해서 맛이 더 괜찮지."

"저희도 좀 뜯어 드리겠어요."

집사람이 그렇게 말했다.

"괜찮소. 길이 바쁘면 그냥 가지."

그때에 나는 누가 무슨 나물을 뜯거나 말거나 별 관심이 없
었다. 그런데 집사람은 열심히 나물을 뜯고 있었다. 그러고 보
니 나도 그렇게 보답하는 것이 옳겠다는 생각이 들어서 집사
람에게 가서 물었다.

"어떻게 생긴 거야?"

"이런 나무에…… 이렇게 생긴 거예요."

"이게 참나물이라는 거야?"

"예."

나도 나물을 뜯기 시작했다. 그런데 갑자기 아무도 보이지
않는 곳에서 할아버지의 말씀이 들려왔다.

"부인은 참 마음도 곱구려. 그렇게 정성을 들이니 감사해요.
이제 그만 되었으니 내려가지요. 나는 이쪽 삼불봉에 볼일이
있어서 그리로 가야 하오."

나는 그 말씀을 듣고서야 맛있게 생긴 연하고 어린 참나물
을 골라서 뜯기 시작했다.

할아버지께서 우리들이 있는 곳으로 오셨다.

“저…… 옥봉이 어디에 있는지 아세요?”

“글쎄, 찾으면 찾을 수 있겠지. 삼불봉은 여기에 있어. 거기서 오늘 성대하게 재(齋)를 올린다며 오라고 해서 나는 가는 길에 거기에 잠시 들렀다가 가려 하오.”

“그럼 안녕히 가세요.”

집사람이 인사를 하고 다시 물었다.

“그런데 할아버지 댁이 어디세요?”

“공주에 살아.”

할아버지는 동학사로 가려면 산 아래로 내려가다가 길이 나오면 옆으로 구부러지지 말고 곧장 내려가라고 주의를 주셨다.

작별 인사를 나누고 우리가 그분이 가르쳐 준 대로 하산하는 길을 찾고 있을 때였다. 좀 떨어진 뒤쪽에서 할아버지의 말소리가 들려왔다.

“잘 가오. 나중에 참나물 한 접시 보내 줄 테니 먹어 보도록 하오.”

우리는 동학사 쪽으로 곧장 내려올 수 있었다. 산을 내려오니 자동차도 많고 음식점도 많았다. 한 바퀴 휘휘 둘러보니 몇 사람의 손님이 음식점에서 나오는 게 보였다.

“저리로 가지.”

우리는 방금 손님이 나온 음식점으로 들어섰다. 주인은 바쁘고 손님도 많았다.

우리들의 점심상에는 산나물이 많이 올라 있었다. 우리는 출출하던 참에 즐거운 마음으로 밥을 먹기 시작했는데, 많은 나물 중에서 특히 맛있는 나물이 있었다.

나는 얼른 그 나물 한 접시를 먹어치우고 용기를 내서 주인

에게,

“여기 이 나물 한 접시만 더 주세요. 참 맛있네요.”

하고 말했다.

주인은 큰 나물 그릇에서 나물 한 접시를 담아 주었다. 주인이 가져온 나물은 아까 것과 똑같았지만, 결코 그것처럼 맛있지는 않았다. 이상하게 그 나물 이름이 알고 싶어서 내가 주인에게 물었다.

“이 나물 이름이 무엇입니까?”

주인이 대답했다.

“참나물이에요. 높은 산에서 나는……”

열째 이야기/원격 조종

1978년 무렵, 우리가 영주시(榮州市)에서 살던 때의 일이다. ‘박형’께서 집사람과 나에게 여러 가지 신통을 보이셨기 때문에, 우리 내외는 삶에 새로운 각오가 필요하다는 데 의견을 모았다. 그래서 어느 날, 우리도 마음속에 있는 죄를 용서받고, 이 한몸 버려서라도 ‘박형’처럼 남을 위해서 살아야겠다는 ‘맹세하는 제사(祭祀)’를 올리기로 했다.

제수는 집사람이 준비하고 제문(祭文)은 내가 썼다. 내가 쓴 제문의 요점은, ‘성심 성의를 다해서 병들고 괴로워하는 사람들의 병을 낫게 하는 데 최대한의 노력을 경주하겠다.’는 것이었다.

“이만하면 될까?”

집사람이 제문을 읽어보더니,

“이것만으로는 안돼요. 다시 써 봐요. 이 몸을 바쳐서 성인

(聖人)의 길을 따르겠다는 뜻이 담겨야 해요.”

나는 뜨끔했다. 솔직히 말하면 나는 그렇게까지 투철하게 살수 없을 것 같아서 그런 결심의 말을 쓰지 않았던 것이다. 나는 제문을 고쳐 썼다.

“부처님이 되어야 해요.”

집사람은 정말 각오가 확실했다. 나는 그렇지. 못했지만, 집사람은 성경에 나오는 아브라함만큼이나 마음속으로 전해오는 소리에 확실한 믿음을 보였다.

우리는 밤 11시가 되기를 기다려서 하늘을 향해 새사람으로 거듭나겠다는 맹세를 했다.

그런데 집사람이 갑자기 부엌칼을 들고 들어와서 나의 새끼손가락을 자르라고 했다.

칼을 받아들고 나의 손가락을 내려다보는데 마음속에서 엄지 다음에 있는 ‘둘째와 셋째 손가락을 자르라.’는 명령이 전해왔다. 두 손가락이 없는 나의 손을 생각하니 차마 내려칠 용기가 나지 않았다.

내가 우물쭈물하니까 집사람이 자신의 손가락을 먼저 끊어달라고 손을 들이밀었다. 나는 또 겁이 났다. 어떻게 내가 남의 손가락을 자른단 말인가. 또 망설였다. 그랬더니 집사람이 칼을 잡았다. 그리고 자신의 새끼손가락을 도마 위에 올려놓는 것이다. 아! 집사람은 피아노를 치던 예쁜 그 손가락을 자르려고 하고 있었다.

정말로 그런 결심이라면 내가 잘라 주는 것이 더 바르게 마디를 잘라 낼 수가 있어서 나중에 다른 상처는 남기지 않게 될 것 같았다.

"정 그렇다면 내가 해주지."

나는 떨리는 가슴을 진정하고 기도하는 마음으로 그녀의 새끼손가락을 잘랐다. 그리고 나서 나도 결행할 생각을 하는데 도저히 '둘째와 셋째 손가락' 두 개를 자를 용기가 나질 않았다. 다시 망설였다.

그때에 집사람이 말했다.

"당신도 새끼손가락을 자르세요."

"그거라면……."

나는 조심조심하며 푸줏간에서 소를 해체할 때는 마디를 잘 처리해야 한다는 말을 생각하며, 나의 새끼손가락을 잘라냈다. 그리고 나서 우리는 붕대를 가져다가 감았다.

다음날 새벽, 나는 부리나케 금계동 '박형' 댁을 찾았다. 나의 새끼손가락에는 붕대가 감겨 있었다. '박형'께서는 나를 보자마자 대뜸 말했다.

"자네는 왜 이랬다저랬다하는 건가!"

순간 나는 놀랐다. 어떻게 내가 제문을 쓸 때부터 새끼손가락을 자를 때까지 이랬다저랬다 한 것을 귀신처럼 알고 있단 말인가! 혹시 이 사람이 우리에게 '맹세하는 제사'를 지내게 하고, 집사람에게 새끼손가락을 자르라고 명령한, 그리고 나에게 '둘째와 셋째 손가락을 자르라.'는 명령을 내린 분이 아닐까? 아브라함의 하나님 같은 분이 아닐까?

사실 나는 부처가 되겠다는 투철한 의지와 사명감이 없었다. 그래서 이랬다저랬다 했고 '박형'께서 그때 그것을 보시고 '자네는 왜 이랬다저랬다 하는가!' 하고 야단치신 것이다.

사족(蛇足) : 옳은 제사를 지내는 것은 절대로 허사가 아니다.

그리고 마음으로 명령만 전하는 것은 정신이 집중되면 가능한 일이다. 그러나 성인(聖人)이 아닌 자가 자신의 욕심을 채우기 위해서 남의 '손가락을 자르게' 하거나, '아들을 제물(祭物)로 바치라.'고 하는 것 같은, 남의 희생을 강요하는 데에 힘을 쓰면 중죄(重罪)가 되며, 그 모든 것이 자신에게 반드시 되돌아온다. 큰일난다.

열한째 이야기/최후의 가르침

1981년 이른 봄에 우리 약국에서 이런 이야기가 오고 갔다.

얼굴마저 기억나지 않는 나의 동창이라는 사람이 나를 찾아왔다.

"자네도 우리 부친 장례식에 꼭 좀 오게."

"나는 바쁜데…… 언제라고?"

"내일이야. 박상신이도 갈 거야."

나는 순간 '박형'을 쳐다보았다. '박형'께서 이렇게 말씀하셨다.

"별로 가고 싶지 않지만 안가면 안될 것 같아."

"그렇다면 가 보세."

그때에 '박형'께서 또 이렇게 말씀하셨다.

"나는 자네가 갈 것 같아서 나도 간다고 했어."

그리고 다음날, 약국 문을 닫고 '박형'과 함께 그를 따라나섰다. 안정면(安定面) 어느 야산에 묏자리가 있었다.

언제나 그렇지만 산에는 쓸쓸함과 묘한 슬픔이 있었다. 그때에 묏자리를 파고 있던 인부가 돌연 비명을 지르면서 구덩이 밖으로 뛰어나왔다.

"아이쿠! 무서워라."

"왜 그래?"

"저길 보라고."

"사람도, 이런 사람 뼈다귀를 가지고 뭘 그렇게 놀라나?"

"아직 살도 덜 썩었어."

나는 '박형'을 쳐다보았다. 왜 '박형'이 잡은 묏자리에서 먼저 묻은 사람의 뼈가 나왔으며, 여기에 그냥 묘를 써도 되는가 하는 의문을 가지고 쳐다보았다.

'박형'께서 말씀하셨다.

"이 땅 어디를 파도 다 같아. 다 그래."

다른 사람이 구덩이로 들어가서 조금 비켜서 파 나갔다. 그리고 하관을 끝내고 그럭저럭 쉬는 시간이 되었다.

이어서 점심이 나왔다. 막걸리도 나왔다. 술을 즐기는 몇몇 사람들이 술통 주위에 모여들었다. 나는 '박형'과 함께 좀 그들과 떨어진 곳에 있었는데, 그 가운데 어떤 사람이 술을 한 그릇 떠서 들고 나에게 왔다.

"자, 술 한 잔 드시지요."

"아, 난 술을 못해요."

"술 못하는 사람도 한 잔쯤은 먹을 수가 있지요."

그는 나에게 계속해서 술을 권했다.

"할 수 없이 받아야겠구먼."

나는 그것을 받았다. 그러나 괜히 꺼림칙해서 먹지 않고 망설였다. 그때에 '박형'께서 말씀하셨다.

"자네가 먹기 싫으면 나를 주게."

나는 꺼림칙한 술잔을 '박형'께 드렸다. 술을 권하던 사람은 제자리로 돌아가고, '박형'께서 술잔을 들고 나를 쳐다보시면서 말씀하셨다.

"자네를 위해서 이 잔을 마시겠네."

그 말은 어디서 많이 들은 듯했다. 그 이상한 말을 듣는 순간, 그 잔을 빼앗든지 툭 쳐서라도 쏟아야겠다고 생각은 하면서도 나는 '박형'께서 그 술을 다 마시기까지 구경만 하고 있었다. 변명 같지만 그때 나는 그저 이상했다. 그리고 신통력을 가지고 계신 분께 설마 무슨 일은 없겠지 하는 안이한 생각을 하고 있었다.

사실 '박형'께서는 왜 그런 말씀을 하신 것인가? 혹시 그 술 속에 독이 든 것을 아시고 나를 대신해 마시지는 않았는가? 정말 독이 들어 있었다면, 누가 무슨 이유로 그런 짓을 했을까? 어쨌든 그런 일이 있고 나서 얼마 후, '박형'께서는 앓아 누웠다.

"바람인가 봐요."

"설마…… 그렇게 건강한 사람이 아프다니요?"

"어제부터 누워 계세요."

"혈압을 재 봅시다."

'박형'의 혈압을 쟀다.

"150에 100이면, 거의 정상인데 이상하네요. 금방 바람이 일어났을 때는 200도 넘게 올라가는 법인데."

나는 일시적인 가벼운 병인 줄만 알았다. 그때는 이미 산에서의 일도 잊고 있었다.

"'박형'이 아프다면서?"

"바람이라면 우선 병원에 가봐야 되지 않을까?"

친구들의 이야기에 내 귀가 뚫렸다. 논을 팔아서라도 입원비를 마련하자는 생각이 났다. 마침 그때에 보험회사에 다니는 국민학교 선배 누나가 왔다.

"우리 논이 금계동에 있는데, 누구 살 사람 없는지 좀 알아 봐 줘요."

"몇 평이나 되는데?"

"다섯 마지기예요."

나는 논문서를 찾아서 평수를 일러주었다. 그리고 '박형'께서 어느 날 버스 속에서 말씀하셨던 대로 '급하게 팔면 7백, 아니 8백은 받을 수가 있어.'라고 하셨던 기억을 떠올리며 부탁했다.

"8백만 원만 받아 줘요."

"값은 괜찮으니까, 내가 곧 알아보고 연락할게."

"재작년에 샀던 값보다 싼값이에요. 수고비도 잊지 않을 테니까 꼭 부탁해요."

그 다음날 곧, 선배 누나가 왔다.

"8백은 안 되고, 7백을 준다는데."

나는 생각했다. '박형'께서 분명히 8백은 받을 수가 있다고 했는데, 아직 팔 때가 아닌가?

"다시 한번 알아봐 주세요. 8백은 되어야겠어요."

이리하여 상담은 깨지고 결국 나는 '박형'을 입원시키지 못하고 말았다.

'박형'께서는 논을 아끼라고 일부러 8백에다가 악센트를 두고 말해서 그렇게 된 것인지는 지금까지도 알 수 없지만, 얼마 후에 다 팔아서 없애고 만 논을 그때에 팔지 못했다.

‘박형’께서는 그로부터 얼마 후에 큰 산으로 가셨다. 한편 ‘박형’께서는 나에게 그렇게 《화엄경》을 설하고 마치셨다. ‘박형’께서는 또 이렇게 하시는 것이 ‘마지막 비법’이라고 이미 말씀하셨었다.

“도사(導師)의 가장 중요한 마지막 비법은 도사(導師)가 죽을 때에 수제자(首弟子)에게 알려준다.”

우선 우리는 천지(天地)가 몇 번이고 뒤집어지고 다시 만들어진다고 해도, 천지(天地)의 이치(理致)는 변함이 없다는 것을 알아야 된다. 또 하나님이나 부처님이 세상에 다시 오신다 하더라도 ‘세상의 이치’로써 인간을 가르칠 수밖에 없다.

왜냐하면 인간이 어른이 되기 위해서 꼭 갖추어야 될 ‘따뜻한 마음’도, 어려운 세상살이에서 체득하는 것이 제일이기 때문이다. 사랑과 자비(慈悲), 그것이야말로 성인(聖人)께서 인간에게 꼭 깨닫게 해주고 싶은 내용인 것이다.

열두째 이야기/나한테 한번 당해 봐라

1980년 어느 가을날, ‘박형’은 시내를 향하여 혼자 중얼거리셨다.

“땅 밑 한 자가 환히 보인다고? 나한테 한번 당해 봐라.”

나는 깜짝 놀랐다. 좀처럼 남을 나쁘게 말한 적이 없던 ‘박형’께서 강한 어조로 ‘이놈, 나한테 한번 당해 봐라.’ 하셨기 때문이다.

풍기는 예로부터 인삼의 고장이다. 그런데 인삼을 밭떼기로 매매할 적에는 땅속에 있는 인삼의 내용을 잘 파악해야 사는 사람이 밑지지 않는다. 그래서 땅 밑 인삼 뿌리가 굵고 가는 것을 알기 위해서 몇 뿌리쯤 미리 캐어보고야 전체로 계산해서 인삼값을 정하게 된다.

물론 오랜 경험이 필요하다. 밭의 토질이라든가, 잎의 성장 상태, 물 빠짐 등과 캐낸 뿌리 등을 감안해서 서로 상의하여 수량을 정하고 값을 매긴다. 대개는 밭 임자나 구매자가 만족하는 선에서 타협한다. 그런데 어떤 사람이 자기가 몇 번 내용을 잘 알아맞혀서 돈을 모은 적이 있었던지 '땅 밑 한 자가 환히 보인다.'고 큰소리를 '뻥뻥' 쳤던 것이다.

'박형'께서 그런 말씀을 하고 나서 3일(?) 정도 후에 동리 사람이 '박형'께 말하는 소리를 내가 옆에서 들었다. 그 동리 사람이 말했다.

"그 사람 땅 밑 한 자가 환하다고 큰소리치더니, 크게 샀다가 쫄딱 망했어. 값만 많이 주고 샀지, 인삼이 나와야지. 밤 늦게 깜깜할 때까지 혼자서 인삼밭을 뒤지더라."

그때에 '박형'께서는 시내 하늘을 쳐다보시며 묵묵히 서 계셨다.

《명심보감》천명(天命)편에 소강절 선생이 말했다.

'하늘의 들으심이 고요하여 소리가 없으니 푸르고 푸른데 어느 곳을 찾을 것인가. 높지도 않고 또 멀지도 않은지라 모두가 다만 사람의 마음에 있는 것이다.'

하늘은 복(福)도 화(禍)도 준다. 그런데 요즘 같은 대명천지에서도 땅 밑이 환히 보인다고 자기 자랑하는 사람이 있고 그 말에 귀가 솔깃한 사람들이 있다니, 도인(道人)은 사람을 가르치기 위해서 신통을 쓴다. 절대로 자랑하지 않는다. 도인에게는 다른 뜻이 전혀 없기 때문이다.

11. 변역變易과 교역交易 이야기

《수능엄경》(장석경 역. 보련각. 1987) 10권 46p에는 분단생사(分段生死)와 변역생사(變易生死)라는 낱말이 보인다.

부처님께서 참선 수행하는 중에 생기는 '오십(五十) 가지 마귀의 장애(障碍)'를 설명하시는 가운데,

"또 선남자가 수음(受陰)[46]이 허묘(虛妙)[47]하고 사려(思慮)를 만나지 아니하여 원만한 정이 발명한 삼마지 중에서 마음으로 장수(長壽)를 좋아하여 애써 기미(機微)를 연구하고 영생(永生)을 탐구하여 분단생사를 버리고 변역생사를 희망하여 세상(細想)[48]으로 상주(常住)하려고 하면……."

하셨다. 그리고 그 원주(原註)에

'삼계(三界)의 미혹(迷惑)이 다 없어져야 바야흐로, 분단생사(分段生死)에서 벗어나고 변역생사를 얻는 것인데, 지금 공부가 이루어지지 않은 상태에서 희망하니, 매우 잘못된 것이다. 세상(細想)이란 것은 거친 것을 변화시켜 세밀하게 해

---

[46]수온(受蘊). 색수상행식(色受想行識)의 오온(五蘊) 중에서 받아들이는 모든 무더기. 고·락·사(捨)를 감수하는 정신 작용.

[47]텅 빈 중에 묘한 것.

[48]거친 생각을 끊고 미세한 상(想)만 남아 극락은 아니지만, 천상에 날 수 있다.

서 세상에 오래 살기를 구하는 것이다.'
라고 썼고, 또 역주(譯註)에,

'분단생사(分段生死)…분(分)은 한계, 단(段)은 차별을 뜻함
인데, 육도(六道)에 윤회하는 몸이 각각 그 업인(業因)에 따
라, 수명에 한계가 있고 형체에 차별이 있음을 말한 것으로,
즉 생사에서 벗어나지 못한 범신(凡身)을 일컫는 말.

변역생사(變易生死)…변역(變易)은 과거의 형상을 변하여
다른 모양을 받는다는 뜻으로, 삼계(三界)의 생사하는 몸을
벗어난 뒤로 성불(成佛)하기까지의 성자(聖者)가 받는 삼계
(三界) 밖의 생사를 말함.'
이라 했다.

나는 여기서 '박형'을 생각한다. 그리고 '박형'께서 낸 숙제
중에서 첫째 태봉 이야기 곧 윤회 이야기와, 둘째 명당 이야기
곧 '따뜻한 마음' 이야기에 이어서 마지막으로 《주역》의 변역
(變易)과 교역(交易) 이야기를 하려 한다.

이 이야기 역시 단양으로 가는 새마을호 기차 속에서 계속
된다. 그때 나는 시종 조용하게 나의 말을 경청하는 여학생에
게도 마실 것을 사주고 싶었다. 주머니 속에 있던 돈 2천 원을
만져보았다. 그리고 차비를 생각하고 다시 참았다. 이럴 줄 알
았으면 돈을 좀 더 남기는 것인데……

차는 제천역을 향하여 달리고 있었다. 앞으로 3, 40분 후면
단양역에 도착할 것이었다.

여학생은 명당 이야기의 중간에 어려운 이야기를 할 때에
약간 조는 듯하더니, 곧 정신을 차리고 나의 이야기를 들었다.
정신을 차리고 보니, 나는 줄곧 학생의 입을 보면서 이야기를

하고 있었다. 여학생은 볼수록 하얀 얼굴이 예뻤다.

어떻든 남은 시간이 별로 없었기 때문에 나는 서둘러서 제일 중요한 것, '박형'께서 숙제로 주셨던 변역(變易)과 '세상 사람 아무도 모른다는 교역(交易)'에 대하여 말하기 시작했다.

"이미 앞에서 말했지만 '박형'께서는 나에게 첫째로 태몽(胎夢) 연구, 둘째로 최고의 명당(明堂), 그리고 가장 중요한 것 세번째는 《주역》의 변역(變易)과 교역(交易)을 연구하라고 하셨어요. 말씀하시기를,

'변역(變易)은 일어나기 쉽지만, 교역은 일어나기 어렵다. 교역(交易)을 아는 사람은 한 사람도 없어. 자네가 《주역》을 공부하여 이것을 알게 되거든, 나에게 꼭 알려주게.'
라고 하셨거든.

이상하지요? '박형'께서는 이 세상에 모르는 것이 없으신 분이시며, 《주역》을 나에게 가르쳐 주신 분이신데 어째서 '변역과 교역을 알게 되거든, 나에게 꼭 알려주게.'라고 하신 것일까요? 가령 '박형'께서 그것을 모르셨다면, '변역은 일어나기 쉽지만, 교역은 일어나기 어렵다. 교역을 아는 사람은 한 사람도 없다.'고 말씀하실 수가 없는 것이거든요.

1980년 이후 나는 별로 공부한 것은 없지만, 항상 변역과 교역이 무엇인가를 알고 싶어했어. 도무지 짐작도 할 수가 없더라고요.

내가 읽은 《주역》 책에는 교역을 설명하기를, 봄이 변하여 가을이 되고, 여름이 변하여 겨울이 되듯이 아주 바뀌는 것이라고 설명했더군. 그러니, 그게 무슨 소리인지 알 도리가 없었지. 그런데 어느 날, 화엄경을 읽다가 문득 변역생사

라는 말을 발견했어요.

그래서 곰곰이 생각해보니, 변역생사는 사람의 마음이 조금씩 변하면서 결국 생사를 돌고 돌아 윤회한다는 의미 같았어요.

조금 착하게 살면 다음 생에 더 많은 복을 받아서 잘 살게 되는 윤회, 조금 악하게 살면 벌을 받아서 고생하는 곳에 태어나는 윤회, 그런 의미였지요. 결국 죽었다가 살았다가 하면서 오가는 사람들의 삶과 죽음을 변역생사라고 했어요.

이 세상에서 육도 윤회하며 여러 가지 몸을 받는 어리석은 보통 사람과, 한편은 보살님이나 스님으로 수행하셔서 대강 세상 일을 끝낸 분으로 죽어서 천상에 가셔서 보살(菩薩)님, 천신(天神), 제석천(帝釋天), 사천왕(四天王), 신장(神將) 등등이 되시는 분이 있지요.

수행을 많이 하신 분은 오래 사는 신(神)이 되어 하늘나라에 갑니다. 기독교적 용어로 마귀의 시험을 이겨내고 천국(天國) 가는 것입니다.

그러나 천국에 태어나고 싶은 욕심이 있을 때는 바로 변역생사하지요. 그래서 변역생사는 윤회를 면하지 못한 상태입니다.

보세요.

'윤회는 어떻게 된다는 것입니까?'
하는 질문을 받았을 적에 '박형'께서 정자 아래로 흐르는 시냇물을 가리키시면서,

'물의 흐름과 같다. 눈부신·햇빛을 받아서 수증기가 되면 증발되어 하늘에 올라가서 구름이 되기도 하고, 비구름으

254

로 되면 빗방울이나 눈송이가 되어 땅으로 다시 내려온
다. 저절로 그렇게 된다.'
라고 대답하셨어요.

영계(靈界)와 신계(神界)도 아직 대학 과정이지, 대학원
과정은 아닙니다. 신계(神界)까지를 벗어나야 비로소 삼계
(三界) 윤회를 면할 수 있지요. 신계(神界)도 언젠가는 유계
(幽界), 현계(現界)로 내려올 수 있다는 것을 불경은 암시하
고 있습니다.

《수능엄경》을 보면, 다섯 가지 신통(神通)이 자재한 어른
이라도 자칫 잘못하면 무간 지옥으로 떨어집니다.

또 신계(神界)의 수명(인간의 시간으로는 헤아릴 수 없이
긴 시간이다. 그러나 한계는 있다)이 다했을 때에는 미(迷)
한 상태가 되어서 다시 내려옵니다.

그렇지만 어떻든 '박형'께서는 '변역은 일어나기 쉽다.'
고 하셨으니, 쉽게 갈 수도 있고 올 수도 있다는 뜻이지요.
스님이 되고 더 큰스님이 되고 더욱더 노력하면 누구나 천
상에 올라갈 수가 있기 때문입니다.

또 어려운 세상 삶에서 언제나 바르게 살다 보면, 바른
진리를 깨닫게 되는 것이거든요. 그러면 항상 같은 곳에 같
은 인간으로 오는 것이 아니고, 다른 곳에 좀더 좋은 더 개
발된 영혼으로 살게 되지요.

금생에 조금만 정신차려서 노력하면 다음 생에 큰 갑부나
대통령이라도 될 수가 있고, 보살(菩薩)님, 천신(天神), 제석
천(帝釋天), 사천왕(四天王), 신장(神將) 등등 신(神)도 될
수가 있는 법이거든요.

대학원大學院 시험

변역이 그렇다면 교역은 과연 무엇이기에 아는 사람도 없고 일어나기도 어렵다는 것인가? 그리고 '박형'께서는 왜 꼭 나에게 '자네가 주역을 공부하여 이것을 알게 되거든, 나에게 꼭 알려주게.'라고 하셨을까? 그 이유는 과연 무엇일까요?

티베트 불교가 '죽은 자'의 시체 옆에서 읽는 《사자의 서》를 보면, 죽음의 첫단계에서는 영혼의 전이(轉移)가 가능합니다. 죽는 순간 비로자나 법신과 합치는 것이, 전이 곧 교역(交易)입니다.

생전에 명상을 계속하여 실상(實相)을 깨닫고 있던 사람[覺者]이나, '나는 저 하늘의 허공처럼 끝없으면서 모든 사람들을 위하여 봉사하련다.'라는 결심으로 살아온 사람[菩薩]들은, 죽음을 당하여 정신이 깨어 있어서 죽음 순간에 나타난 '눈부신 밝은 빛(clear light)'에 곧 합치게 된다 했습니다.

그러면 그 사람은 곧바로 위로 치올라가서 비로자나 법신(하나님)과 같아집니다. 명(命)이 끊어지자마자 망자의 영혼이면 누구나가 경험하게 되는 원초의 '눈부신 밝은 빛'을 인식하게만 된다면 틀림없이 그 즉시 해탈을 얻게 되어 있지요.

그렇다면 우리가 무슨 수로 그런 분이 될 수가 있을 것인가? 우선 그런 분은 어떻게 되신 분이신지, 성인(聖人)이 되는 상황을 한번 보지요."

나는 여기에서 제7안식일교에서 운영하는 고등학교에 다니는 그 여학생에게 '박형'의 교역(交易)을 말하기보다는, 예수님의 부활 이야기를 하는 것이 쉽겠다고 생각했다.

《성경》에 보면 예수님께서 죽은 자 가운데서 부활하셨는데, 그 내용이 이상하지요. 시체가 없어졌어요.

참, 학교가 기독교 계통이니까 《성경》의 내용을 잘 알겠네. 예수님이 부활하신 것을 처음 본 사람은 마리아라는 여인이었지요? 마리아가 예수님의 무덤을 찾아갔을 때에, 예수님께서는 무덤 안에 계셨는데, 마리아가 알아보지 못했어요. 왜 그랬을까요? 이유는 예수님께서는 이미 동산지기의 모습으로 변화되어 있었기 때문이지요.

마리아는 무덤 밖에 서서 울고 있더니, 울면서 구부려 무덤 속을 들여다보니 흰 옷 입은 두 천사가 예수의 시체 뉘였던 곳에 하나는 머리 편에, 하나는 발 편에 앉았더라. 천사들이 가로되,

"여자여 어찌하여 우느냐?"

가로되,

"사람이 내 주를 가져다가 어디에 두었는지 내가 알지 못하나이다."

이 말을 하고 뒤로 돌이켜 예수의 서신 것을 보나 예수이신 줄 알지 못하더라. 예수께서 가라사대,

"여자여, 어찌하여 울며 누구를 찾느냐?"

하시니, 마리아는 그가 동산지기인 줄 알고 가로되,

"주여, 당신이 옮겨갔거든 어디 두었는지 내게 이르소서. 그리하면 내가 가서 가져가리이다."

예수께서,

　"마리아야."

하시거늘, 마리아가 돌이켜 '히브리' 말로,

　"랍오니여!"

하니, 이는 선생님이라는 뜻이라, 예수께서 이르시되,

　"나를 만지지 말라. 내가 아직 아버지께로 올라가지 못하였
　노라. 너는 내 형제들에게 가서 이르되, 내가 내 아버지 곧
　너희 아버지, 내 하나님 곧 너희 하나님께로 올라간다 하
　라."

하신대, 막달라 마리아가 가서 제자들에게,

　"내가 주를 보았다."

하고 또 주께서 자기에게 이렇게 말씀하셨다 이르니라.

　이날 곧 안식 후 첫날 저녁 때에 제자들이 유대인들을 두려
하워하여 모인 곳에 문들을 닫았더니, 예수께서 오사 가운데
서서 가라사대,

　"너희에게 평강(平康)이 있을지어다."

　이 말씀을 하시고 손과 옆구리를 보이시니……. (요한복음
20장 11~20절)

　시신이 없어진 것은 누가 가지고 간 것이 아니고, 부활하
셨기 때문이지요. 죽었다가 다시 사신 것이지요. 그런데 부
활하신 예수님은 이미 우리와 같은 육체를 가지고 있으면서
도, 벽을 그냥 통과했어요.

　당시에 제자들은 그들을 잡아죽이려 했기 때문에 무서워
서, 문을 닫고 다락방에 모여 있었지요. 예수님은 그 다락방

에 홀연히 나타나셨어요. 현신(現身)하셨지요. 제자들이 놀랐을 때에 말씀하셨습니다.

'어찌하여 두려워하며 어찌하여 마음에 의심이 일어나느냐? 내 손과 발을 보고 나인 줄 알라. 또 나를 만져보라. 영(靈)은 살과 뼈가 없으되, 너희 보는 바와 같이 나는 있느니라.'

하시고서 먹을 것을 달라고 하셨어요. 그리고 구운 생선 한 토막을 그 앞에서 잡수셨지요.

이 말을 할 때에 예수께서 친히 그 가운데 서서 가라사대,

"너희에게 평강이 있을지어다."

하시니, 저희가 놀라고 두려워하여 그 보는 것을 영(靈)으로 생각하는지라 예수께서 가라사대,

"어찌하여 두려워하며 어찌하여 마음에 의심이 일어나느냐? 내 손과 발을 보고 나인 줄 알라. 또 나를 만져보라. 영(靈)은 살과 뼈가 없으되, 너희 보는 바와 같이 나는 있느니라."

이 말씀을 하시고 손과 발을 보이시나 저희가 너무 기쁨으로 오히려 믿지 못하고 기이히 여길 때에 이르시되,

"여기에 무슨 먹을 것이 있느냐?"

하시니, 이에 구운 생선 한 토막을 드리매 받으사 그 앞에서 잡수시더라. (누가복음 24장 36~43절)

그렇다면 홀연히 벽을 뚫고 나타날 수 있는 것은 분명 영(靈)과 다름없는데, 영(靈)과 다르게 실제로 음식을 잡수셨으니, 그것을 어떻게 설명할 수가 있을까요?

나에게는 독실한 기독교 신자이신 누님이 한 분 있어요. 매형은 장로이시고, 아들 넷 중에 한 아들은 목사가 되어 스리랑카에 선교 활동하러 갔고, 다른 한 아들은 신학교를 졸업하고 목사가 되기 위한 전도사 활동을 하는 기독교 집안이지요. 내가 누님에게 물었습니다.

'부활하신 예수님께서는 벽을 통과해서 마음대로 나타나실 수도 있는데, 어째서 음식을 보통 사람과 같이 먹을 수가 있으며, 모습이 어떻게 되어서 다른 사람으로 보일 수가 있는가?'

누님이 대답했어요.

'부활하신 예수님께서는 그렇게 되신 것이지.'

그렇습니다. 그렇게 되신 것입니다. 정답입니다. 예수님께서는 그렇게 된 깃입니다. 사람과 같으면서도 엉과 나르시 않고, 예수님의 모습이시면서도 때로는 다른 사람의 모습이 됩니다.

성인(聖人)이 되면 그렇게 됩니다. 부활합니다. 형상이 마음대로 변합니다. 벽을 통과합니다. 어디든지 순식간에 달려갑니다.

이제 교역(交易)이 어떻다는 것을 아시겠지요? 이렇게 생각하고 성경을 다시 읽어보세요. '박형'께서 말씀하신 교역이라는 것은 보통 사람이 이런 성인(聖人) 되는 것을 말하는 것이지요.

과학적인 것에 집착하여 우물 안 개구리인 우리가 부활 후의 예수님 모습에 당혹함을 느꼈었지만, 예수 믿는 사람은 성경 내용을 그대로 믿으면 됩니다.

내가 신통력있는 '박형'의 부활과 신통력을 알고 나서, 성인(聖人)의 능력을 이해했고 드디어 교역(交易)을 알게 되었어요. 그런데 교역을 알고 나서 가장 절실하게 말하고 싶었던 것이 있었어요. 그것은 성인(聖人)의 행적을 우리가 이해하지 못하는 것이지, 성인(聖人)의 언행을 기록한 성경 내용은 틀림없다는 것이었어요. 물론 불경도 마찬가집니다.

아는 바와 같이 공부하고 수행한다는 것은 바르게 살 수 있는 힘을 기르는 것입니다. 어떤 경우를 당하더라도 바르게 살 수만 있으면 따로 공부가 필요없지요.

그렇지만 누구라도 마음에 '나'라는 생각이 남아 있으면 생사 윤회합니다. 예수님처럼 어떤 경우를 당하더라도 바르게 하면 살신성인(殺身成仁)을 따로 말할 필요없이 성불(成佛)이며, 죽어 바로 교역(交易)됩니다.

기독교적으로 말하면 신도(信徒)가 죽어 천사(天使)[49], 즉 추수(秋收)꾼 되는 정도를 변역(變易)이라 하고, 예수님처럼 '남을 위해 목숨마저 내놓을 때' '생명빛'되어 하나님과 합치니 교역(交易)되었다고 하는 것입니다."

마태복음 22장 30~33절
예수님께서 이렇게 말씀하셨습니다.
"부활 때에는 장가도 아니 가고 시집도 아니 가고, 하늘에 있는 천사(天使)들과 같으니라. 죽은 자의 부활을 논의할진대 하나님이 너희에게 말씀하신 바 '나는 아브라함의 . 하나

[49] 추수(秋收)하는 양신(陽神)을 말한다. 성화(聖畵)에서 보는 날개 달린 어린아이가 아니다.

님이요 이삭의 하나님이요 야곱의 하나님이로라.' 하신 것을 읽어보지 못하였느냐. 하나님은 죽은 자의 하나님이 아니요 산 자의 하나님이시니라."

산 자, 즉 영혼이 산 자는 죽는 순간에도 잠들지 않기 때문에 그 사람은 숨이 넘어가는 순간부터 그에게 다가오는 밝은 빛(하나님)을 따라 밝은 빛 속으로 갈 수가 있지요. 그래서 하나님은 산 자의 하나님이라고 하는 것입니다.

물론 교역(交易)된 성인(聖人)은 전지전능하셔서 원하면 이 세상에 마음대로 다시 오실 수가 있지요."

그때에 이제까지 침묵하고 있던 여학생이 말했다.

"그러면, 세 가지 숙제를 다 풀으셨네요."

아! 이 감격. 나는 이제끼지 그것은 이것이디 짐작히고는 있었지만, '박형'의 세 가지 숙제를 다 풀었다고 확신할 수는 없었다. 여학생의 말을 듣고 나서, 나는 '박형'의 세 가지 숙제를 모두 풀었다는 것을 깨달았다.

그 여학생의 그 한마디는, 화두를 푼 스님들에게 인가(認可)[50]해 주신다는 큰스님의 말씀이나 되는 것처럼 나에게는 너무나 큰 기쁨이었다. 10여 년 동안 가지고 있던 숙제를 드디어 풀었다는 감격으로 나는 흥분되었다. 이렇게 좋을 수가 없었다. 그때에 나는 마음속에서 말하고 있었다.

'자네와 내가 오늘 마음이 서로 통하니, 우리 악수나 한 번 하세.'

그러나 막상 여학생에게 '자네와'라고 말하려니까 이상했다.

---

50) 사장(師匠)이 제자의 득법(得法) 또는 설법(說法) 등을 증명하고 인정함.

그래서 '자네와'를 빼고 말했다.

"나와 오늘 마음이 서로 통하니, 우리 악수나 한번 하세."

그리고 힘주어 악수를 했는데, 이게 웬일! 나는 농사를 짓던 크고 거친 손을 잡고 흔들고 있었다. 이것은 '박형'의 손이 아닌가. 분명 나는 '박형'의 손처럼 큰 손을 내 손 가득히 잡고 흔들고 있었다. 너무나 의외의 느낌이었다.

내가 잡은 손은 크고 억센 '박형'의 손이 틀림없었다. '박형'은 남달리 체격도 우람했었지만, 손 또한 부처님 손만큼 크고 넓적 두툼했었다.

그러나 그것이 이상하기는 했지만, 더 이상 어떤 이야기도 이미 할 시간이 없었다. 나는 짐을 챙겼다. 그리고 다시 여학생에게 말했다.

"우리 오늘은 정말 마음이 서로 통하니, 악수를 한 번 더하자."

그리고 예쁘고 하얀 여학생의 손을 잡고 악수를 나누었다. 그렇게 작별을 고하고, 나는 단양역에서 기차를 내렸다.

역 구내를 빠져 나와서 택시를 탔다. 그때에 마침 나와 같은 방향으로 가는 시장에 사는 아주머니가 오셔서 동승하게 되었다.

택시는 시내로 달려왔고 차에서 내릴 때에 어느새 돈을 꺼냈는지, 아주머니가 돈 2천 원을 들고 택시비를 내는 것이 보였다.

아차! 이렇게 되려고 음료수를 사라는 강한 직감이 있었구나. 그러나 나는 차비에 쓰려고 돈 2천 원을 남겨 가지고 왔기 때문에 그 아주머니의 돈을 기사에게서 되받아서 돌려주고, 음료수도 못 사고 아꼈던 내 돈으로 택시비를 지불했다.

그리고 얼마 지나지 않아서, 나는 '변역(變易)은 일어나기 쉽지만, 교역은 일어나기 어렵다. 교역(交易)을 아는 사람은 한 사람도 없어. 자네가 주역을 공부하여 이것을 알게 되거든, 나에게 꼭 알려주게.'라고 하셨던 '박형'께서 그렇게 오셔서 결국 교역(交易) 이야기를 들으셨던 것이라는 생각이 들었다.

'박형'께서 모든 것을 그렇게 하셨던 것은 아닐까? 미리 '나에게 꼭 알려주게.'라고 부탁하셨고, 10여 년이 지난 그때에 나와 여학생과 대화하게 하셔서 교역을 설명하게 하셨고, 여학생의 입을 통하여 인가(認可)하셨던 것은 아닐까?

'박형'께서는 이 세상 아무도 모르는 사실(事實), 즉 사람으로 죽어 성인(聖人)이 되어 부활하게 되는 교역(交易)을 알려 주시려는 분명한 목적이 있었다. 그렇기 때문에 '나에게 꼭 알려주게.'라고 하셨었고, 예수님처럼 부활하신 모습을 보여주셨으며(부활이 없다면 교역은 설명할 수가 없는 것이기 때문에) 내가 교역(交易)을 깨달은 후에, 보이지 않는 몸으로 오셔서 나의 설명을 들으셨던 것이다.

교역은 성인(聖人)이 되어 부활하는 것이다. 이 세상 모든 성인(聖人)의 가르침은 오직 이 한 가지뿐이다. 단지 그것이 '박형'의 말씀과 같이 너무나 일어나기 어려운 것이기 때문에 아무도 몰랐던 것은 아닐까?

그렇다면 '박형'께서는 왜 나에게 교역을 공부하라고 하셨는가? 그 이유는 모든 삿된 길을 가는 중생을 다시 바른 길로 인도하기 위함은 아닐까?

나라와 나라가 대적하고 종교와 종교가 서로 대적하며, 사람을 죽음에게 내주는 말세를 당해서, 변역생사하는 불쌍한 사람들을 위해서, 이번에 특별히 바른 한 길[一乘法][51]을 일러주신 것은 아닐까?

성인(聖人)이 되는 바른 한 길[一乘法]의 진실은 이러한데, 지금 세상을 보면 불교도가 예수님의 부활을 이해하지 못하며, 기독교인이 성인(聖人)이 되는 바른 수행법인 해탈법(解脫法)을 모르고 있다.

물론 그 여학생은 '박형'의 다른 모양은 아니었다. 보이지 않는 몸으로 오신 '박형'께서 그 여학생을 통해서 나로 하여금 세 가지 숙제를 풀어 말하게 하셨던 것이며, 나의 말이 맞다고 확인해 주셨던 것이다.

한편, 나는 아직도 내 마음속에 티없는 여성에 대한 부질없는 호감, 절대로 용납해서는 안되는 그 작은 욕정의 씨가 아직 분명 남아 있다는 것을 다시 깨달았다. 그리고 직감이라는 성령(聖靈)의 지시에 조건없이 따를 수 있는 사람이 되어야겠다고 생각했다.

그리고 그 무엇보다 감명깊은 것은, '목소리'와 '큰 손'으로써 보이지 않게 작용하는 '성스러운 영(靈)'의 능력을 한번 더 확실하게 보여주셨다는 사실이다. 성령(聖靈)은 사람의 모든 감각까지 그렇게 통제(統制)할 수가 있다.

그리고 꼭 기억해 두자.

---

51) 부처님의 교법. 모든 중생이 성불한다는 견지에서 그 구제하는 교법이 하나 뿐이고, 또 절대 진실한 것이라고 주장하는 것을 말한다. 법화경을 일승경 또는 일승의 묘전(妙典)이라 한다. 이것을 의빙(依憑)하는 천태종(天台宗)을 원종(圓宗)이라 함은 이 뜻이다.

이 세상에서 대학원 시험을 치른다는 사실을 꼭 기억해 두자. 보살님이나 높은 지위에 있는 천신(天神)들도 이 세상에 오셔야만 해탈을 얻고 성불할 수가 있다. 그러니 우리는 얼마나 선택받은 인간들인가!

그래서 천신(天神)도 사람의 몸을 부러워한다고 하지 않았던가.

그리고 또 기억해 두자.

설사 하나님이나 부처님께서 모든 신통을 남김없이 나타내시더라도, 이 세상에서 지금 우리가 보고 느끼고 듣고 아는 것 이상 더 나타낼 신통은 없다는 것을 꼭 기억해 두자.

참으로 우리는 중요한 사람인 것이다. 지금 잘해야 된다. 추수꾼의 낫이 이미 밭가에 놓였으니……

《성경》책에 보이는 구절.

저희와 함께 음식 잡수실 때에 떡을 가지사 축사(祝謝)하시고 떼어 저희에게 주시매 저희 눈이 밝아져 그인 줄 알아보더니, 예수는 저희에게 보이지 아니하시는지라, 저희가 서로 말하되,

"길에서 우리에게 말씀하시고 우리에게 성경을 풀어주실 때에 우리 속에서 마음이 뜨겁지 아니하더냐."

하고……. (누가복음 24장 30~32절)

"볼지어다, 내가 세상 끝날까지 너희와 항상 함께 있으리라."

하시니라. (마태복음 28장 20절)

　어떻든 '박형'께서는 이 세상 아무도 모르는 교역(交易)을 우리에게 알려주셨다. 또 성인(聖人)의 실체(實體)와 능력, 즉 보이게 오기도 하고 보이지 않게 오기도 하는 능력을 보여주셨다. 결국 우리는 성인(聖人)의 '맑은 마음(알곡) 추수'하는 법을 훔쳐보게 되었다.

12. 하늘의 땅

　　이미 아는 바와 같이 성인(聖人)은 모든 것을 알고 모든 것을 하실 수가 있다. 하나님만 전지전능하다고 하지만, 알고 보면 '박형'께서는 전지전능하셨다.

　　모든 것을 다 아신다는 이야기를 한다면,

　　"나는 삼세(三世)까지는 알 수 있다."

라고 하시기도 하셨지만, 이런 말씀을 한 적이 있었는데, 상황을 잘 생각해보면 참으로 기막힐 노릇이다.

　　"그 사람; 방아 찧어놓은 사람이 부지기수(不知其數)야. 자네가 아는 사람도 있지만, 모르는 사람이 더 많아."

　　남의 비밀스런 이불 속 사정마저 이렇게 꿰뚫고 계신다. 예수님께서도 말씀하셨던

　　"네 머리털 하나도 다 세인 바 되었으니."

라고 하신 말씀까지 포함해서 성인(聖人)의 가르침 모두 진실한 것이다. 진실이 이러한데 누가 성인(聖人)의 말씀을 헛소리라고 감히 말하겠는가!

　　그렇다면 이 사바(娑婆) 세상은 과연 어떤 상황인가?

　　혼자가 된 시아버님이 장날마다 장에 가서 술을 자시고 하

던 중 하루는 저물어도 안 오시기에 두 살난 아들을 업고 찾아가다가 보니 산지실각에 시아버지가 옷과 갓을 입은 채 누워 계셨다.

자세히 바라보니, 큰 호랑이가 꼬리로 물을 축이며 시아버지의 얼굴에 척척 바르고 또 물을 축이러 간 사이에 생각하여 보니, 자식은 또 낳으면 볼 것이고 부모는 돌아가시면 다시 못 본다 생각하고, 아기를 그 자리에 내려놓고 시아버지를 들쳐업고 집으로 단숨에 돌아와 안방에 모셔놓고 자기는 윗방에 가서 정신을 잃고 누워 있었다.

남편이 남의 일을 저물게 하고 집에 돌아와 보니, 아내는 방에 그냥 누워 있었다.

"이게 어떻게 된 일이냐?"

라고 소리를 친즉, 부인이 정신을 차려 하는 말이,

"제가 큰 잘못한 일이 있습니다."

"무슨 일이냐?"

물은즉, 전후사 이야기를 모두 하니까, 남편이 일어나서 부인에게 절을 하며,

"감사하다. 훌륭한 일을 했다. 대담한 일을 했다."

하며 절을 자꾸만 하는 중에, 동리 이장이 공문을 가지고 와서 바라보니, 김남복은 아내에게 절을 무수히 하고 있었다.

너무도 이상하여 이장은 김씨를 불러, 그 절하는 연유를 물은즉, 이렇게 대답했다.

"호랑이가 아버지를 해치려고 하는 중 아들 아기를 내려놓고 아버님을 업고 왔다 하기에 나도 못할 일을 여자로서 했다는 것이 너무나 감사해서 절을 하는 중이었습니다."

이장은 이 말을 듣고 즉시 징을 치며 동리 사람들을 동원하여 횃불을 밝혀들고, 그 자리를 가보니 호랑이는 눈을 끔벅끔벅하고 앉아 있었다.

"네 이놈, 그 아기 해치지 말고, 고이 썩 물러가거라."

고 호통을 치며 달려가니 호랑이는 슬금슬금 달아났다.

가까이 가서 보니 아기는 훈곤하게 깊은 잠을 자고 있었다. 여러 사람들이 이것을 보고 크게 놀랐다.

그러한 미물 짐승들도 그 효부의 착한 뜻을 알고 그 아들 아기를 잘 재워놓고 고이 물러가니, 이 얼마나 신비한 일이냐. 사람이 이렇게 착한 일을 하면 하늘과 땅이 알며, 미물 짐승들까지 알고 산신이 영(令)을 내리어 선악을 판단함이라 살려고 악한 일을 하는 자는 반드시 죽고, 죽기를 결심하고 착한 일을 하는 자는 반드시 사는 법이다.

《신앙에서 본 영험》 (월현사 포교원) 73p에서.

여기에서 시아버지는 술 취해서 꿈을 잃고 사는 세상 사람들이다. 며느리는 우리들이고, 젖먹이는 우리의 희망이며 삶의 보람이다. 호랑이는 물론 우리에게 닥친 환란(患亂)이다.

며느리는 결국 자신의 삶의 희망·보람을 버리고, 환란에 처한 시아버지를 살리는 용기를 보였다. 그리하여 며느리는 버린 것 이상으로 모든 것을 얻게 되었다.

하늘이 감동하심인가? 서울의 삼풍백화점 붕괴사고 때, 매몰 현장에서 11일 만에 극적으로 살아나온 최명석 군 이야기는 사뭇 감동적이다. 그리고 더욱 감동적인 것은 그 아버지 되는 어른과 그 집안 어른들의 훌륭한 행동이었다.

서울에 계셨던 어른들은 매일 나와서 자원봉사했고, 지방에 계셨던 어른들도 토요일과 일요일에 오셔서 자원봉사하셨다니…….

아! 장하다. 시아버지를 호랑이 환란에서 구하고 결국에는 아들마저 살린 며느리처럼, 자원봉사자로 묵묵히 일해 온 어른들의 정신이 아들을 살려 낸 것이 아닐까?

살아난 사람의,

"이틀쯤 자고 난 것 같다."

는 그 말은, 한결 같은 마음으로 아들과 조카를 살리려고 애쓴 마음이 그대로 땅속에 있던 그 사람에게 전해진 것은 아닐까?

죽음의 시멘트더미에서 살아나온 유지환 양과 박승현 양, 그리고 최명석 군에게 밝은 앞날이 펼쳐지기를 기원하며 '해부가 영어로 지오로지'라고 하셨던 '박형'의 말씀을 우리가 이 자리에서 해부해 본다면 어떨까?

원래 '지오로지(Geology)'는 지형학(地形學)이다. 그것을 사전에서 찾아보니, 지형학(地形學)은 '지형(地形)과 그 생성사(生成史)를 연구하는 과학'이라고 했다.

해부(解剖)는 사전에 1.생물체의 일부 또는 전부를 절개(切開)하여 내부를 조사하는 일. 2.사물의 조리를 자세히 분석하여 연구함. 해체(解體)였다.

인체를 소우주라고 한다면 대우주를 주무르는 것이 지형학이고, 소우주인 인체를 주무르는 것이 해부이다. 의사가 인체를 해부하듯이 성인(聖人)은 우주를 그렇게 하신다.

'소련에서 낫 망치 같은 것을 장대 위에 높이 달아놓은 동리에서, 미친놈을 집어던졌다.'고 1979년에 귀띔하셨던 '박형'

에게도 과연 불가능이란 것이 있을까? 물론 불가능한 것은 없다.

그렇다면 성인(聖人)께서는 무엇 때문에 우주를 해부하시며, 또 아무도 모르는 몸으로 변하여 오시며, 세상을 펼쳐 보이시며, '가슴이 따뜻한 사람'을 구하시려는 것일까? 모든 것을 깨닫고 보면 이 세상이 불타고 있기 때문은 아닐까?

'박형'께서 말씀하셨다.

"산 위에서 내려와 위에서 길을 앞서 가는 호랑이는 길을 인도하려는 호랑이다. 그리고 저 산 아래에서 올라와 아래에서 길을 따라오면서 뒤를 따르는 호랑이는 사람을 먹으려는 놈이다."

이 말씀은 참으로 중요한 하늘의 비밀을 우리에게 귀띔하신 것이다.

여기서 '산 위에서 내려와 위에서 길을 앞서 가는 호랑이'는 성인(聖人)의 현신이며 신선님이시다. 사람을 구제하시러 오신 보살님이시며, 재림 예수님이란 뜻이다.

'사람을 먹으려는 놈'은 물론 우리의 영혼을 유혹하는 자, 곧 악마(惡魔)이다. 우리의 영혼을 유혹하여 잡아먹으려는 자이다.

'박형'께서는 말씀하셨다.

"높은 곳에서 암수 두 마리 호랑이가 싸운 곳을 내려다보니, 마치 전쟁터의 폐허(廢墟)와 같더라."

이 세상은 선과 악이 서로 싸우는 전쟁터의 폐허와 같은 곳이다. 소위 '아마겟돈의 싸움'은 이미 옛날부터 있었다. 그것은 마음 속의 싸움이며, 벌써부터 벌어지고 있던 두 세력간의 정신적인 싸움이다.

여기에서 다시 한번,

"내가 이야기 책을 보니, 하나님과 부처님 이야기, 불타 나
의 이야기, 신선 이야기, 신선과 신선, 신선과 사람, 사람과
사람 이야기, 그리고 장군들의 이야기가 있더라."

를 상기(想起)하자. 저 극락 천국과 여기 지옥과 폐허 같은 세
상에 하나님, 부처님, 신선님, 사람들, 그리고 싸움꾼들이 함께
있다고 생각해보자. 그리고 자신의 정신세계는 지금 어디쯤에
와 있는가를 한번 생각해보자.

그럼 선과 악이 서로 어떻게 싸우는가?

'박형'께서 또 알려주셨다.

"서로 왔다갔다하는 것을 보면, 전쟁터에서 총알이 왔다갔다
하는 것같이 파란 불과 빨간 불이 번갯불같이 날아다닌다."

라고──.

이와 같은 말씀이 《능엄경》에도 보인다. 석가모니 부처님께
서 '수도자를 현혹케 하는 50종의 마사(魔事)'를 설명하시는
중에, 제자 아난에게 이렇게 말씀하셨다.

"아난아! 그 선남자가 수음(受陰)이 허묘(虛妙)해져서 간사
한 생각을 만나지 아니하여, 원정(圓定)이 발명된 삼마지(三
摩地) 중에서 마음으로 원명(圓明)함을 사랑하여 그 정사
(精思)를 날카롭게 하여 선교(善巧)함을 탐구하면,

그때에 천마(天魔)가 그 틈을 타고서 마정(魔精)을 날려
보내 사람에게 붙게 하여 입으로 경법(經法)을 말하면, 그
사람이 처음에는 마정(魔精)이 붙은 줄을 알지 못하고, 스스
로 그 이상 없는 열반을 얻었다고 하여……(스승)

······ (제자) 그 사람은 우미(愚迷)하여 보살인 줄 착각하고 그 교화를 믿으며 그 마음을 방탕하게 하여 불타의 율의(律儀)를 파하고 몰래 탐욕(貪慾)을 행할 것이다.(큰보살님과 다른 점)

······ 마정(魔精), 이는 괴귀(怪鬼)라고 하는데, 나이들어 마(魔)가 되어 사람을 괴롭히다가 싫증이 나는 마음이 생겨서 그 사람의 몸에서 떠나가면 제자와 스승이 함께 왕난에 빠지게 되는데, 네가 먼저 깨닫게 되면 윤회에 들어가지 않겠지만 미혹하여 알지 못하면 무간 지옥에 떨어질 것이다.”

여기서 ‘그때에 천마(天魔)가 그 틈을 타고서 마정(魔精)을 날러보내 사람에게 붙게 하여’라는 대목을 주의해 보면······ ‘날려보낸다’는 말은 ‘박형’께서 귀띔하셨던, ‘파란 불 빨간 불이 총알같이 왔다갔다’ 하는 상황이나. 사실 우리의 마음속에는 항상 욕심과 양심이 전쟁터의 총알처럼 날아다니며 교차되고 있다.

성인(聖人)께서는 그럴 때에 바르게 하라고 하셨다. 바르게 사는 법을 알고 실행하는 것만이 정법이며, 살 길이다.

그러면 우리는 왜 바르게 살지 못하는 것인가? 각자의 양심에 따르지 못하고 마는 것인가?

이유는 각자가 그 양심의 소리를 깨닫지 못하기 때문이다. 왜 모르느냐? 욕심에 눈이 가리웠기 때문이다. 욕심에 마음이 가리면 양심의 소리가 흐릿하게 들리거나, 아예 양심의 문을 닫아서 소리가 들리지 않는다. 그렇기 때문에 욕심을 버려야 눈을 뜨고 밝게 볼 수 있으며, 눈을 떠야 바르게 살고, 바르게 살아야 천국·극락에 갈 수 있다.

　욕심은 많고 자신의 능력은 부족하면 모두 정신병자가 된다. 부귀영화 세상살이도 깨진 기왓장 같고, 인생은 꿈과 같은, 그러면서도 서로 음양이 싸우는 비참한 현실을 볼 줄 알아야 한다.

　그렇다면 이 세상을 바라보는 성인(聖人)의 안목은 어떤가?

　신문과 텔레비전

'박형'께서 말씀하셨다.

"내가 보니, 신문과 텔레비전이 진실을 보도하지 않아. 진실을 감추고 거짓을 보도하는 것이 많다고. 자기들에게 유리한 것만 내."

그때가 1980년경이었다. 그래서 나는 당시에 신문과 텔레비전에서 그렇게 하고 있다는 줄로만 여겼다. 지금 다시 자세히 생각해 보니, 그 뜻은 이 세상 모든 것은 진실한 것이 아니라는 의미가 있고, 다른 하나는 자기들에게 유리한 것만 보도한다는 의미이다.

　그 자기들이란 위정자도 될 수가 있고, 그들이 암암리에 속한 그룹일 수도 있지만, 사람들은 이미 마귀의 권속이 되어 권세 잡은 자의 편에 서서, 마귀의 사상과 생각에 따라서 '그들에게 유리한 것'만을 보도한다는 의미도 있다. 스스로 생각해 볼 일이다.

　뭐니뭐니해도 텔레비전을 오랫동안 보면, 정신적으로 문제가 생길 뿐만 아니라 몸에 나쁜 전자파도 맞게 된다. 텔레비전을 많이 보는 사람은 극락·천당 가기 어렵다. 신문과 텔레비전, 곧 매스컴 귀신에서 속히 벗어나기를…….

“데려가고…… 데려가려 하고…….”

내가 그 이야기를 듣게 된 것은 몇해 전 어느 겨울날, 서울 가려고 새벽 일찍 찾아들었던 제천역 대합실에서다. 나는 서울행 기차표를 한 장 샀다. 그리고 대합실을 한번 휘 둘러보았다.

역 대합실은 언제나 그렇지만, 그날도 허름한 차림을 한 불쌍한 사람 몇이서 자기들끼리 구석에 모여 있는 게 보였다. 그들은 좀 시끄러웠다. 그 중에 어느 누가 노래까지 불러댔다. 눈살이 찌푸러지는 장면이기는 했지만, 그 사람이야 어떻든 나는 그들을 애써 외면해야 했다. 불쌍하다는 생각과 내가 별 도움을 줄 수도 없다는 생각 때문이었다.

그때, 허름하게 차렸으나 거지의 행색은 아니고, 그렇다고 여행객도 아닌 사람이 대합실을 서성거리는 것이 보였다. 그는 또 실성한 사람처럼 시중 혼자 주문이라도 외우는 듯 무언가를 중얼거렸다. 처음에는 대수롭지 않게 생각했는데, 그가 자꾸만 주변을 맴돌면서 중얼거리는 것이었다.

“누구도 데려갔고, 누구도 데려갔고. 누구도 데려가려 하고, 누구도 데려가려 하고.”

그 사람의 단골 메뉴는 바로 ‘누구를 데려갔고, 누구를 데려가려 하고’였다. 그리고 끝없이 계속 사람의 이름들을 외는 것이었다.

유명한 탤런트의 이름(?)도 있는 것 같고, 정치인의 이름(?)도 들먹이는 것 같았다. 고백하지만 나는 지금 그 이름들을 기억한다고 말하지 못한다. 그 사람은 신들린 사람처럼 수많은 사람의 이름을 끝도 없이 내리 외웠다.

“누구를 데려갔고, 누구를 데려갔고…… 누구도 데려가고,

누구도 데려가고…… 누구를 데려가려 하고, 누구를 데려가
려 하고.……”
하는 것이었다.

그때에 어느 역무원이 나와서 장내 정리를 한다고 노래 부
르던 사람들을 추운 겨울, 새벽 거리로 내쫓았다. 그 중에 어떤
사람이 역무원이 휘두르는 걸레 자루에 맞았다.

나는 걸레를 휘두르는 역무원에게 가서 말했다.

“그러지 말아요.”

그 사람이 미안한 것을 깨달았는지,

“나가라! 나가라니까 왜 그래.”

불쌍한 사람을 향해 큰 소리를 꽥 지르고, 눈을 흘기며 자리
를 떴다.

불쌍한 사람은 얼굴을 다쳤는가, 너무 가련했다. 아침 사먹
을 돈을 불쌍한 사람의 호주머니에 쑤셔 넣어준 나는 ‘미친 사
람의 일’ 같은 그것 때문이기도 했지만, 상경할 생각이 싹 가
셨다.

역무원이 가고 나서도 미친 사람은 나에게 자꾸만 다가와서,

“누구를 데려갔고, 누구를 데려가려 하고.”

하며, 알 수 없는 사람들의 이름을 주워댔다. 그는 사람 이름
중에서 성(姓)은 빼고 이름 부분만 외는 것이었다. 예를 들어
서 이름이 박영철이라면, ‘영철이도 데려갔고’가 되는 것이다.
다시 실감이 나도록 예를 든다면,

“영철이도 데려갔고, 대식이도 데려갔고, 창수도 데려갔고,
동수도 데려갔고…… 수남이도 데려가려 하고, 영식이도 데
려가려 하고, 영이도 데려가려 하고, 복남이도 데려가려 하

고, 순자도 데려가려 하고……."

그런 식이다. 데려간 사람도, 데리고 가려 하는 사람도 그 수가 너무 많았다.

그런데 그 이후에 나는 참으로 놀라운 사실을 확인하게 되었다.

원 세상에 이럴 수가 있는가!

《월간 조선》 1994년 11월호 146p에서 '남과 북의 어린이 바꿔치기'라는 작은 제목 아래 내용에서,

'대남 공작원은 청년이 되면 당에서 정해준 여자와 결혼을 해 아이를 낳습니다. 그리고 남한에 침투해 그곳 여자와 결혼해 또 아이를 낳게 됩니다. 현지 여자를 포섭해 공작원으로 만든 후 그들은 남과 북의 아이들을 바꿔치기하는데, 남한에 보내는 아이는 어린이 간첩훈련을 받은 존제입니다.'

를 읽고서 나는 정말 놀랐다. 무서웠다. 이게 사람들인가? 귀신들인가?

그리고 생각했다. 지도자를 바꿔치기하는 텔레비전 영화 '제5전선'을 생각했다. 어린이를 바꿔치기하기 위해서 구태여 힘들일 것 없이, 얼굴이 닮은 어른 바꿔치기하면 장관은 물론 대통령도 못할 것이 없다고.

나는 전에 제천역 대합실에서 '미친 척 미친 소리' 하던 사람이 바로 나에게 그것을 귀띔하셨던 성인(聖人)임을 알았다.

그렇다면 그분은 어떻게 그 많은 사람의 이름을 알았을까? 그리고 이 세상은 왜 이리 추잡하고 무서운가? 참으로 악귀들이 통곡할 노릇이다.

분명히 말하지만, 성인(聖人)께서 세상 일을 모르고 계신다

고 착각하지 말라. 자신의 죄가 다른 데로 간다고 착각하지 말라.

아마 '박형'께서 누구에게 이런 내용의 말씀을 하신다면,

"그 사람들이 무엇을 하는지 모르겠다."

라고 하셨을 것이다. 알지 못해서 모른다고 하시는 것이 아니다. 그 사람이 하는 일이 이치에 합당하지 않으니, 알 수 없다고 하시는 것이다. 예수님께서 하신 말씀.

"내가 너희를 도무지 알지 못하노라. 너희는 내가 목마를 때에 나에게 물을 주지 않았고, 내가 주릴 때에 나에게 먹을 것을 주지 않았도다."

그래서 모르신다고 하시는 것이다.

참으로 그들은 악마(惡魔)가 아닌가? 그러고도 눈만 뜨면 좋은 얼굴로 바른 소리만 하니, 이게 마귀의 장난이 아니면 누구의 장난인가?

그렇다면 여기에서 성인(聖人)께서 알려주신 우리의 앞날을 한번 보자.

예언 하나

내가 '박형'께 미래지사를 알고 싶다고 하셨을 적에 '박형'께서 나에게 반문하셨다.

"율곡은 어떻게 10년 전에 양병 10만을 해야 될 줄을 알았을까?"

나중에 이 말뜻을 짐작하게 되었는데, 소설 《토정비결》을 쓴 사람도 책에서 주장했다.

'당시의 모든 정세(政勢)를 감안하여 이치를 따져보고 그렇

게 될 수밖에 없었기 때문에 율곡이 양병 10만을 미리 주장했던 것이라.'고.

물론 모든 성인(聖人)께서도 그렇게 하셨는지, 직감적으로 아셨는지, 지금의 나의 실력으로는 잘 알 수는 없지만, 이치를 따져보고 모든 것을 알게 된다고 설명한 것은 대단히 설득력이 있다.

그야 어떻든, 우리 '박형'의 예언은 아직까지 한번도 틀린 적이 없었다. 세세한 부분까지 꼭 그렇게 되었다.

1979년 10월 26일, 박정희 전(前) 대통령께서 총에 의하여 비운에 서거하게 될 것을 그 20일 전(그해 추석날)에 나에게,

"박대통령은 곧 죽게 돼. 총실 당하게 돼."

라고 귀띔한 일이라든지, 1980년에 이미 노태우(1984년 대선에서 대통령에 당선된 분)의 등장을 예언하신 것 등이 있다.

한번도 틀린 적이 없는 '박형'의 예언 중에서 지금까지 밝히기 거북했던 것이 한 가지 있다. 그것을 사람들이 알면 더욱 빨리 그렇게 되고 말 것 같았기 때문에 그 동안 숨겼지만, 이제는 더 감출 필요가 없게 되었다.

'박형'께서 말씀하셨다.

"옛날 삼국 시대와 같이 삼분(三分) 된다."

예언 둘

때는 1980년, '박형'과 우리 집 아이들과 나와 함께 단양의 고수동굴에 갔던 일이 있다. 그때에 우리 집 아이 중에서 누가 물었다.

"고수동굴, 노동동굴, 천동동굴이 있는데 어느 동굴이 제일

나아요?”

‘박형’의 대답,

“고수동굴이 제일 나아.”

그때에 내가 끼어들어서 말했다.

“전쟁이 나면 피난도 하고?”

“그래, 전쟁이 나면 피난도 하고. 앞으로 전쟁이 나면 핵전쟁이 될 것이다. 핵전쟁이 나면 모두 상해. 그리고……”

어쩌고 어쩌고 길게 이어서 말씀하셨다. 지금 내 추측으로는 그 전쟁이 크게 재앙을 부르게 되는, 확대되는 전쟁 상황에 대하여 말씀하신 것 같다.

그러나 나는 전쟁이 나면 ‘핵전쟁’이 된다는 ‘박형’의 말씀에 너무 놀라서, 더 이상 길게 이어진 ‘박형’의 예언을 지금 기억하지 못한다.

어떻든 남북 대화와 인류의 평화가 그립지만 우리의 앞길에 평화가 올 수 있을 것인가?

정말 깊이 스스로 생각하지 않으면 안된다.

예언 셋

그리고 ‘박형’께서 그날 그 자리에서 다시 말씀하셨다.

“앞으로 점점 더 여자가 득세하는 세상이 된다. 그리고 자네는 에이즈를 조심하게. 에이 아이 디 에스(AIDS), 후천성 면역결핍증. 그런 병이 있어. 나중에 다 알게 돼.”

‘점점 더 여자가 득세하는 세상이 된다.’는 의미는 주역적으로 풀이가 된다. 사실 텔레비전에서 보면 요즘 사회적으로 점점 여자가 득세하는 세상이 되고 있다. 물질적인 풍요도 그렇다. 국제적으로 보아도 19세기 이후 세계 열강의 사상적인 대결 구도에서, 점점 경제적인 대결 구도로 바뀌고 있다. 소위 경제전쟁으로 가고 있다. 이것이 앞으로 세계의 추세가 된다는 의미이다.

그러나 '박형'께서 언급하신 '여자'는 음(陰)을 의미한다. 세상의 음(陰)은 욕심이며 정신보다 물질을 중하게 여기는 세력이며, 성인(聖人)보다는 마귀의 편이다.

음(陰)이 세력을 잡는다는 뜻은 먹을 것과, 명예와, 자기를 위해서 결국에는 서로 싸우게 된다는 뜻이 된다. 즉 점점 말세(末世)가 된다는 의미이다. 박형의 말씀처럼 '지금 계절로는 가을'인 것이다.

'그리고 자네는 에이즈를 조심하게.'라고 하신 말씀에는 앞으로 상당한 수준까지 에이즈가 창궐할 것이리는 경고가 들어 있다. 왜냐하면 나는 이제까지 오입질을 한 적이 없었고, 또 그럴 생각도 없었던 사람이기 때문이다.

그런데 그런 말씀을 하신 것을 보면, 분명 앞으로 에이즈는 문제를 일으킬 것이다. 물론 1980년 당시에는 에이즈는 문제가 된 적도 없고, 나 역시 그 병이 무슨 병인지 몰랐었는데, 박형께서 그런 경고를 하셨다.

그러면 어떻게 난을 피해야 하는가? 어떻게 살아야 하는가?

이것에는 두 가지 답이 있다. 하나는 삼계(三界)의 불타는 집에서 벗어나는(윤회에서 해탈하는) 법인 영원히 피난하는 법이 있고, 다른 하나는 지금 닥쳐올 환란을 피하는 소극적 방법이 있다.

영원한 삶으로 가는 법은 이미 말했듯이, '없었던 아기를 내려놓고 시아버지를 업고 집으로 달려간 며느리'처럼 살아야 한다. 또 아들 조카를 구하려고 자원봉사한 어른, 식구들처럼 살아야 된다. 그 길 이외에 다른 길은 없다. 이것을 명심하라. 큰 환란의 때에는 하늘이 당신을 살리고 죽이고 한다. 이 말씀은 삼세제불(三世諸佛)이 증명하고 성자님께서 증명하신 것이다.

그러나 그날은 언제인가?

'박형'께서 어느 날 귀띔하셨다.

"자네 생일이 언제지?"

라고 물으셨다. 나의 생일은 양력 6월 26일이기에 엉뚱한 질문에 생각없이 대답했다.

"6월 26일."

그때에 '박형'께서 나 혼자만 들리게 낮은 목소리로 말씀하셨다.

"6·25 재침."

그리고 어리둥절하고 있는 나의 집 방안으로 드시면서 중얼거리셨다.

"9월과 10월 사이……."

그래서 그후부터 이제까지 나는 9월과 10월 사이인 9월 30일 밤을 제일 조심한다. 서울 사람 모두 조심한다면 전쟁은 일어나지 못한다.

예언 넷

'박형'께서 나에게,

"서울 사람들이 불쌍하다."

라고 하셨을 적에 나는 혼자서 생각했다.

아마겟돈의 싸움 즉, 정신의 전쟁에서 피흘리고 죽는 서울 사람들을 생각했다. 그러나 요즈음은 좀 다른 걱정이 생겼다.

6·25 재침이나 핵전쟁이 나면 어쩌나 하는 걱정이다.

1980년에 그렇게 미리 말씀하셨지만, 서울 사람들이 불쌍하게 된다면…… 나의 많은 친척과 일가가 서울로 다 가서 살고 있는 이 시점이 아닌가! 그리고 나의 아들은 이제 서울에 취직이 되어서 갔고, '박형'의 아들 역시 서울 가까운 곳에 취직하여 거기서 살고 있으니, 그 옛날 '박형'께서 경고하셨던 말씀,

"내 아들도 그렇지만 자네 아들도 걱정된다."
라는 그 말씀을 생각하면, 싸잡아 서울 사람들이 불쌍하다는 '박형'의 말을 나 역시 범상하게 생각하고 말 상황이 아니다.

그리고 어떤 이북 사람이 감히,

"전쟁이 나면 서울과 남조선이 불바다가 된다."
고 하였다던가.

그 사람이 그렇게 말하기 훨씬 전에 어떤 촌사람(나는 그 사람을 '박형'의 다른 모습이라고 생각하고 있다)이 와서 귀띔했다.

"전쟁이 나면 이북과 중국이 불바다가 된다."
그리고 그는 이치에 맞게 그 이유를 설명했다.

아! 참으로 불타는 세상, 얼마나 좋으냐!

누구든지 여기서 끝까지 자기의 양심을 버리지 않고 견뎌낼 수만 있으면 된다. 끝까지 견디는 자는 승리자이다. 죽는 날까지 이것을 잊지 말고, 우리의 목숨을 여기에서 구하자.

‘나’는 원래 없다. 죽음도 없다. 일체유심조(一切唯心造). 용기를 가져라.

천국도 극락도 가까이 있고, 살신성인(殺身成仁), 성불(成佛), 거듭나기, 해탈의 언덕이 보인다.

나를 시험하는 자, 나를 핍박하는 자가 바로 나를 살릴 천사(天使)가 아니더냐.

일체유심조(一切唯心造)

글을 끝내면서

큰 진리의 말씀을 들려주신 송서암 대선사님과 《진리의 문》을 쓰신 요영구 스님, 그리고 특별한 애정을 가지고 보살펴 주신 소백산 영통사 지홍(芝弘) 스님과 청우기획 안길환 사장님께 깊이 머리 숙여 감사드립니다.

또 친절하게 원고를 교정해주신 단성중학교 허명언 선생님과 청우기획 관계자 여러분들과 서울 청량리 역에서 만났던, '박형'의 말과 행동을 대신했던, 제7안식일교회에 다닌다던, 이름 모를 여학생에게도 감사드립니다.

'박형'의 이야기를 단 한번이라도 읽거나 들었던 사람 모두에게 하나님·부처님의 은총이 있기를 기원합니다.

그리고 이 세상 모든 사람에게 기원합니다. 모두모두 참선(參禪)·기도(祈禱)·염불(念佛)하시고, 어려움 중에서도 큰 마음으로 사셔서, 이번 생(生) 아니면 다음 생에는 꼭 성인되기를 두손 모아 간절히 기원합니다.

나는 이 책을 모든 사람을 사랑하시는 '박형' 박상신 부처님께 바칩니다. 그리고 인연있는 모든 사람들을 사랑했고 마침내 도사(導師)되어 가신, 죽도록 나를 사랑했던 집사람 고(故)백화자(白和子)님께 바칩니다. 또 나는 이 책을 '박형' 박상신 부처님과 알게 모르게 인연 있던 모든 세상 사람들에게 바칩니다.

끝으로 잘못 썼던 졸저 《천국인》을 읽었던 독자님들과 나의 동창들, 또 일가 친척과 그 가족 모두에게 용서를 빌며, 삼가 이 책을 바칩니다.

성불(成佛)! 성불하십시오. 꼭 성불하십시오.

1995년 8월 19일
박영철 올림

죽음은 없다

初版 印刷 • 1995年 10月 15日
初版 發行 • 1995年 10月 20日

著　者 • 朴　永　喆
發行者 • 金　東　求

發行處 • 明　文　堂

서울特別市 鍾路區 安國洞 17~8
對替　　010041-31-0516013
電話　　(營) 733-3039, 734-4798
　　　　(編) 733-4748
FAX　　734-9209
登録　　1977. 11. 19. 第 1~148號

● 落張 및 破本은 交換해 드립니다.
● 不許複製 · 版權 本社 所有.

값 3,900원
ISBN　89-7270-488-1　　1014

彼岸에의 길

마침내 빠져들고야 마는 화엄의 세계

미녀가 부르는 유혹의 노래는 욕정으로
중생들을 물들이고 그 속에서 피어나는 열반의 꽃!
당신은 과연 진정한 불자인가? 탕자인가?
이 책을 보신 후 느껴보십시오

**참된 종교, 참된 인생의 길을 알고자 하는 분들에게
진정한 生의 의미를 던져주는 불교 소설의 쾌거!**

1 색즉시공 色卽是空
2 공즉시색 空卽是色
3 진공묘유 眞空妙有
4 일체법공 一切法空
5 반야대오 般若大悟
6 대도무문 大道無門

權五奭 지음/ 신국판/ 전6권/ 값 각 5,000원

복수의 화신인가!
비운의 황제인가!

조선팔도에 採紅使를 띄워 미안색출에 나
연산군의 파란만장한 一代記!

멋진 풍류와 아름다운 여인의 팔베개를
갈아 베면서 폭군 연산은 마침내 잠들었다.
황제 연산군의 파란만장한 生과 死!
인간적인 고뇌와 심층적인 고독 속에
그를 둘러싼 여인들의 웃음과 절규가
박진감 넘치게 전개된다.

역사가 만들어
낸 수많은 드라마중
황제 연산군은 시대를 초월한
불후의 명작입니다.

신국판/전5권/값 각 4,500원